한국어로 내려온
New Bible

새로운
성 경

제148권 10부 | 총10부

하얀마음

하나님 말씀 중에서

1. 사랑의 하나님

- 세상을 창조하신 하나님은 모두를 사랑하신다. 인간만 특별히 더 사랑하지 않고, 우주 만물을 다 똑같이 사랑하신다. 그러니 하나님이 창조하신 천지 만물과 화친하고, 미물까지도 소중히 대하라.

- 하나님은 특정 종파나 민족만을 더 사랑하지 않으신다. 자기 자신만 구원받겠다는 욕심을 버리고, 자기 종파만 구원받는다는 편협한 교리에서 벗어나야 한다. 종파를 초월해서, 모두를 사랑하라.

- 원수까지 사랑하라 했으니, 이 세상에 사랑하지 못할 자가 누가 있겠는가? 종파가 다르다고 해서 부모 형제와 원수처럼 지내는 자는 인간의 근본을 모르는 자다. 가장 가까운 가족부터 사랑할 때 남도 진심으로 사랑할 수 있다.

- 한 사람을 원수같이 생각하던 마음에서 사랑하는 마음으로 돌리면, 자기 자신의 마음이 가장 기쁘고 행복하다. 하나님께서는 인간의 마음속에 무거움이 없이 기쁘고 행복한 삶을 살기를 바라신다.

- 이웃을 "내 몸처럼" 사랑하라 했으니, 마지막 한 장 남은 천국의 티켓도 이웃에게 양보하라. 자기 중심적인 신앙에서 벗어나서 남을 위해 살아야 한다.

- 독초도, 약초도, 이단도 사탄도 천사도 다 필요하기에 존재한다. 독초일지라도 극소량을 사용해서 생명을 살릴 수 있고, 약초라 하더라도 남용하면 생명을 잃을 수 있다.

- 세상 모든 것을 명약으로 활용하는 것은 인간의 지혜에 달렸다. 어떤 것이든 어떤 사람이든 적재적소에 꼭 필요한 명약으로 승화시키라.

- 사탄도 이단도 천사도 모두 하나님의 주관하에 존재한다. 진정한 하나님의 백성은 사탄과 마귀까지도 감화시켜서 천사로 거듭나게 한다.

2. 기도

- 하나님은 인간의 생각까지 모두를 다 알고 계신다. 우리의 소원도 이미 알고 계시기에, 소원의 기도를 할 필요가 없다. 우리가 받을 자격이 되면 내려 주신다.

- 죄를 짓고 아무리 회개를 해도 용서받지 못한다. 도둑질한 자는 용서해 달라고 기도하고, 도둑맞은 자는 도둑을 잡게 해 달라고 기도하면, 공의의 하나님은 누구의 편에 서시겠는가?

- 자기가 잘못한 것은 그 사람에게 직접 갚고 용서를 구하라. 그가 용서하면 하나님도 용서하신다. 땅에서 매면 하늘에서도 매이고, 땅에서 풀리면 하늘에서도 풀리는 이치다.

- "회당에서 기도하지 말고 골방에서 기도하라" 했다. 눈에 보이는 골방이 아니라, 골방과 같이 고요한 마음이다. 잡념을 버리고 하나님을 향해 마음을 집중하며, 사랑하고 용서하는 아름다운 생각만 나오도록 하라.

- "두드리면 열릴 것이다." 하는 것은 육의 소원을 위해 두드리라는 것이 아니라, 진리의 깨달음을 얻기 위해 두드리라는 것이다.

- 기도하는 방법: 생활 속에서 수시로 기도하는 삶을 살아야 한다.

- "저의 죄를 용서하여 주옵소서." 하는 회개의 기도를 하라.
- 범사에 "하나님! 감사합니다." 하라. 현재 가진 것에 감사하며, 과욕하지 말라. 자기 노력 이상의 것을 더 갖고자 기도하는 것은 도둑놈심보다. 공의의 하나님은 각자 노력한 만큼 주신다.
- "하나님 뜻대로 살아가겠나이다." 하며 마음의 각오를 다지라.

- 기도는 하나님의 말씀을 받아서 "행하는 것"이다. 하나님이 계심을 굳건히 믿고, 하늘을 향하여 한 점 부끄럼 없이 사는 삶 자체가 가장 위대한 기도이며, 삶이 곧 예배다.

3. 지도자

- 똑같이 사랑한다는 말을 해도, 순수하게 하는 말은 천사의 말이지만, 사기 쳐서 재산을 가로채려고 하는 말은 사탄의 말이다.

- 종교 지도자가 아무리 훌륭한 설교를 해도, 신도의 재물을 거둬서 더 큰 교회를 짓고 자기의 부귀영화를 바라며 설교하면 사탄의 가르침이 된다.

▪ "저희 교회는 만원사례요, 믿음은 다 같으니 이웃의 개척 교회에 가서 예배를 드리시오." 하며, 이웃 교회의 부흥을 먼저 생각하여 제 신도를 보내는 종교 지도자가 있다면 그를 따르라. 그가 하나님의 사랑을 실천하는 자다.

▪ "부자가 천국에 들어가는 것은 낙타가 바늘구멍을 통과하는 것보다 더 힘들다" 하였거늘, 지금의 교회에서는 부자가 되기만을 기도하고 소원하니, 이는 곧 천국을 포기하고 지옥 행 열차의 티켓을 사는 것과 같다.

▪ 예수는 빈손이었다. 종교 지도자가 예수보다 더 호화롭고 편안하게 살아간다면 잘못된 것이다. 부귀영화와 명예를 바라는 자는 절대로 갈 수 없는 좁고 협착한 길이 종교 지도자의 길이다.

▪ 종교 지도자는 유리로 비춰 봐 한 점의 부끄러움이 없이 살아야 한다. 의식주도 직접 일해서 해결하고, 예수의 가르침과 행함을 그대로 따라야 한다.

▪ 종말은 없다. 지금의 잘못 가는 종교 집단에게만 종말이 있다. 보이지 않는 하나님은 보이는 육의 종말은 관여하지 않으신다. 환경 파괴로 인간이 스스로 멸망을 자초하는 것이다. 종파끼리 싸우기 전에, 무너진 인성을 바로잡고 지구의 몸살을 해결하는 데 뜻을 모으는 게 급선무다.

4. 성전이란

▪ 이 세상 자체가 하나님께서 만드신 성전이다. 자연보다 더 아름다운 성전이 있는가? 보이는 건물이 성전이 아니라, 성스러운 마음가짐이 성전이다.

▪ 반석 위에 교회를 지으라 했다. 지상의 단단한 돌은 인간이 쪼갤 수 있으나, 마음속의 굳은 결의는 세상 무엇으로도 쪼갤 수 없다. 바르고 굳건한 믿음으로 성경의 가르침을 실천하는 것이 마음의 반석 위에 교회를 짓는 것이다.

▪ 손으로 지은 건물의 교회에 모여서 복음을 전하는 것이 아니라, 교회를 개인과 가정에 심어 주어야 한다. 무너지고 부서지는 건물을 짓지 말고, 마음속에 영원히 불변하는 참진리의 교회를 지으라.

5. 십계명

- 십계명은 인간이 죽어서 반드시 통과해야만 하는 열 개의 관문이다.

- 부모를 공경하지 아니한 자는 "네 부모를 공경하라." 하는 제5계명의 관문이 열리지 않으니 구원받을 수 없다.
- 살인, 간음, 거짓, 우상 등의 나머지 계명도 마찬가지다.

- 십계명은 하나님의 친필이다. 모기소리만 한 하나님의 음성이라도 들어 보겠다고 여기저기 찾아 헤매지 말고, 십계명부터 암송하고 지키라.

- 십계명은 영혼을 구원하는 양식이며, 십계명을 지키는 것이 구원을 받는 길이다. 인간이기에 지키고자 노력하고 또 노력한다면 지킬 수 있다.

- 십계명을 지키고 천사처럼 아름답게 살아가는 그 마음 하나면 세상에 이루어지지 않는 것이 없다.

6. 보물

- 하나님은 재물이 아니라 우리의 마음을 받으신다. 사랑을 실천하며 천사처럼 변하는 마음이 하나님께 바치는 보물이다.

- 보이지 않는 하나님께 재물을 바치려 하지 말고, 너희를 길러 준 부모에게 용돈 드리고, 찾아뵙고, 효성을 다하라. 그것이 하나님께 효도하는 것이다.

- 하늘에는 선과 악의 창고가 있다. 자기 창고에 선이 많으면 천국으로 구원을 받고, 악이 많으면 심판받아 지옥으로 간다. 그것이 바로 "선한 일을 행한 자는 생명의 부활로, 악한 일을 행한 자는 심판의 부활로" 나오는 것이다.

- "선악과를 따먹지 말라"는 것은 양심을 지키라는 것이다. 선과 악을 구분할 수 있는 양심을 최초에 인간에게 주셨다. 선한 열매는 취하고, 악한 열매는 버리며, 양심에 비추어 부끄럼 없는 삶을 살아가라.

- 가장 작은 거짓말을 하지 않고, 가장 작은 죄를 짓지 않으며, 가장 작은 선행을 하고, 가장 작은 악행을 멀리하는 것이 율법의 일점 일획도 빠뜨리지 말고 다 지키는 삶을 사는 것이다.

7. 우상

- 박물관에 있는 불상은 하나의 예술품이다. 그 조각품에 대고 제 소원을 빌 때 우상숭배가 된다. 십자가라 하여도 그 앞에서 소원을 빈다면 우상숭배하는 것이며, 하나님께 소원을 빈다면 하나님을 우상으로 전락시키는 것이다.

- 지금 기복신앙에 젖어 있는 모든 사람이 우상 앞에 절을 하고 있다. 조각품을 우상이라며 파괴하지 말고, 네 마음속에 있는 욕심의 우상을 무너트리라.

- 생수를 약초가 먹으면 약을 만들고 독사가 먹으면 독을 만든다. 같은 성경을 봐도 선한 지도자는 신도를 천사로 만드는 데 활용한다. 그러나 욕심이 가득한 지도자는 재물을 거두어들여 제가 부귀영화를 누리는 데 악용한다. 그가 바로 성경을 우상숭배의 도구로 전락시키는 거짓 선지자다.

- 성경을 한 획도 빼거나 더하지 말라는 것은, 그 가르침을 빠트리지 말고 온전히 지키라는 것이다. 성경 속에서 자기에게 유리한 구절만 보는 것은, 자기에게 불리한 구절들을 빼 버리는 것이다. 믿음이 제일이요, 행함은 구원과는 관계없다는 것은 자신에게 유리한 쪽으로 성경을 악용하는 것이다.

- 진정한 종교 지도자는 종파에 관계없이 어떤 종파든 어떤 책이든 접하고 보고 깨우쳐 견문을 넓히도록 인도한다. 참진리를 모르고 자신이 없는 자가 남을 이단이라며 배척하고, 신도들의 눈과 귀를 가린다.

8. 예수

- 예수의 재림은 없다. 예수가 다시 온다 해도, 과연 누가 그를 예수라고 믿겠는가? 예수와 같은 삶의 행함이 곧 예수의 재림이다. 각자 모두가 "재림 예수"가 되는, 차원 높은 믿음으로 가야 한다.

- 예수는 "주여 주여 하지 말고, 아버지의 뜻대로 행하라"고 했다. 예수가 전한 하나님의 뜻이 곧 "길이요, 진리요, 생명"이며, 그 가르침이 예수의 보혈처럼 소중한 것이다. 예수를 믿는 것은, 예수의 가르침을 믿고 따르는 것이다.

- 예수는 낮은 자로서 만백성을 섬기고자 했다. 만나는 모든 사람을 다 하나님이라 생각하라. 돈을 벌수록 겸손하고, 높은 지위를 얻을수록 낮아지라.

- 예수는 종파를 만들지 않았다. 인간이 만든 종교와 인간의 교리를 따르지 말고, 예수를 통해 전한 하나님의 참진리를 연구하고 따르라.

- 예수가 2천 년 전에 만백성을 위해 죽었으니, 지금 이 땅에는 예수의 가르침대로 사는 천사만 존재해야 한다. 예수가 죽어 가면서 바란 것은 만백성이 천사가 되어 예수의 자리를 채워 주는 것이지, 지금과 같이 재물을 바치면서 중언부언 제 소원만을 비는 백성들을 바란 것이 아니다.

9. 구원

- 천사가 사는 천국에는 천사만 갈 수 있으니, 천사 같은 마음을 길러야 한다.

- "천국 열쇠를 네게 주리니 땅에서 무엇이든지 매면 하늘에서도 매일 것이라" 했다. 땅에서 천사같이 사는 자가 하늘에서도 천사가 되어 천국에 들어간다. 모든 사람에게 천사같다는 말을 듣는 삶을 살아야 한다.

- 천사의 곱고 아름다운 마음은 부모를 공경하고 어른을 어른으로 대접하는 데에서 출발한다. 효도하는 자는 형제와 화목하게 지내기에 가정이 화목해지고, 이웃과 화목해지고, 국가가 화목해지고, 온 인류가 화목해진다.

- 그러므로 지상의 아름다운 소왕국은 가정에서부터 이루어야 한다.

- 선택된 14만 명만 구원받는 것이 아니라, 천사처럼 변하고자 하는 14만 명을 기초로 온 인류가 천사처럼 거듭나는 영적인 개혁이 시작되는 것이다.

- 천 년에 걸쳐서 하늘에서 이루어진 것같이 이 세상을 낙원으로 만들어, 만백성이 지상의 천국에서 살다가 죽어서 그대로 하늘의 천국으로 들어가는, 영원한 지상 낙원을 건설하는 것이 하나님의 계획이다.

- **이것이 구약과 신약에 이어 "새로운 성경"으로 역사하시는 하나님의 창조의 완성이다.**

- 지금의 믿음으로 구원받을 수 있다면 그 길을 가라. 그러나 자신이 없다면 하나님께서 직접 내리신 160권의 "새로운 성경"을 읽고 구원의 길을 보라!

하나님 머리말씀

이 새로운 성경을 읽는 너희 모두는
이 율법에 따라 행하면 영원히 구원받을 것이니라.

너희 인간이 수년, 수십 년, 평생
성서를 공부하고 기도하는 것은
하늘나라 나의 곁으로 오고 싶은 소망일진대,

몇천 년 전의 너희 인성과 생각이
지금의 너희와는 판이하게 다르니,

꺾여 가고 병들어 가는 너희를 고칠 수 있는 길은,
오늘 내가 선지자에게 내리는 새로운 성경과 같이
너희가 변화되는 것뿐이니라.

나의 예수가 태어난 것처럼
내가 아들 선지자를 선택하여
나의 새로운 성경을 온 세계에 전하고자 하니,

묵은 것은 버리고 새로운 것은 취하여,
너희 모두는
'여호와 하나님! 저의 죄를 용서하여 주옵소서.'
하는 기도문으로 기도하고, 죄를 뉘우치라.

이 새로운 성경은
수천 년간 내려온 성서를 요약한 것이니,
너희는 이 책을 정독하여 쉽게 깨달음을 얻고,
이대로 실천하여 하늘에 오르라.

대역자 머리말

■ 하나님의 율법을 지키는 선지자로 선택을 받도다.

저는 남들처럼 그저 열심히 살아온 평범한 사람이었습니다. 그러나 50대 중반에 사업에 실패하여 많은 부채에 시달렸으며, 건강도 악화되어 눈이 잘 안 보이고, 걷기도 어렵고, 두통이 심해서 잠을 이룰 수 없는 고통의 나날을 보냈습니다. 그때 제가 선택할 수 있는 것은 육의 삶을 끝내는 길뿐이었습니다.

죽기 직전에 그동안에 죄를 지은 이들에게 용서를 빌고 인생을 끝내기로 작정하였습니다. 어려서부터 지은 죄를 빌고 빌다 보니 끝이 없었고, 죽음으로도 그 많은 죄를 용서받을 길이 없다는 생각에 하염없이 눈물이 흘렀습니다. 그 순간 '재래식 화장실의 구더기는 죄를 짓지 않는데, 나는 인간으로서 구더기만도 못한 삶을 살았구나.' 하는 생각이 들면서 괴로움에 몸부림칠 때, 갑자기 하나님의 음성이 들렸습니다.

"나는 여호와 하나님이니라. 너는 십계명을 암송하고 내가 내려 주는 메시지를 받아 책으로 만들어 만백성을 구하라." 하시며, 제 눈을 손으로 문지르게 하시고, 아픈 머리와 다리를 손으로 두드리게 하셨습니다. 그러고 나니 눈도 잘 보이고 걸을 수 있었으며 머리의 통증도 말끔히 낫게 되었습니다. 그때부터 십계명을 암송하고 나면 들려주시는 말씀을 기록하였고, 1999년 8월부터 2004년 7월까지 권당 288쪽, 총 160권을 받아서 "새로운 성경"이라는 책으로 펴내게 되었습니다.

그러한 저에게 죽기보다도 힘든 길이 시작되었습니다. 모든 교인들이 저에게 사탄이요, 이단이요, 악마요, 마지막 시대에 온 거짓 선지자라 하면서 공격하였고, 저를 짐승을 보듯이 대하는가 하면, 편협한 종교 지도자들의 선동으로 신도들이 이 책을 직접 읽어보고 평가할 기회마저 막아 버렸습니다. 그래서 하나님의 말씀을 세상에 내는 데 많은 어려움을 겪으며, 피를 토하는 심정으로 책을 전하고 있습니다.

그러나 아무리 인간의 힘으로 막으려 해도, 하나님의 뜻이 세상에 전해지는 위대한 역사는 계속될 것입니다. 책으로 전해지는 "하나님의 말씀"은 세상 끝날까지 항상 우리와 함께하실 것입니다. 사람은 죽어도, 책에 기록된 말씀은 영원히 남으니까요.

■ 따뜻한 실천

하나님께서는 어려운 사람들에게 삶의 터전을 마련해 주고, 미래를 열어 주는 것을 기뻐하십니다. 어려운 이웃이 스스로 자립할 수 있도록 이끌어 주는 것이 진정으로 이웃을 돕는 것이라고 말씀하셨습니다. 그래서 일자리가 없는 제자들에게 작은 사업장을 만들어 주는 "달란트 사업"을 하고 있습니다. 식당, 반찬 가게 등을 차려 주고, 기존의 어려운 사업장이 자립할 수 있도록 돕고 있습니다(커피숍, 미용실, 의상실 등).

하나님께서는 교회에 나와서 모든 시간과 재물을 쏟기를 원하지 않으시고, 그 시간과 재물을 교육에 투자하여 스스로 미래를 열어 가기를 원하십니다. 그래서 제때 공부하지 못한 제자들에게 학업을 이어 가도록 하였습니다. 중화요리 주방장을 하며 초등학교 검정고시부터 공부하여 2012년에 방통대를 졸업한 36세 남성, 만학도들의 2년제 중학교에 입학해서 2007년에 명지대학을 졸업한 38세 여성, 중학교 검정고시를 시작으로 숭의여자대학을 졸업한 47세 여성 등이 있습니다. 그밖에도 많은 제자들에게 나이를 초월하여 배우고 깨우쳐서 사회 속의 당당한 일원이 되도록 인도하고 있습니다.

학자금 대출로 힘겨워하는 젊은이들을 위해 "따뜻한 바람 장학회"를 발족하여(2016년 12월) 대출받은 학자금 전액을 매월 갚아 주고 있습니다. 또한, 다문화 가정을 위해 "다문화 가족 랜드"를 조성하여, 각종 시설을 무료로 활용하도록 하고 있습니다.

이러한 따뜻한 실천이 아직은 미약합니다. 그러나 책의 수입이 늘고, 저와 뜻을 같이하는 분들이 늘어나면 계속 확대할 것입니다. 지도자로서 신도의 재물을 헌금으로 거둬들여 착복하는 것이 아니라, 하나님께서 기뻐하시는 일에 사용하도록 중매 역할만 하며 살아가고자 합니다. 이런 제가 과연 사탄이고 이단인가요? 하나님께서 기뻐하시는 일이라면, 저에게 사탄이라 하든 거짓 선지자라 하든 굽히지 않고 실천해 나갈 것입니다.

끝으로, 일상의 삶 속에서 "지금 내가 하는 행동이 과연 하나님께서 기뻐하실까, 슬퍼하실까?" 생각하고, 매사에 하나님께서 기뻐하시는 길을 택하기 바랍니다. 교회에 모여서 집단적으로 예배 드리는 것이 아니라, 개인이나 가정 단위로 새로운 성경을 읽어 스스로 깨우치고 그대로 행하면 충분합니다. 그것이 마음속에 성전을 짓고, 신령과 진정으로 예배 드리는 길입니다. 그러면 천국의 문에 들어서게 됩니다.

2017. 2. 1.

하나님 말씀 대역자 김용철

차 례

십 계 명

이 책은 십계명을 암송하고 나면 내려 주시는 "하나님의 음성"을 듣고 그대로 받아쓴 기록입니다. 하나님께서 십계명을 모세에게 내려 주셨지만, 그것은 만백성에게 내려 주신 것입니다. 마찬가지로 이 책의 모든 말씀도 저에게 내려 주셨지만, 만백성 각자에게 들려주시는 말씀입니다. 여러분도 이 책을 접할 때마다 십계명을 암송하고 나서 정독해 주시기 바랍니다.

제일은, 너는 나 외에는 다른 신들을 네게 있게 말지니라.
제이는, 너를 위하여 새긴 우상을 만들지 말고, 또 위로 하늘에 있는 것이나, 아래로 땅에 있는 것이나, 땅 아래 물 속에 있는 것의 아무 형상이든지 만들지 말며, 그것들에게 절하지 말며, 그것들을 섬기지 말라.
제삼은, 너는 너의 하나님 여호와의 이름을 망령되이 일컫지 말라.
제사는, 안식일을 기억하여 거룩히 지키라.
제오는, 네 부모를 공경하라.
제육은, 살인하지 말지니라.
제칠은, 간음하지 말지니라.
제팔은, 도적질하지 말지니라.
제구는, 네 이웃에 대하여 거짓 증거하지 말지니라.
제십은, 네 이웃의 집을 탐내지 말지니라.

나 여호와가 존재함을 믿는 그 자체가 구원의 길에 들어서는 기본이요, 근본이며, 나의 새로운 성경을 가슴에 안고 정독하는 자, 반석 위에 서서 하늘에 오르는 찬란한 빛을 보게 되는 영광을 얻게 됨이니라. 진정 나를 따르고 믿는 자는 감히 사탄이나 마귀도 근접하지 못하느니라.

〈하나님 말씀〉

2004년 5월

11,134 번째 하나님 말씀

2004년 5월 18일 15시 03분

1 사랑하는 나의 아들아!
2 "네, 아버님! 말씀하옵소서."
3 나의 아들 예수가 대답하여 전하기를,
'사람이 떡으로만 살 것이 아니요, 하
나님의 입으로 나오는 모든 말씀으로
살 것이요.' 그걸 전했으니, 너희들이
어찌해야 되는지를 알겠는가?
4 너희들이 그와 같은 것으로 살아야만
된다 그리 전하지 않았던가?
5 그러니 너희들은 그 뜻을 어찌 생각하
느냐?
6 나의 아들 예수가 떡으로만 사는 것이
아니요, 하나님의 말씀으로 산다는
것, 그것이 사는 길이라 한 그 뜻을 너
희들은 어찌 생각하며 그를 어찌 받아
들이는가?
7 지금 내가 너희들에게 묻느니라.
8 지금 과연 종교 집단의 지도자 그들이
나 여호와의 성령이요, 너희들이 말하
는 하나님의 말씀으로써 살아가는 백
성들이던가?
9 과연 너희들이 재물을 긁어모으는 것,
더 큰 성전을 짓고 교회를 짓고 더 화
려한 단상을 만들어 그 앞에서 교리라
하여 나의 피조물 만백성을 가르치기
위하여 너희들이 거짓된 행위로 하여
재물을 갈취하는 것이 무엇이더냐?
10 너희들은 떡을 만들기 위해서, 더 맛
있는 떡을 만들기 위해서, 더 큰 떡 덩
어리를 만들기 위해서, 그 떡을 먹고
살기 위하여 지금 몸부림치는 자들이
아니더냐?
11 평범한 떡도 아니요, 그저 하루 자면
더 좋은 떡이요, 하루 자면 더 맛있는
떡이요, 꿀떡과 같은 것을 찾아 떡만
만드는 데 너희들이 오늘의 모두를 다
바치고 오는 그 믿음의 길이 아니더냐?
12 그러니 성서에 기록한 그 내용이 어떠
한 것인가 너희들은 한번 돌이켜 보라.
13 지금 나의 아들을 통하여 160권의 새
로운 성경을 내려보내니, 이게 나 여
호와의 말씀이요, 하나님의 입으로써
나오는 말씀인가, 그리고 이대로 지키
고 살아가는 백성들이 과연 내 뜻에
의하여 가는 말씀을 따라가는 백성들
인가,
14 더 맛있는 떡, 더 큰 떡을 만들기 위하
여 온갖 수단과 방법을 가리지 않는
자, 그것이 지금 오늘의 종교 집단 너
희들의 삶이 아닌가 너희들이 스스로
한번 알아보라.
15 그러니 거기에 교훈이 없으며 하늘에
오르는 길이 없으며 믿음이 없다는 걸
너희들이 알아야 될 것이니라.
16 더 맛있는 떡을 만들기 위하여, 그리
고 그를 먹기 위하여 온갖 짓을 다하
고 있음이니, 그러니 거기에 진리가
없다 함이요, 하늘에 오르는 길이 없
다는 것을 알라.
17 제정신이 아니니라.
18 모두가 다 지금 환각 상태에 빠져 있

으며 그저 더 맛있는 떡을 만들기 위
하여, 더 큰 떡 덩어리를 찾기 위하여
거기에 미쳐 있으며 거기에 모두가 빠
져 있는 자 앞에서,
19 너희들이 그를 찾다 지옥으로 가는지,
어디로 가는지 그것도 모르고 그저 더
맛있는 떡을 찾기 위하여, 더 많은 떡
을 네 앞에 쌓아 놓기 위하여 몸부림
치다 너희들이 어느덧 가 보다 보니,
너희들이 나에게 와 심판을 받을 때는
지옥의 낭떠러지로 떨어지는 백성이
라는 것을 알라.
20 진정한 창조주 나 여호와의 뜻을 안다
면 나의 성경의 뜻대로 너희들이 그리
지키고 산다면, 오늘같이 험악한 세상
은 결코 되지 아니하였을 것이니라.
21 그러니 너희들이 성경의 뜻을 알려고
하지 아니하며, 참진리를 내려보낸다
해도 듣지도 아니하며 보지도 않으며
너희 것으로 만들려 하지 아니함이니
라.
22 이미 떡을 먹기에 너희들이 빠져 있으
며, 그저 떡을 먹되 오늘보다 내일이
더 큰 떡이요, 더 맛있는 떡을 찾기 위
하여 혈안이 되어 있으니,
23 남들이 먹을까 봐 너희들이 꿀 바른
꿀떡을 먹기 위하여 서로가 경쟁을 하
며 죽기 아니면 살기로 비방하며 시기
하며 질투하며 음해하며 살아가니,
24 이것이 바로 나의 아들 예수와의 대화
한 그 내용이 오늘의 너희들을 위하여
기록된 내용임을 알라.
25 그러니 이제 떡을 찾는 그 믿음의 길
을 가는 종교 집단의 지도자 너희들이
당장 중단하지 아니하면 아니 될 것이
니라.
26 과연 너희들의 믿음이 내가 말한 떡으
로써 살고자 하는 백성들이 아닌가?
27 정녕 나 여호와의 입으로 나오는 나의
성령이요, 너희들이 말하는 아버지의
말씀대로 참진리요, 하늘의 뜻대로 살
아가고자 노력하는 백성인가?
28 너희 모든 신도들은 다시 한 번 돌이
켜 제정신을 차려 그 정답을 찾도록
그리하라.

11,135 번째 하나님 말씀

2004년 5월 18일 15시 05분

1 사랑하는 나의 아들아!
2 "네, 아버님! 말씀하옵소서."
3 성서에 기록하여 나의 아들 예수가 너
희들에게 무어라 전했느냐?
4 예수가 기록하여 전하기를, '너희들은
주 하나님을 시험치 말라.', 나 여호와
를 시험하지 말라 그리 말했느니라.
5 그러니 그 뜻이 어디에 해당되며, 과
연 나를 시험하는 백성이 누구며 시험
하지 않는 백성이 누구라 너희들은 생
각하는가?
6 성서에 기록한 대로 너희들은 나를 시
험치 말아야 하거늘, 지금 믿음의 길
을 가는 종교 집단 지도자 너희들처럼
나를 더 이상 시험하는 자가 없을 것
이니라.
7 너희들의 오늘의 믿음이 나를 시험하
기 위한 믿음이요, 그를 위한 신앙이
요, 그 믿음의 길을 가고 있다면 너희
들은 믿겠는가?
8 너희들은 작은 것에서부터 큰 것에 이

르기까지 무엇을 이루어 달라, 해 달
라 울고불고 기도하는 것이 무엇이더
냐?
9 그러니 주지 않는 나 여호와는 믿지
아니하며 주는 나 여호와는 믿을 것이
라는 그와 같은 생각, 그리고 너희들
이 믿기만 하면 무엇을 줄 것이라는
것, 그 기다리고 역사하는 것이 다 무
엇이더냐?
10 너희들은 안 주면 이루어지지 않으며,
주면 이루어지기에 너희들이 따르며
갈 것이라는 그와 같은 생각을 하고
있는 자, 너희들이 바로 나를 시험하
는 오늘의 그 믿음의 길을 가는 대표
적인 자들이니라.
11 기적이 일어나기를 바라며 기적의 역
사가 이루어지기를 바라며,
12 그를 보았을 때, 너희들이 진정한 믿
음이요, 나 여호와가 존재함을 믿으
며, 오늘의 형식적인 믿음에서 너희들
이 거듭난다 그리하나,
13 나 여호와는 무엇 때문에 너희들 개인
에게 기적을 보여 주며 너희들에게 그
역사를 이루어 줘 너희들이 그와 같은
길을 가도록 하는가?
14 나는 공의의 하나님이요, 나는 모두의
다 똑같은 아버지니라.
15 너희들 누구 개인에게 어떤 기적과 역
사를 보여 줘 너희들이 믿음의 길을
가도록 나 여호와는 그리하지 아니함
을 알아야 될 것이니라.
16 그러니 이제 너희들은 들으라.
17 과연 누가 시험을 하는 백성인가, 나
를 시험하는 백성이 누구인가 생각하
여,
18 지금 믿음의 길을 가는 종교 집단 지
도자 너희들 자신부터 나를 시험하는
행위를 하거든 그를 중단하라.
19 모두가 나를 시험하지 아니하는가를
깨우치라.
20 이제 나의 아들을 따르는 제자들이요,
그리고 나의 새로운 성경을 읽고 깨우
친 너희들은, 나의 아들 예수가 전했
듯이 나를 시험치 말라 했으니,
21 나 여호와를 시험하는 그와 같은 행위
는 아닌가, 너희들이 그 마음은 없는
가, 이 마음의 뿌리도 다 너희들이 뽑
아내야 함이니 그리 알라.

11,136 번째 하나님 말씀

2004월 5월 18일 15시 10분

1 사랑하는 나의 아들아!
2 **"네, 아버님! 말씀하옵소서."**
3 예수가 누구에게 엎드려 절하며 경배
한다면 이 모든 것을 주겠다 나의 아
들 예수에게 그와 같은 말을 했느냐?
4 그 말을 나 여호와가 나의 아들에게
명했던가, 그렇지 않으면 사탄이 나의
아들 예수를 시험하기 위해 그와 같이
했던가?
5 저에게 엎드려 경배하면 모두를 다
준다 유혹한 자가 누구였느냐?
6 너희들은 성서에 기록된 내용을 읽었
으니 알 것이니라.
7 사탄이 나의 아들 예수를 유인하고 유
혹하기 위해서 그와 같은 행위를 하
지 않았더냐?
8 그러니 너희들은 지금 경배하고 기도
하면 누가 준다고 생각하며 누가 너희

들의 뜻을 이루어 준다 생각하여 달라
말하는가?
9 그리고 너희들이 기도하고 경배하면
내가 준다고 너희들에게 말했는가?
10 누가 너희들에게 준다 말했느냐?
11 사탄이 나의 아들 예수에게 준다 그리
말하였으니, 너희들이 지금 경배하고
기도하는 것은 사탄에게 하는 것이요,
사탄이 준다는 그 말을 너희들이 믿고
그와 같이 따르는 행위를 하고 있다는
것을 알아야 될 것이니라.
12 너희들이 오늘의 성서의 가르침이요,
깨달음을 그와 같이 알지 못하며, 너
희들이 경배하고 기도하면 그저 무엇
인가를 주고 이루어 준다는 것, 그것
은 사탄이 나의 아들 예수를 유인하고
유혹하기 위해 한 말이니,
13 그 말에 따라서 너희들이 지금 달라,
이루어 달라는 것은 나는 줄 수 없다
면서 주지 않는다 했으니, 사탄에게
너희들이 경배하며 사탄의 자식이 되
어 있다는 것을 알라.
14 사탄의 자식이기에 사탄이 경배하면
준다는 것을 경배하고 기도하며 너희
들이 울고불고 절하며 달라 하는 것이
아니더냐?
15 그러니 사탄이 준다고 했으니, 사탄이
하는 짓을 너희가 지금 하고 있는 것
임을 알라.
16 너희들이 어떠하던가?
17 그저 너희들이 물고기를 낚기 위한 낚
싯밥을 미리 던져 놓고 낚아 내듯이,
그와 같은 사악한 행위를 한 것은 사
탄이 너희들에게 말했느니라.
18 엎드려 경배하는 자, 그리고 모두를
역사하는 자, 명에 따르는 자, 모두를
다 준다 했으니,
19 너희들이야말로 경배하고 기도하면
준다는 그 뜻을 믿고 기도하고 경배하
고 엎드려 울고불고하니,
20 그것이 바로 내 뜻이 아니요, 사탄에
게 너희들이 다 넘어간 자식이라는 것
을 알라.
21 나 여호와는 너희들이 엎드려 경배한
다 하여 너희들이 원하고 소원함을 준
다 하지 아니하였으니, 그 뜻을 알라.
22 너희들이 경배하고 달라는 기도가 사
탄에게 경배하고 사탄을 존경한다며
울고불고 이야기하며 사탄을 존경하
니,
23 '당신의 뜻에 따라 우리가 살아가니,
당신이 우리에게 무엇을 달라.' 하는
그와 같은 행위를 한다는 것을 잊지
말라.
24 '당신의 뜻대로 살겠으니 그저 내려
달라.' 너희들이 입만 열면 그와 같은
기도요, 그와 같은 행위를 하니,
25 그와 같은 짓을 하는 자 너희들에게
나는 그를 줄 수 없으며 주지 아니한
다 했으니,
26 준다는 자에게 달라고 매달리는 것은
바로 무엇이더냐?
27 나와 관계없이 사탄의 노예요, 사탄의
자식이 되어 사탄에게 너희들이 울고
불고 기도하는 것이라는 것을 알라.
28 나의 아들이요, 나의 아들을 따르는
제자들이요, 나의 새로운 성경을 읽은
백성, 그들은 달라는 소리를 하지 아
니함이니라.
29 다만, '저의 죄를 용서하여 주옵시고,

아버님 뜻에 따라 살아갈 수 있는 힘
을 주옵소서.' 그리 기도함이니, 이게
바로 나에게 기도하는 것이요, 그리하
여 그들이 하는 기도는 내가 들으며,
30 울고불고 달라 너희들이 몸부림치고
통곡하는 그것은 사탄에게, 준다는 자
에게 달라는 것이지, 주지 아니하는
자에게 달라는 것이 아님을 너희들은
알라.

11,137 번째 하나님 말씀

2004년 5월 18일 15시 15분

1 사랑하는 나의 아들아!
2 "네, 아버님! 말씀하옵소서."
3 나의 아들 예수가 사탄이 그를 유혹하
니, 사탄에게 무어라 말하였느냐?
4 나의 아들 예수는 사탄에게 그리 말했
느니라.
5 '사탄아, 물러가라.' 그리 전하였으며,
'주 너의 하나님께 경배하라.' 다만 나
여호와를 섬기는 그와 같은 행위를 하
라고 사탄에게 나의 아들 예수가 그리
전하고 말하지 아니하였더냐?
6 그러니 나 여호와에게 경배하고 나를
섬기라 사탄에게 그리하였으니,
7 너희들이 달라는 기도를 하라는 말이
어디에 있으며 그와 같은 원하는 기도
를 드리라는 그러한 말이 어디에 있느
냐?
8 그와 같은 것은 없음이니라.
9 그러니 사탄에게도 나를 경배하고 섬
기라 하였거늘, 더욱이 지금 나의 은
혜로부터 모두를 받아 세상에 나간 나
의 피조물 만백성 너희들은 과연 어떠
한 마음으로 나에게 기도하고 경배해
야 되겠느냐?
10 너희들이 충성을 다할 것이며 마음을
다하여 경배하고, 그리고 나 여호와를
섬기는 그와 같은 마음으로 살아가며
내 뜻에 따라가는 삶을 살아가는 것이
너희들이 할 수 있는 길이요, 그 외에
는 아무것도 해서는 아니 되거늘, 지
금 과연 너희들이 어찌 살아가는가?
11 너희들은 지금 나에게 달라는 기도요,
그리고 이루어 달라는 기도 그것밖에
하는 것이 없음이니 그 모두는 나와
관계없으며,
12 사탄이 준다 너희들에게 유혹하니 너
희들이 사탄에게 바치는 기도라 하여
사탄에게 바치는 기도를 많이 평생을
하고 살아간다는 것, 그 무서운 사실
을 알도록 그리하라.
13 너희들의 마음을 이끌고자 내가 독소
가 들어 있는 사탕을 너희들에게 주어
나의 피조물 만백성이 나를 따라오도
록 하는 창조주 나 여호와가 아님을
알라.
14 나는 그와 같이 사탄처럼 무엇을 주어
서 결국 너희들이 죽음으로 가는 그와
같은 독소가 들어 있는 것을 너희들에
게 내려 주지 아니하며 주지 아니함이
니 그리 알라, 사랑하는 나의 아들딸
들아!

11,138 번째 하나님 말씀

2004년 5월 18일 15시 25분

1 사랑하는 나의 아들아!
2 "네, 아버님! 말씀하옵소서."

3 '심령이 가난한 자는 복이 있나니 천
국이 저희 것이요.', 영적 믿음이 그와
같이 가난한 자가 구원을 받는 백성
이요, 나에게 오른다 하지 않았더냐?
4 그러니 내가 가르친 이 뜻이요, 내가
전한 뜻을 너희들은 어찌하는가?
5 그저 '심령이 가난한 자는 복이 있나
니 천국이 저희 것이라.' 너희들이 그
냥 읽고 지나가면 그것으로써 아무것
도 얻을 것이 없음이니라.
6 그러니 여기서 내가 너희들에게 전하
고자 하는 그 뜻은, 너희들의 믿음이
요, 영적인 믿음이 부족하고 나약하여
성령으로써 임하지 못한 그 백성이기
에,
7 스스로 네가 나약하여 나 여호와에게
받은 은혜는 끝이 없고 한이 없으나,
너희들이 내 뜻을 행하지 아니하며 그
대로 실천하지 못하여 참진리의 길을
가지 못하여,
8 성령으로써 영적인 그 믿음이 부족한
것을 너희 스스로 자책하며 너희 스
스로 괴로워하는 것이요, 너희 스스로
고통스러워하는 그와 같은 마음을 갖
는 백성을 말함이니라.
9 심령이 가난한 자가 복이 있다는 그
의미를 이제 알겠느냐?
10 영적인 믿음이 부족한 자요, 참진리의
길이 부족한 자요, 나 여호와의 뜻을
알 수 없으며 나 여호와의 뜻에 의한
길을 가지 못하며, 너희들 스스로 악
습을 버리지 못하여 고통과 시련 속에
서 너희 자신을 자책하며, 그리고 거
듭나기 위해 몸부림치는 그와 같은
백성을 너희들이 가난한 자라 여겨서
전하는 뜻이니 이를 알라.
11 그와 같이 믿음이 부족한 자가 그를
채우기 위해 몸부림치는 백성의 삶이,
그와 같은 백성이 천국은 그들의 것이
라는 가르침을 너희들은 알아야 될
것이니라.
12 모든 종교 집단 너희들이 과연 어찌하
는가?
13 스스로 그리 알고 가는 백성, 천국이
바로 너희들의 것이요, 그 구원을 받
을 수 있는 백성이라는 것을 너희들에
게 알게 하기 위하여 내가 가르침이
니라.
14 그러니 지금의 가는 모든 종교 집단
지도자 그들이 과연 성령이 임함이
아니요, 저희들이 그 믿음이요, 영적
으로 가난한 자요, 아직 부족한 자라
그리 생각하는 종교 집단의 지도자요,
그 신도들이 어디 있는가?
15 그저 너희들의 손으로 지은 죄의 온상
에 와 헌금을 내기만 하면 구원을 받
았다 그리 말함이니,
16 너희들이 얼마나 영적으로 부족하여
영적으로 가난한 자인가?
17 그를 채우기 위하여 몸부림치는 그와
같은 삶을 살아가는 것이 믿음의 길을
가는 백성의 근본이거늘,
18 너희들이 그와 같은 것은 기억도 없으
며 그와 같은 것은 생각도 하지 아니
하며 그를 다 팽개쳐 버리고 지워 버
리고, 너희들은 그저 영적으로써 믿음
이 충만하여 구원을 받은 백성이라 그
리 말하며,
19 너희들은 영적으로써 충만한 자요, 부
족한 점이 없으며 풍요로운 자이기에

하늘에 와 상을 받을 일만 남아 있다
그리 말하는 자, 너희들이 얼마나 오
만하고 자만한 자요, 어리석은 짓을
하고 있는가?
20 과연 너희들이 영적으로써, 성령으로
써 그득히 채워진 자이기에 하늘에
오를 수 있으며 구원을 받으며 나에게
와 상을 받을 수 있다 그리 말하느냐?
21 그러니 바로 너희들은 가난함을 모르
는 자요, 어려움을 모르느니라.
22 '심령이 가난한 자'라는 것은 너희들
이 깨닫지 못한 그 믿음이요, 그것이
가난한 것을 의미하는 것이요, 너희들
이 재물이 가난한 자를 의미하는 것
이 아니니라.
23 그러니 영적으로써 너희들이 성령을
받음이 부족하며 깨달음이 부족한 백
성이 영적으로 성장하며 그를 채우기
위하여 어렵고 힘든 노력을 하는 자,
24 가난하기에 그를 채우기 위하여 노력
하는 자, 그와 같은 백성만이 나에게
오를 수 있으며 그와 같은 삶이 나에
게 오를 수 있는 길이라 했으니,
25 너희들이 지금 오만방자하게 구원을
받았다 말하는 자는, 너희들이 성령으
로 가난하지 아니하며 충만하게 채워
졌다는 자이니,
26 부족함 없이 나 여호와의 뜻대로 사는
것이요, 내가 명한 대로 사는 것이요,
나의 십계명대로 사는 것이요, 내가
나의 아들을 통하여 내리는 160권의
새로운 성경대로 이미 그와 같이 살
아가는 자라 너희들이 그리 말하는
자니,
27 그게 바로 너희들이 나와는 관계없는
자요, 영적으로 죽은 자요, 너희들이
무덤 속에서 허덕이는 백성과 똑같음
을 알아야 될 것이니라.
28 그러니 너희가 성령의 영적으로 그득
히 채워졌다 하니, 너희가 한 명도 나
를 볼 수 없으며 나에게 온 백성이 없
다 함을 알라.
29 이제 나의 아들을 따르는 제자 너희들
은 알라.
30 심령이 가난한 자 복이 있나니, 천국
이 너희들 것이라는 것은, 가난한 자,
그를 벗어나기 위해서 얼마나 많은 노
력을 하느냐?
31 그러니 너희들이 그 가난을 물리치기
위해서 열배 백배 천배 더 성령으로써
가득 채우는 그와 같은 거듭나는 삶을
위하여 피나는 노력을 하는 자, 곧 하
늘이 너희 것이요,
32 지금 깨닫지도 못하며 하늘의 진리도
모르며 나의 뜻도 모르며, 내가 친필
로 써 내린 나의 십계명을 감히 인간
이기 때문에 지킬 수 없으며, 그건 행
하며 살 수 없는 것이며, 그건 다 부질
없는 것이요, 저희는 믿지 않는다는
그와 같은 사악한 말을 하는 자,
33 그들이 바로 하늘에 와 상 받을 것만
남았으며 저희들은 구원을 받은 자요,
하늘의 열쇠를 제가 따고 들어올 수
있는 열쇠를 받은 자라 착각하니, 그
들이 하나도 구원을 받을 수 없는 자
들이니라.
34 오죽하면 나의 아들이 너희들은 무덤
속에 있는 자들이라 그리하였겠느냐?
35 살아 있는 자요, 살아서 죄를 짓는 것
도 아니요, 무덤 속에 있는 자와 같은

것이 너희들의 오늘의 믿음이라 함을
명심하고 또 명심하여 네 것으로 만들
어 깨달음을 얻어야 될 것이니라.

11,139 번째 하나님 말씀

2004년 5월 18일 15시 33분

1 사랑하는 나의 아들아!
2 "네, 아버님! 말씀하옵소서."
3 나의 백성 너희들이 애통하는 자는 복
이 있나니, 내가 성서에 기록하여 전
하지 않았느냐?
4 그러니 '애통하는 자는 복이 있어 너
희들이 나로부터 위로를 받을 것이라'
내가 그리 말하지 아니하였느냐?
5 그러니 이와 같은 성서에 기록하여
전하는 뜻이 무엇이더냐?
6 너희들이 무엇을 애통하는 자 복이 있
느냐?
7 너희들이 성령이 임하지 못한 것, 영
적으로써 거듭나지 못한 것, 그리하여
너희들이 그와 같이 바른 백성으로서
내가 명한 것을 지키지 못하며,
8 친필로 써 내린 십계명대로 지키지
못하는 그와 같은 삶을 스스로 부끄
럽게 생각하며, 그와 같은 것을 송구
스럽게 생각하며,
9 나에게 죄지음을 감당치 못하는 그와
같은 마음으로써 너희 자신이 애통해
하는 마음이요, 그와 같은 생각으로써
살아가는 자, 너희들이 나로부터 복을
받을 수 있다 하였거늘,
10 지금의 모든 종교 집단의 지도자들이
과연 그와 같은 마음으로 사느냐?
11 수천 년 동안 흘러온 종교 집단 지도
자 그들이 가르치고 배우는 그 백성
들, 내가 나의 성경에 일찍이 기록하
여 전했듯이 너희들이 제대로 서지 못
하며 참진리를 모르며, 너희들이 성령
으로 임하여 아름답고 곱게 살아가지
못하여,
12 그리고 너희들이 도덕적으로 인간 세
상에 한 점의 부끄러움이 없는 그와
같은 삶을 살지 못하여, 그 마음을 감
당치 못하여 애통하며 슬피 울며 살아
가는 백성이 과연 얼마나 있느냐?
13 그러니 하늘을 향하여 한 점의 부끄러
움이 없는 삶을 살지 못하는 것을 애
통해하고 슬퍼하며 괴로워 눈물 흘리
는 자, 그는 미래가 있으며 그가 변할
수 있기에 내가 그와 같은 자들이 나
로부터 위로를 받는 자라 그리하지 아
니하였더냐?
14 하늘을 향하여 한 점의 부끄러움이 없
는 삶을 사는 백성, 그리 살지 못하여
애통해하며 고통의 눈물이요, 회개의
눈물을 흘리는 백성, 그들이 나를 볼
수 있다 내가 하였음이니라.
15 그러나 지금 믿음의 길을 가는 백성
이요, 종교 집단의 지도자에서부터
오늘 처음으로 믿음이라는 곳에 간
자, 교회를 간 자,
16 그저 가자마자 너희들은 구원을 받은
자라 그리 말하며 축복받은 자라 말
하며 천국에 들어갈 수 있는 자격을
가진 자라 날뛰고 있음이니, 과연 너
희들이 어떠한 행위를 하고 있는지 알
겠느냐?
17 그러면서 너희들이 하고 있는 짓이 무
엇이더냐?

18 너희들은 그저 너희 자신이 깨우치지
못한 걸 부끄럽고 애통한 마음으로 슬
피 회개하고 깨우치는 것이 아니요,
19 그저 다른 종교 집단이요, 지파는 다
사탄이요, 이단이라는 것으로 모두를
밀어붙이는 데 모두를 다 바치며,
20 믿지 않는 자라 하여 너희들이 악마
요, 사탄이요, 이방인의 백성이라 그
리하고 있는 자, 그러면서 너희들 자
신이 서로 시기하고 질투하며 반목하
는 그와 같은 삶을 사는 것이, 그와 같
은 믿음의 길을 가는 것이 오늘의 종
교 집단 지도자 너희들이 아니더냐?
21 그러니 저 자신이 바로 서지 못하여
애통해하는 백성을 못 봤으며, 너희들
이 바로 가지 못하여 애통해하는 백성
을 못 봤으며, 악습을 버리고자 하나
그를 버리지 못하여 애통해하는 백성,
22 지금 나의 아들을 따르는 제자들이요,
나의 새로운 성경을 읽고 깨우친 백
성, 그들 외에 그 누가 이와 같은 믿음
이요, 이와 같은 마음으로써 살아간단
말이더냐?
23 그러니 애통함이 어디 보이며 애통한
마음이 어디 있으며 너희들이 바로 서
고자 몸부림치는 것이 어디 있느냐?
24 그러니 진정한 회개요, 진정한 깨달음
이 없는 것이 너희들이니라.
25 그러니 지금까지 너희들이 바로 서지
못한 자요, 바로 가지 못한 백성이라
는 것을 알라.
26 내가 성경에 기록한, 너희들의 삶을
제대로 살지 못할 때 애통해하며 고통
스러워하는 그 백성이 복이 있으며 나
로부터 위로를 받는다는 그 의미를 깊
이 깨우쳐 너희 것으로 만들어 그리
행하도록 하지 아니하면 아니 될 것이
니라.

11,140 번째 하나님 말씀

2004년 5월 18일 15시 38분

1 사랑하는 나의 아들아!
2 "네, 아버님! 말씀하옵소서."
3 성경에 기록하여 전하기를 '온유한 자
는 복이 있나니, 저희가 땅을 기업으
로 나로부터 받을 것이라' 나의 아들
예수가 너희들에게 기록하여 전한 것
을 아느냐?
4 그러니 너희들이 살아가면서 자신을
나타내지 아니하며 자신의 목소리를
높이지 아니하며 자신이 지배자요, 제
왕이 되고자 아니하는 그와 같은 마음
으로써 살아가는 자,
5 모두를 양보하며 이해하는 마음으로
살아가는 자, 너희들이 섭섭함을 받았
을 때 받은 만큼 남에게 되돌려 주지
아니하는 자,
6 그리고 너희들이 원수를 원수로써 갚
으며 그 복수극을 벌이지 아니하려 하
는 자, 그 모두를 참고 견디는 백성,
7 그러한 백성이 바로 온유한 백성이요,
그들만이 나에게 오를 수 있다는 것을
내가 미리 기록한 그 의미를 너희들은
아는가?
8 그러니 과연 지금의 백성들이 그와 같
이 살아가느냐?
9 가장 낮은 자요, 겸손하며 온유한 자
세로 사는가?
10 저희들은 자신을 과시하기 위하여, 저

희들의 집단을 과시하기 위하여, 저희
들이 위대한 자, 위대한 집단이라는
것을 만방에 알리기 위하여 착각 속에
살아가는 자요,
11 거기에 병든 것이 오늘의 종교 집단의
지도자요, 그리고 그와 같이 하는 것
이 저희들의 구원의 길이라 착각하는
그 맹종 맹신하는 신도들, 그들이 과
연 온유한 백성들이요, 온유하게 나의
땅을 기업으로 받을 수 있다 생각하느
냐?
12 그와 같은 백성이 세상에 지금의 믿음
의 길을 가는 자 없음이니라.
13 그러니 너희들이 남을 사랑할 줄 모르
며 남에게 베풀 줄 모르느니라.
14 너희들이 모든 동식물을 다스리며 동
물의 왕이라 하였거늘, 어찌하여 동물
의 왕이라는 너희들이 가장 모진 인간
으로서 지금 변질되어 있으며, 그 모
질기가 끝이 없어 너희들이 극에 달한
그와 같은 오늘의 현실을 이루고 있음
이니,
15 너희들이 온유한 자 복이 있으며 땅을
기업으로 얻는다 했으니, 너희들이 이
를 받을 자가 하나도 없으며 그 유산
을 받을 자가 하나도 없어,
16 나 여호와가 지금 나의 아들을 통하여
새로운 성경을 만들어 너희들이 하나
하나 깨우쳐 역사하도록 하여 나로부
터 유업을 받을 수 있는 백성을 육성
하고자 하는 것이 나 여호와의 뜻이니
라, 사랑하는 나의 아들딸들아!

11,141 번째 하나님 말씀

2004년 5월 18일 15시 42분

1 사랑하는 나의 아들아!
2 "네, 아버님! 말씀하옵소서."
3 성경에 기록하여 너희들을 깨우치기
를, '의에 주리고 목마른 자는 복이 있
나니, 저희가 배부를 것이요.' 내가 너
희들에게 그리 전하지 않았느냐?
4 그러니 오늘날 참진리의 길이요, 나의
뜻에 의해 살고자 몸부림치는 백성,
너희들은 축복이 있을 것이며 성령으
로 임하는 백성이니라.
5 그러니 너희들이 바로 살기 위하여 참
진리요, 나 여호와의 뜻이 무엇인가를
깨우쳐 몸부림치는 그와 같은 삶을 사
는 백성 너희들이 의에 주린 자요, 목
마른 백성이라 내가 그리 표현하여 전
함을 알겠느냐?
6 그러니 지금의 믿음의 길을 가는 백성
들이 과연 그와 같은 자세로 가느냐?
7 지금 너희들이 배부름을 얻고 얻은 자
들이요, 지금 배부르기를 너희들이 더
이상 바랄 것이 없으며 더 이상 얻고
자 하는 것이 없는 것이 오늘의 믿음
이요, 그 백성들임을 알라.
8 그들은 나로부터 구원을 받았으며, 그
리고 저희들이 나에게 와 상을 받을
것만이 남았다 하니, 그들이 의에 굶
주리고 목마른 백성들이더냐?
9 그는 의에 굶주린 자가 아니요, 목마
른 백성들이 아니니라.
10 그러니 참진리요, 나의 성령에 배고픈
자들이 아니요, 저희들이 인간이 만든
교리로써 그 모두를 다 채우고 있는

자들이니,
11 그들이 구원을 받았다 해도 구원의 길
을 보지도 못하며 구원자도 저희들이
부르지 못하는 그와 같은 형국에 와
있음을 알아야 될 것이니라.
12 저희들이 구원을 받았다 하며 나에게
오르는 모든 영광을 얻었다 함이니,
얼마나 저희들이 배부른 자인가?
13 그 배부름이 지나쳐 이제는 쌓아 놓고
사는 그와 같은 형국까지 가고 있는
것이 오늘의 믿음의 길을 가는 백성
그들이라는 것을 알아야 될 것이니라.
14 이제 사랑하는 나의 아들딸 너희들은
들으라.
15 너희들이 죽을 때까지 의에 주리고 목
마른 백성이 되지 아니하면 아니 될
것이니라.
16 너희들이 감히 무엇을 얻었으며 무엇
을 깨우쳤느냐?
17 그러니 참진리의 뜻이요, 하늘에 오르
는 길이요, 나의 새로운 성경이요, 너
희들이 이대로 지키고 살기 위하여 고
통 속에서 몸부림치며, 너희들의 그
살이 터지고 찢어지는 그보다도 더 무
서운 고통과 시련으로써 견디고 나갔
을 때,
18 너희들이 성령으로 충만되는 그와 같
은 은혜를 얻을 것이며, 그때 너희들
이 의에 주리지 아니하고 목마르지 않
는 백성이라는 것을 알라.
19 그러니 지금의 모두를 구원을 받았다
하여 너희들이 그저 구원을 받은 백성
이라 더 바랄 것 없고 더 역사할 것 없
다는 그 백성들, 과연 너희들이 의에
굶주리고 목이 마른 자라 생각할 수
있겠느냐?
20 그러니 너희들이 나와 관계없는 백성
이라는 것을 알고 넘어가라.

11,142 번째 하나님 말씀

2004년 5월 18일 15시 47분

1 사랑하는 나의 아들아!
2 "네, 아버님! 말씀하옵소서."
3 성서에 기록된 그 대목 한 줄 한 줄을
내가 깨우쳐 주고자 이제 나의 새로운
성경에 기록하여 그 백성들이 알며,
지금까지 어둠 속에서 헤매며 성서의
뜻을 몰랐던 그 불쌍하고 가련한 백성
들에게 내가 손에 쥐여 줘 그들을 구
원하고자 하는 것이 나 여호와의 뜻이
아니더냐?
4 성서에 기록하여 너희들에게 내가 무
어라 전하였느냐?
5 '너희는 세상의 소금이니라. 그러니
소금이 만일 그 맛을 잃으면 무엇으로
써 짜게 할 수 있다더냐?'
6 그러니 그는 쓸모가 없다 하지 않느냐?
7 그러니 아무 쓸모가 없는 그 소금은
길바닥에 버려지며 던져지는 그와 같
은 형국이 된다 하지 아니했느냐?
8 그러니 사람에게 밟히며 아무런 가치
가 없는 것으로 전락됨이니라.
9 그러니 여기서 내가 너희들에게 묻고
자 함이니라.
10 과연 너희들이 참진리요, 진정한 믿음
의 길을 오고 있다 생각하는가?
11 그리고 과연 너희들이 만백성에게 필
요한 소금이 되는 그와 같은 삶을 사
는가?

12 내가 보는 지금 모든 종교 집단의 지
도자 너희들은 짠 맛을 잃은 자들이
니라.
13 진정한 진리의 길을 모르며, 내가 역
사하고자 하는 것을 모르며, 하늘의
뜻을 모르는 것이며, 내가 이루고자
하는 그와 같은 것을 아무것도 모르는
자, 그리고 성경에서 가르치는 것, 전
하고자 하는 그 뜻이요, 그 비유요, 숨
겨진 비밀도 하나 알지 못하는 너희들,
14 그러니 몇천 년 동안 하늘에 오르는
길이요, 구원을 받았다 울고불고 재물
을 바치는 자, 재물을 거둬들이는 자,
너희들이 그와 같은 사악한 짓만을 하
고 왔음이니,
15 소금으로서 그 짠맛을 잃은 것이 오
늘의 종교 집단의 지도자요, 그 신도
너희들이라는 것을 잊지 말라.
16 그러니 너희들이 소금이 짠맛을 잃었
으니, 세상이 무엇이 되겠느냐?
17 그리하여 모든 조화를 이룰 수 없음이
니라.
18 그리하여 지금 내가 나의 아들을 통하
여 정녕 너희들이 소금의 맛을 잃지
않는 백성으로서 이 세상의 만백성에
게 너희들이 소금이 되도록 하려 나의
아들을 따르는 제자들이요, 나의 새로
운 성경을 읽고 깨우친 백성 너희들이
바로 가기를 바라며 바로 서기를 바라
는 나의 이 애절한 마음을 알고 있지
않으냐?
19 그러니 괴로워하며 슬퍼하는 나 여호
와가 되지 않도록 너희들이 명심하도
록 그리해야 될 것이니라.
20 지금의 믿음의 집단들 저희가 소금이
짠맛을 잃어버리며, 저희들이 그저 마
음대로 만든 믿음이요, 마음대로 그저
짜깁기하여 중언부언하는 그와 같은
기도의 믿음으로써 나의 피조물 만백
성을 이끌어 가니, 거기는 맛을 낼 수
있는 소금이 없음이니, 그것이 바로
무엇이더냐?
21 참진리요, 나 여호와의 뜻이 없는 것
이니라.
22 너를 찾아온 그 제자가 무어라 말하
였느냐?
23 수십 년 동안 믿음의 길을 간, 그리고
너희들이 말하는 성경을 몇십 번씩 정
독했다는 그 제자가 말하기를, 지금의
믿음이요, 몇십 년 동안 믿은 그 종교
지도자의 강론을 들었으며 설교를 듣
고 온 그 믿음은 너희들이 참진리가
백이라면 10퍼센트도 안 되는 그와
같은 속에서 이 모두를 바치며 살아
왔다 그리하지 않더냐?
24 그러나 내가 내리는 새로운 성경을 읽
고 정독하니, 100퍼센트 이상으로써
모두를 알 수 있으며 참진리가 여기
있으며 진리의 길이라는 걸 알아, 그
가 모두를 역사하며 그를 감사하며
새로운 성경을 만난 것을 기뻐하며 그
것을 축복이라 생각한다 하는 그와
같은 제자가 있듯이,
25 내가 지금 너희들로 하여금 나의 새로
운 성경이 빛과 소금이요, 또한 나의
백성 너희들을 빛과 소금이 되는 그와
같은 백성으로서 모두를 다스리고 역
사하고자 하는 것이 선택된 너희들이
라는 걸 잊지 말라.
26 지금의 모든 믿음이요, 종교 집단 그

들은 소금으로서 아무것도 남는 것이
없으며, 소금이 그 짠맛을 잃었으니
음식을 만들 수가 없으며 오로지 부패
하고 썩어져 가는 그 길밖에 남지 않
으니,
27 내가 나의 사랑하는 아들딸 너희들로
하여금 그 모두를 막아 주고자 하며
그들을 구원하고자 하며 썩고 무너지
는 것을 보호하고자 하는 것이 나 여
호와의 뜻이며 160권의 새로운 성경
이 세상에 내려가는 것이니,
28 그 뜻을 깊이 깨우쳐, 너희들이 소중
하며 어찌 정성과 열과 성의를 다하여
나의 새로운 성경을 만들어 만백성을
구해야 되는가 스스로 길을 찾도록 그
리 전하라.

11,143 번째 하나님 말씀

2004년 5월 18일 16시 14분

1 "너는 나 외에는 다른 신들을 네게 있
게 말지니라.
2 너를 위하여 새긴 우상을 만들지 말
고, 또 위로 하늘에 있는 것이나 아래
로 땅에 있는 것이나 땅 아래 물속에
있는 것의 아무 형상이든지 만들지 말
며, 그것들에게 절하지 말며 그것들을
섬기지 말라.
3 너는 너의 하나님 여호와의 이름을 망
령되이 일컫지 말라.
4 안식일을 기억하여 거룩히 지키라.
5 네 부모를 공경하라.
6 살인하지 말지니라.
7 간음하지 말지니라.
8 도적질하지 말지니라.
9 네 이웃에 대하여 거짓 증거하지 말지
니라.
10 네 이웃의 집을 탐내지 말지니라.
11 나 여호와가 존재함을 믿는 그 자체가
구원의 길에 들어서는 기본이요 근본
이며, 나의 법전을 가슴에 안고 정독
하는 자, 반석 위에 서서 하늘에 오르
는 찬란한 빛을 보게 되는 영광을 얻
게 됨이니라."
12 사랑하는 나의 아들아!
13 "네, 아버님! 말씀하옵소서."
14 너희들이 하늘에 오르는 길의 계단이
얼마나 높고도 높은 줄 알겠느냐?
15 너희들이 지상에서 하늘을 쳐다보니,
아무것도 하늘의 한계라는 것이 없으
며 하늘까지 닿는 것이 하나도 없을
것이니라.
16 높고 높은 그 구름을 뚫고 하늘나라
에 연결된 것은 아무것도 없으나, 너
희들이 이는 알아야 될 것이니라.
17 너희들이 보이지 않는 너희들의 영혼
만이 올라오는 하늘에 오르는 그 계단
이 있음을 알라.
18 그러니 그 계단이 끝이 없이 이어지
며, 그 끝이 없는 계단을 오르는 것은
무엇인 줄 알겠느냐?
19 너희들의 선한 마음이요, 아름다운 행
동이요, 베푸는 행위요, 너희들이 그
와 같은 삶을 사는 것, 그리고 하늘을
향하여 한 점의 부끄러움이 없는 삶
을 살아갈 때,
20 그 공덕에 의해서 한 발짝 한 발짝 너
희들의 영혼이 그 계단을 밟고 올라
옴이니라.
21 그러니 너희들이 살아가면서 또한 죄

를 지으며 악한 짓을 하며 사악한 행
위를 하며 하늘을 향하여 부끄러운 짓
을 했을 때, 너희들은 거기서 또 그만
큼 한 계단씩 내려옴이니라.
22 그러니 과연 이 세상에 많은 백성들
의 그 영혼이 지금 그 길을 위하여 오
르고자 하니, 오늘의 육의 집을 가지
고 있는 너희들의 생각이요, 삶이 무
너짐이니, 그 영혼들이 올라가지 못하
고 있다면 어떠하겠는가?
23 지금 너희들의 영혼이 그 계단을 올라
가기를 원하며 갈구하고 있거늘, 다른
영혼들은 한 발짝 한 발짝 또 그래도
올라가니, 너희들이 그와 같은 데 올
라가지 못하며 계속 내려오기만 한다
면,
24 과연 그리하여 한 발짝도 올라가지 못
한 너희들의 자세라면, 나에게 와 심
판을 받는 그 너희들 자신의 영혼들이
오늘 마음이 얼마나 아프며 가슴이 찢
어지고 고통스럽겠느냐?
25 이제 사랑하는 나의 아들아!
26 내가 너에게 한 장의 그림을 보여 줌
이니라.
27 그러니 너의 제자들에게 그 그림을 보
라 그리하라.
28 너희들이 하늘에 오르는 그 계단을 지
금 서로 올라가려 발버둥치나, 육을
가지고 있는 너희들이 오늘의 육과 영
혼이 같이하는 오늘의 삶에서 선한 일
을 행했을 때 너희들이 거기서 한 발
짝을 올라오니, 한 계단을 올라오는
그 기쁨이 이루 말할 수 없거늘,
29 그러나 그 한 시간도 되지 못하여 너
희들이 또 미끄러지며 도로 내려오는
그리하여 올라갔다 내려오는 그와 같
은 행위를 하고 있다면, 과연 지금 그
영혼이 얼마나 고통스럽고 괴롭겠느
냐?
30 그러니 너희들이 그와 같은 삶이라는
것을 잊지 말라.
31 그러니 스스로 너희들이 그 끝이 보이
지 않는 계단을 한 계단 올라오며, 미
끄러지지 아니하고 올라갈 수 있는 그
것도 너희들의 그 영혼이 기쁨이요,
32 모든 백성들이 영혼이 땅에서 허덕이
며 올라올 수 없는 자들, 그리고 더 밑
으로 내려가려는 자들, 그 영혼 속에
서 너희들의 영혼이 한 발짝 한 발짝
하늘을 향하여 올라오는 그와 같은 삶
을 산다면, 그 영혼의 기쁨이요, 그 축
복이 어떠하겠는가?
33 너희들은 그와 같은 마음 자세를 생각
하며 그 그림을 마음속에 그리며 머릿
속에 그와 같은 그림을 그려, 한 계단
올라가고 두 계단 내려오는 그와 같은
삶을 살지 말며,
34 오늘에 한 계단을 올라갔으면 내일에
또 한 계단을 올라갈 수 있도록 한 계
단 한 계단 차곡차곡 너희들이 쌓아
올라가는 그와 같은 삶을 살도록 그리
전하라.

11,144 번째 하나님 말씀

2004년 5월 18일 16시 19분

1 사랑하는 나의 아들아!
2 **"네, 아버님! 말씀하옵소서."**
3 나의 아들을 따르는 제자들이요, 그리
고 나의 새로운 성경을 읽고 깨우친

만백성, 너희들은 알아야 될 것이니라.
4 나 여호와가 너희들에게 간곡한 마음
으로 전하니, 이 뜻을 너희들이 따라
행하도록 그리하라.
5 너희가 어떠한 공로가 높다 해서, 너
희들이 나의 법전을 만들며 이를 전하
는 공로가 지금 태산처럼 높다 해도,
그것으로써 너희들이 나에게 오를 수
있는 그 공로가 영원히 너희들 앞에
쌓이는 것이 아니라는 것을 알라.
6 너희들이 살아가면서 원수를 사랑하
는 그와 같은 마음으로 살라 했거늘,
원수를 사랑하지 못하며 귀하고 소중
한 너희들 입으로써 너희들이 해서는
안 되는 남의 말을 하며 남의 흉을 보
는 그와 같은 행위를 한다든지,
7 너희들이 남이 봐서는 안 되는 그와
같은 짓을 하는 것, 그리고 또한 눈으
로 봐서도 남들이 불쾌한 것, 그리고
남들이 귀로써 들어도 불쾌한 그와 같
은 말과 행동을 하는 것,
8 그러니 살아가면서 너희들이 남의 허
물에 대해서 남의 잘못에 대해서 비평
하고 전하는 것을 서슴없이 하는 것,
너희들이 그와 같은 행위를 했을 때,
9 너희들은 아무리 공을 많이 쌓고 아무
리 덕을 많이 쌓았다 해도 나에게 와
서 받을 상이 하나도 없다는 것을 알
아야 될 것이니라.
10 너희들이 하늘을 향하여 부끄러움이
없는 그와 같은 삶을 살았을 때만이
너희들이 쌓은 공이요, 너희들이 노력
한 것, 나의 새로운 성경을 만들어 전
한 것, 역사한 것, 그 모두가 그 위대
한 공이 그대로 남아 있는 것이니,
11 너희들이 잘못되는 것, 하늘을 향하여
부끄러운 짓의 행위를 한다면 너희들
이 지금까지 쌓았던 공이 하나하나 벗
겨지며 그가 다 지워지니, 결국 너희
들은 무엇이더냐?
12 너희들은 무너지고 지옥으로 타락하
며, 너희들이 나에게 와서 심판을 받
을 때는 네 공이 하나도 없으며 네가
역사한 것이 하나도 남아 있지 않기에,
13 공의의 하나님이요, 나 여호와가 너희
들을 임의로 구원해 줄 수 없으며 너
희들을 거둬들일 수가 없다 하지 않더
냐?
14 지금 나의 새로운 성경을 만드는 자,
그리고 이를 읽고 깨우친 자, 바로 살
고자 노력하는 백성, 너희들의 그 공
이 높음이니, 그 공을 계속 쌓아 가는
그와 같은 삶을 살라.
15 너희들이 사악한 짓, 인간으로서는 해
서는 안 되는 도리요, 하늘을 향해서
해서는 안 되는 짓을 한다면,
16 너희들이 아무리 높고 단단하고 귀한
공을 쌓았다 해도 그 모두가 하나하나
무너지며 너희들로부터 떨어져 나감
이니, 너희들이 나에게 와 심판을 받
을 때 아무것도 남지 않으니 결국은
무엇이더냐?
17 그러니 그와 같은 슬픈 삶을 살아서는
아니 되며,
18 이제 나의 아들을 따르는 제자들이요,
내가 불러 쓰는 너희들은 그와 같은
전철을 밟아서는 절대 안 되기에, 내
가 간곡히 간곡히 진실이요, 진실로
너희들에게 전하니,
19 나 여호와의 이 뜻을 깊이 새겨, 너희

들이 눈물로써 고통스러운 길을 간다
해도 한 점의 부끄러움이 없는 그와
같은 삶을 살도록 그리하라, 사랑하는
나의 아들딸들아!

11,145 번째 하나님 말씀

2004년 5월 18일 22시 17분

1 사랑하는 나의 아들아!
2 "네, 아버님! 말씀하옵소서."
3 나 여호와가 너에게 무어라 말하였느
냐?
4 너희들이 간음이라는 죄를 지음이니,
너희들이 육적으로써 간음의 죄를 짓
는 것보다도 마음으로 생각으로써 짓
는 죄가 더 크다 말하지 아니하였느냐?
5 그리고 또한 간음이 무엇이라 말하였
느냐?
6 너희들이 서로를 사랑하고 아끼고 살
아가야 할 사람끼리 사랑하지 아니하
며 서로 존경하지 아니하는 그와 같은
삶을 사는 것도 간음의 죄를 짓는 것
과 같다 내가 그리 말하였느니라.
7 그러니 너희들은 들어야 될 것이니라.
8 너희들이 살아가면서 인간 세상에 살
면서 수없이 죄를 짓고 또한 나로부터
부끄러운 그와 같은 행위를 함이니라.
9 그러니 너희들이 육으로써 행한 것,
그것만이 또한 죄가 아니라는 것을 알
아야 될 것이니라.
10 너희들이 마음으로 계획하는 것, 마음
으로 생각하는 것, 그와 같은 것이 또
한 모두가 다 죄가 됨을 알아야 될 것
이니라.
11 너희들이 어떠한 생각을 하고 사느냐,
어떠한 마음을 가지고 사느냐, 그것도
너희들이 또한 직접 죄를 짓는 것보다
도 더 무서운 죄라는 것을 알아야 될
것이니라.
12 더욱이 너희들이 나를 경배하며 나 여
호와의 뜻에 의해 살아간다며 울고불
고 기도하며 단상에서 나의 피조물 만
백성에게 하늘에 오르는 길이라 하여
나의 성령을 가르치며 전한다는 자들
이,
13 나 여호와의 성령의 그 숨은 뜻도 모
르며 내가 역사하고자 하는 것도 모르
면서, 더욱이 너희들이 열과 성의를
다하여 성서대로 가르치는 것이 아니
요,
14 너희들은 인간 세상에서 사업을 하듯
이 나의 사랑하는 백성들을 놓고 머릿
수를 따지며 재물을 거둬들이는 것,
그리고 너희들이 오늘의 예배요, 그
설교요, 공부가 끝난 다음에 얼마만큼
재물을 거둬들일 것이며, 어찌하면 재
물을 더 거둬들이고 많은 것을 갈취할
것인가,
15 이와 같은 생각을 하고 가르치고 공부
한다면, 너희들이 얼마나 잘못된 자
요, 얼마나 나를 망령되게 큰 죄를 짓
는 것인 줄 알겠느냐?
16 마음으로 생각하는 것도 죄라 하였거
늘, 나의 성령이요, 나의 뜻을 가르치
며 만백성을 구원한다는 그 귀하고 소
중한 가르침을 전하는 자들이 강론하
며 설교하면서 다른 마음을 가지고 강
론하고 설교한다면,
17 나의 백성의 머릿수를 따지며 그 머릿
수에 따라서 얼마나 재물을 거둬들이

며 어찌하면 많은 십일조요, 헌금을
거둘 수 있을까 그와 같은 생각을 한
다면,
18 그것은 너희들이 얼마나 사악한 자인
가?
19 사탄의 근본이요, 기본의 자세요, 사
탄 중에서도 너희들이 가장 사악한 사
탄에게 모두를 다 바치는 그와 같은
어리석은 백성들이 살아가는 형국이
라는 것을 알라.
20 그러니 이제 나의 아들을 따라 지금
나의 성령을 공부하며 새로운 성경을
가지고 공부하는 백성, 그리고 너희들
이 나가서 만백성을 구하는 지도자로
서 그 단상에 서고 역사할 때,
21 너희들은 그 자리에서 두 가지 마음을
가져서는 절대 안 되느니라.
22 지금의 모든 종교 집단이요, 그들이
가는 것은 내 뜻이 아니요, 저희들이
임의로 만든 그 교리요, 그리고 나의
계명도 지킬 수 없다는 그와 같은 자
들, 하늘의 뜻이요, 내 뜻도 모르는 자
들이 가르치는 것도 두마음을 가지고
다른 마음을 가지고 단상에 선다면 그
죄를 용서치 못한다 하였거늘,
23 너희들은 나 여호와의 뜻이요, 참진리
를 가지고 내 뜻에 따라 가르치는 것,
그리고 너희들이 어찌 가르치느냐에
따라서 나의 피조물 만백성이 구원을
받고 못 받는, 바로 그와 직결되는 그
와 같은 지도자들이 두마음을 가지고
다른 마음을 가지고 가르치는 그와 같
은 선생이 되어서는 절대 안 됨이니,
24 이를 명심하고 명심하여 지금서부터
너희들이 나의 뜻에 따라 강론하는 선
생으로서 거듭나고자 하면 너희들이
열과 성의를 다해서 배우며 열과 성의
를 다해서 만백성을 가르치고 인도하
는 그와 같은 훈련을 지금서부터 강하
게 쌓지 아니하면 아니 될 것이니라.
25 너희들이 나의 강론을 듣고 나아가 다
른 사람과 대화하며 너희들이 이방인
이라 하는 너희들의 형제에게 새로운
성경을 전하며 내 뜻을 전할 때,
26 다른 생각을 하고 그와 접근하며 그와
대화를 한다면, 그 또한 나에게 너희
가 용서치 못할 죄를 짓고 있다는 것
을 알라, 사랑하는 나의 아들딸들아!
27 오로지 나의 복음을 전하는 것은 그
복음을 전하는 것으로써 새로운 성경
을 전하는 것으로써 너희들이 최선을
다하며, 다른 생각을 갖고 다른 계획
을 가지고 접근하고 나의 새로운 성경
을 가르치고 전하는 그와 같은 행위를
해서는 절대 용서받지 못함이라는 것
을 알도록 그리 깨우쳐 주라, 사랑하
는 나의 아들아!

11,146 번째 하나님 말씀

2004년 5월 18일 22시 23분

1 사랑하는 나의 아들아!
2 "네, 아버님! 말씀하옵소서."
3 내가 나의 성경에 기록하여 무어라 너
희들에게 전했느냐?
4 어찌하여 너희들이 나 여호와의 두려
움을 알며 나를 경배하며 창조주 나
여호와를 아버지라 부르며 나를 만나
는 것을 두렵고 무서우며 축복이요,
영광이라 그리 말을 하면서,

5 너희들은 어찌하여 내가 나의 새로운
성경에 기록하여 전하는 그 뜻을 그대
로 실천하고 행하지 아니하는가?
6 내가 너희들에게 무어라 말하였느냐?
7 나는 나의 아들을 통하여 너희들에게
그리 말하였느니라.
8 너희들이 입을 열 때, 말을 할 때, 밤
송이를 입에 물고 있는 자와 같은 그
상태에서 말을 아끼고 말을 생각해서
하라 내가 그리하였거늘,
9 너희들이 나의 성전에서도 거침없이
남을 비방하며 시기하고 질투하는 그
와 같은 말을 함이니, 그리고 남을 속
이는, 그와 같은 네 마음의 본심을 감
추고 대화하는 그와 같은 말을 함이니,
10 과연 이것이 내가 너희들이 입을 열
때 밤송이를 물고 있는 자처럼 함부로
입을 열지 말며 함부로 말하지 말라
한 것을 지키고 행하는 나의 백성들이
라 할 수 있겠느냐?
11 그러니 나 여호와가 나의 아들을 통하
여 직접 내리며 전하는 강론이요, 내
가르침을 들은 너희들이 그를 행하지
도 못하며 그대로 지키지 못한다면,
오늘의 종교 집단 지도자들이, 아무것
도 모르는 자들이 지금의 가고 있는
그 역사에 충성심이요, 그리고 나를
찾는 것은 너희들보다도 그들이 더 낫
다면 과연 어찌하겠는가?
12 그러니 참진리요, 진정한 나 여호와의
뜻을 전하고 듣는 너희들로서 내가 명
하고 가르치는 것을 소홀히 들어서는
아니 되며, 그 모두를 기억하여 행하
도록 그리 가르치라, 사랑하는 나의
아들아!
13 다시 한 번 너의 제자들에게 그리 깨
우쳐 주라.
14 너희들이 입을 열고 말을 할 때는 밤
송이를 입에 물고 있는 자의 그 고통
을 느끼듯이, 입을 함부로 열어서는
아니 되며 함부로 말을 해서는 아니
된다는 것,
15 그리고 너희들이 귀중하고 소중한 그
입을 열었다면 너희들은 현명하게 너
희 스스로를 다스릴 수 있는 그와 같
은 대화로써, 상대방을 이해시키며 상
대방이 납득할 수 있는 그와 같은 말
을 할 수 있는 것,
16 그것도 현명하게 너희들 자신이 생각
하고 또 생각해서 너희들의 언어로써
의사소통을 하며 네 뜻을 전하는, 그
리고 너희들이 이해시키고자 하는 것
을 납득시키는 것, 이와 같은 행위를
할 때,
17 그것도 생각하고 또 생각하여 현명한
처신으로써 너희들이 말을 아끼는 그
와 같은 삶을 살도록 그리하라.
18 사랑하는 나의 아들딸들아!
19 너희들이 입에 밤송이를 물고 있는 자
처럼 말을 아끼고 다스리지 아니한다
면, 나의 아들을 따르는 제자 너희들
이 지금과 같은 형태로써 살아간다면,
거기서 더 이상 변화의 역사가 없다면,
20 너희들은 나의 성전에서 같이 공부하
고 배우는 한 형제로서 화해하지 못하
며, 너희들이 하나가 되라 하였거늘
하나가 되지 못하며 너희들이 스스로
다 무너지는 그와 같은 형국이 될 것
이니라.
21 지금 너희들이 입을 함부로 놀리며 생

각을 함부로 하여 너희들이 그나마 이
루어진 모두가 무너질 수 있는 그와
같은 지경에 있음을 알겠는가?
22 그러니 너희들이 말을 할 때 밤송이를
입에 물고 있는 자처럼 말을 아끼며,
백 번 천 번 생각해서 말을 하도록 그
리 전하라, 사랑하는 나의 아들아!
23 너희들이 결코 화해하지 못하며 반목
하는 삶으로 산다면, 너희들은 아무리
나에게 공덕을 쌓으며 나의 법전을
만들어 세상에 전한다 해도 나 여호와
는 그와 같은 것을 하나도 인정하지
아니할 것이니 그리 알라.
24 너의 제자들 간에 서로가 아끼지 아
니하며 너희들이 말을 함부로 하며 행
동을 함부로 하여 모두가 무너진다면,
그 책임을 누가 질 것인가 물어보라.
25 그 책임이 얼마나 무서운 것인가?
26 성령을 훼방하는 자 용서받지 못한다
했거늘, 내가 나의 아들을 통하여 새
로운 성경이요, 만백성을 구하는 새
성경을 지금 이와 같이 역사하는 것
을 너희들이 서로 반목하며 화해하지
못하여 이가 세상에 나오지 못하며,
만드는 자 등을 돌리고 떠나는 그와
같은 일이 생긴다면,
27 너희들이 성령을 훼방한 죄가 아니라
나 여호와를 죽이는 그와 같은 행위
이니, 그 죄를 너희들이 어찌 다 감당
하려 하느냐 그리 물어보라.
28 너희들의 말과 행동 그 모두가 다 남
들에게 모범이 되어야 될 것이며, 남
들이 너희들을 보고 따라 살아가는 그
와 같은 삶을 살겠다는 의욕과 욕망과
희망을 갖도록 너희들이 모범된 삶을
살지 아니하면 아니 됨이니라, 사랑하
는 나의 아들딸들아!
29 지금 모두가 썩어져 가며 잘못 가는
그 백성들을 누가 다스리고 이끌어 간
단 말이더냐?
30 지금 나의 새로운 성경을 접하고 정독
하고 읽는 너희들, 선택된 나의 아들
딸 너희들만이 지금의 백성들을 다스
릴 수 있으며 구원할 수 있는 것이니
라.
31 그러니 그들을 구원하고 그들을 인도
한다면, 너희들의 행동이 모범이 되며
모든 백성들이 너희들을 칭송하기를
천사와 같은 자요, 천사와 같은 삶을
사는 자요, 그 누구도 따를 수 없는 그
와 같은 어렵고 힘든 믿음의 길을 가
는 자요,
32 그러면서도 실수가 없이 가며 하나의
불평이 없이 가며, 오로지 진정한 지
도자로서 갈 수 있는 자요, 하나님의
자식이요, 아들딸로서 대명을 수행할
수 있는 사람이라 너희들이 그 칭송을
듣지 아니하면 아니 됨이니 그리 알라
전하라.

11,147 번째 하나님 말씀

2004년 5월 18일 22시 29분

1 사랑하는 나의 아들아!
2 **"네, 아버님! 말씀하옵소서."**
3 너희들이 하늘에 오르는 길이요, 구원
의 영광을 받는 것, 그리고 그를 얻는
것, 얼마나 그것이 힘들고 어려운 길
이라 했더냐?
4 너희들은 끝없이 노력하며 끝없이 전

진하여 천사와 같은 삶으로 살아가기
위해 너희들의 모두를 다 바치는 삶
을 살며,
5 그리고 쉬지 않고 전진하고 변하고자
노력하는 그와 같은 마음을 가지고 하
늘을 향하여 한 발짝 한 발짝 다가오
지 아니하면, 너희들은 결코 하늘에
오를 수 없으며 나를 볼 수 없다 내가
너희들에게 그리 전하지 아니하였더
냐?
6 사랑하는 나의 아들딸들아!
7 오늘의 참진리요, 나의 뜻을 알고자
노력하는 그와 같은 백성 너희들, 너
희들이 지금 나의 아들을 통하여 내리
는 강론을 듣는 것, 그리고 바로 서고
자 하는 것, 바로 깨우치고자 하여 노
력하는 것,
8 오늘의 너희들의 삶이 얼마나 하늘에
오르는 길에 귀중하고 소중한 은혜와
영광을 받는 것인지 알겠느냐?
9 너희들이 그와 같은 마음으로 사는 것
은 죽어 내 앞에 왔을 때, 오늘에 너희
들이 변하고자 하는 삶이요, 나의 새
로운 성경을 읽고 깨우쳐 천사와 같은
삶을 살고자 노력하는 것, 그것이 너
희들이 얼마나 귀하고 소중한 삶인가
를 알게 될 것이니라.
10 사랑하는 나의 아들딸들아!
11 너희들이 무엇을 욕심을 내며, 무엇을
더 갖고자 하며, 너희들이 더 남들보
다 나은 것을 원하는 그와 같은 마음
을 갖고 결코 살지 말라 하였음이니라.
12 그리고 욕심을 버리며 너희들이 시기
하고 질투하는 마음을 갖지 말라 했느
니라.
13 그러나 너희들은 한 가지 욕심을 내며
탐해야 할 것이 있음이니, 그것이 무
엇인 줄 알겠느냐?
14 너희들이 하늘의 뜻을 따라서 나의 성
령에 따라서, 바로 내가 나의 아들을
통하여 내리는 새로운 성경에 기록되
어 있는 내 뜻을 알고 깨우치기 위해
서 탐하고, 그것은 욕심을 부려도 되
는 것이라는 것을 잊지 말라.
15 사랑하는 나의 아들딸들아!
16 너희들이 하늘의 뜻이요, 나 여호와의
이치를 깨닫고자 욕심을 내며 그를 탐
해야 되는 것이지,
17 어찌하여 인간 세상에 살아가는 너희
들이 명예요, 재물을 모으는 데 모두
를 탐하며 거기에 욕심을 버리지 못한
단 말이더냐?
18 너희들이 나에게 오르는 길이요, 하늘
에 오르는 길은 백지 한 장을 들고 와
도 어렵고 힘든 그와 같은 길이라 하
였음이니,
19 너희들이 물질을 탐하며 재물을 탐하
고 또 명예를 탐하는 그와 같은 삶을
사는 자, 결코 너희들은 힘에 겨워, 스
스로 너희들이 욕심을 내고 지고 있는
것, 들고 있는 것 때문에 한 발짝도 오
르지 못하며 제자리를 빙빙 돌다 나에
게 와 심판을 받는 그와 같은 너희들
이라는 걸 알라.
20 그 심판의 결과가 너희들은 나에게 오
르는 길이요, 구원의 길이요, 거듭나
는 삶이라면 내가 뭐하러 말하겠느냐?
21 너희들은 그때는 나를 아버지라 보지
도 못하며 부를 수도 없으며, 너희들
이 지은 죄의 대가에 대하여 지옥으로

떨어짐이니, 그를 보는 내 마음이 얼마나 아프고 가슴이 저려 오는 줄 알겠느냐?
22 너희들이 오르지 못하는 힘든 길을 선택하지 말라.
23 너희들이 잘못 사는 것, 사악한 마음으로 사는 것, 시기하고 질투하는 마음을 가지고 사는 것, 모든 물질을 탐하는 것, 그것은 너희들이 절대 나에게 오를 수 없는 그와 같은 길을 스스로 파고 가는 것이며, 너희 스스로 만드는 길이라는 것을 잊지 말도록 그리하라, 사랑하는 나의 아들딸들아!
24 너희들이 나 여호와가 존재함을 굳건히 믿고, 나의 새로운 성경을 믿으며, 나의 아들을 믿고 최선의 노력을 다했을 때, 쉴 새 없이 노력할 때, 너희들이 나에게 오를 수 있다는 것을 절대 잊지 말라 그리 전하라.
25 그렇지 않으면 너희들이 나에게 오를 수 없으며, 타락한 너희들이 바로 그 지옥 불에 떨어지는 것이며,
26 지옥으로 떨어지는 나의 아들딸을 볼 때 내 마음이 얼마나 아프고 저려 오겠느냐?
27 너희들은 여기서 들어야 될 것이니라.
28 너희들이 지옥으로 떨어지는 것을 바라보는 내 마음이 아프고 저리듯이,
29 그 수천수만 배의 고통과 시련 속에서 영원히 다시 나오지 못하며 거듭나지 못하는 그와 같은 속에서 너희들이 존재하게 됨이니,
30 너희들이 지금 백 년도 못 사는 생명에 대한 애착을 얼마나 갖고 있는가?
31 너희들이 그리하여 영원히 이 지상의 세상에서 살 수만 있다면 모두를 다 던지고 살 수 있는 자들이 아니더냐?
32 그러니 너희들이 영원히 존재하는 하늘나라에 거듭나는 그곳에 영원히 살 수 있으며 영원히 존재하는 그와 같은 것을,
33 어찌하여 너희들이 육의 세상에 백 년도 안 되는 삶을 위해서 모두를 다 저버리고 찢어 버리며 너희들이 헌신짝처럼 던져 버리는 어리석은 삶을 산단 말이더냐?
34 내가 너희들에게 진정으로 전하며 진심으로 전하느니, 너희들은 지은 죄대로 와서 치르며, 그와 같은 자 너희들이 거듭나지 못하며 나에게 오를 수 없으며 영원히 사는 세상에 네 이름이 없을 것이니,
35 그때 너희들이 얼마나 슬픈 일이며 얼마나 고통스러운 것인가를 지금 너희들이 잠을 자지 말고 생각해야 할 것이며, 먹지도 쉬지도 말고 그를 생각하여, 바른 삶을 살기 위하여 모두를 다 바치지 아니하면 아니 됨을 알라, 사랑하는 나의 아들딸들아!

11,148 번째 하나님 말씀

2004년 5월 18일 22시 36분

1 사랑하는 나의 아들아!
2 "네, 아버님! 말씀하옵소서."
3 너희들은 재물을 탐하지 아니하며, 남을 핍박하지 아니하며, 시기 질투하지 아니하며, 남을 욕하지 아니하며, 그리고 남의 나쁜 짓을 탓하지 아니하며, 그와 같은 것을 너희들이 전하지

않는 삶을 사는 것,
4 그리하고 너희들이 유하고 겸손하며
겸허하게 사는 자세, 너희들이 지금
세상에서 그와 같은 삶을 살아야 될
것이니,
5 내가 너희들에게 왜 그와 같은 삶을
살라 하는지 아느냐?
6 너희들은 그와 같은 삶을 사는 것이
얼마나 위대하며 영광된 것이며 축복
된 것인지 아직 모르기 때문이니라.
7 사랑하는 나의 아들딸들아!
8 너희들이 지금 착하고 아름답게 사는
것, 남을 욕하지 아니하며, 남의 흠집
을 보지 아니하며, 남의 말을 전하지
아니하며, 겸손하게 사는 것이 너희들
이 나에게 왔을 때 얼마나 복이 되는
것이며 얼마나 그것이 축복이 되는 줄
알겠느냐?
9 너희들이 봉사하고 희생하고 아름다
운 마음, 사랑하는 마음을 가지고 살
며, 남을 미워하지 아니하는 그와 같
은 마음으로 사는 너희들의 그 삶이야
말로,
10 그것이 모두가 향료가 되어 너희들의
마음을 감싸 주며 네 몸을 감싸 준다
는 것, 네 영혼을 감싸 준다는 것을 알
아야 될 것이니라, 사랑하는 나의 아
들딸들아!
11 너희들이 남이 언짢은 짓을 하지 않
고, 남을 마음 상하게 하지 않으며, 그
리고 화합하며 불화하지 아니하는 그
와 같은 삶을 살면서 봉사하고 희생하
고 사랑하는 그 마음이야말로 너희들
의 생명수며,
12 너희들이 지금까지 짓고 지어 온 모든
죄를 하나하나 씻어 주는 그와 같은
너희들의 치료제가 되며 너희들의 향
료가 됨을 알라, 사랑하는 나의 아들
딸들아!
13 그리하여 내가 너희들이 겸손한 자세
로 살며, 낮은 자로 살며, 남에게 베푸
는 자로 살며, 재물이요, 그와 같은 모
두를 낙엽 하나 놓는 것 같은 그와 같
은 마음을 가지고 살라 함이니라.
14 그리 사는 마음이 너희들이 지금까지
살아온 모든 죄를 지은 것을 씻을 수
있으며 그를 다 지울 수 있는 향료가
됨이니라.
15 너희들의 그 향료로써 너희들이 지은
죄를 씻을 수 있음이니, 그러니 너희
들이 그 죄를 가지고 나에게는 절대
올 수 없으며 역사할 수 없다 내가 그
리 말하지 아니하였더냐?
16 그러니 그 모두를 씻는 것이 너희들이
아름다움이요, 질투하지 아니하는 마
음이요, 남을 욕되게 하지 아니하며
남을 속이지 않는 그와 같은 마음으로
사는 것, 그러기에 너희들이 그리 살
라 하는 것이니라.
17 그러니 그보다 더한 축복이요, 그보다
더한 영광이 과연 어디 있느냐, 사랑
하는 나의 아들딸들아!
18 그러니 너희들의 모든 잘못된 것을 치
료해 주는 것이며, 지난날의 씻을 수
없는 모두까지 다 씻어 주는 것, 그렇
게 위대한 것이 너희들이 아름답게 사
는 것이며 겸손한 마음으로 사는 것이
기 때문이니라, 사랑하는 나의 아들딸
들아!
19 너희들의 몸에 붙어 있는 모든 오물이

요, 잘못된 것, 그를 깨끗하게 씻어 주
는 생수가 되니,
20 깨끗하게 씻은 자가 하늘의 천국이요,
나의 나라에 들어올 수 있는 마음의
준비요, 몸의 자세를 갖추는 것이라면
너희들은 어찌하겠느냐?
21 그러니 그를 씻어 주는 생수가 무엇인
줄 알겠느냐?
22 너희들이 아름답게 살며, 사랑하며 베
풀고 나누고, 남을 칭찬하되 남을 욕
하지 않는 그와 같은 삶을 사는 것이
모두를 씻어 주는 생수요, 향료임을
알라, 사랑하는 나의 아들딸들아!

11,149 번째 하나님 말씀

2004년 5월 18일 22시 40분

1 사랑하는 나의 아들아!
2 **"네, 아버님! 말씀하옵소서."**
3 너를 따르는 제자들이요, 그리고 선택
된 백성, 너희들이 꼭 기억하고 들어
야 될 것이며 지워서는 아니 될 것을
내가 너희들에게 전함이니, 너희들이
어떻게 행해야 될 것인가를 명심하여
행하도록 그리하라.
4 새로운 성경을 읽고 깨우쳐 하늘에 오
르고자 전진하는 그 선택된 백성 너희
들은 너희들 형제요, 그리고 지금 노
력하는 자, 변화되고자 한 발짝 한 발
짝 전진하며 그 악습을 지워 버리기
위해서 피나는 노력을 하는 너희들의
형제요, 나의 성전에 와 같이 강론을
듣고 공부하는 그와 같은 백성들, 그
가 너희들의 형제가 아니고 누구더냐?
5 그러니 너희들이 그를 보살피며 그들
을 잘 지켜 주는 것, 그리고 보호해 주
기 위해서 너희들이 서로가 최선을 다
하지 아니하면 아니 됨이니라.
6 그와 같이 하지 아니해도 너희들이 무
너지게 되어 있음이니라.
7 왜 너희들이 그와 같이 하지 아니하면
무너지는 줄 알겠느냐, 사랑하는 나의
아들딸들아!
8 모든 사탄이나 마귀들이 너희들의 마
음을 이용하여 너희들이 서로 싸우며
반목하게 하여 그리 무너뜨리게 함이
니라.
9 그리하여 너희들끼리 싸우고 싸워 지
쳐서 무너졌을 때 그들이 바로 너희
들을 취하며 너희들을 이끌어 가고자
하는 것이 그들의 수법임을 너희들은
알아야 될 것이니라.
10 사랑하는 나의 아들딸들아!
11 너희들이 사랑과 희생으로 네 형제들
을, 나의 성전에 나오는 같은 백성들
을 잘 보호하고 보살피지 아니하면 절
대 그들이 견디지 못하며 무너진다는
것을 알아야 될 것이니라.
12 선택된 나의 백성들 서로가 보호해 주
고 지켜야만 무너지지 아니하며,
13 너희끼리 화합하지 못하며 반목하고,
너희끼리 언성을 높이며 화해하지 못
하는 그와 같은 삶을 산다면,
14 너희들이 지치고 지쳤을 때를 기다려
사탄들이 너희들을 싸우도록 하여 너
희들을 이끌어 가는 그와 같은 공작을
하며 그와 같은 작업을 하며 그와 같
은 행위를 지금 하고 있기 때문에, 너
희들이 거기에 걸려들면 절대 아니 되
느니라.

15 그러니 사랑하는 선택된 백성 너희들
은 서로가 보호하고 서로가 지키고 사
랑하는 마음으로써 보호하지 아니하
면 아니 됨이니라.
16 그러니 더군다나 너희들이 나의 성전
에서 서로 시시비비하며 남의 잘잘못
을 보는 그와 같은 행위를 어찌 하느
냐?
17 그와 같이 남의 말을 하는 자 내가 무
어라 말하였느냐?
18 남에게 가르칠 것이 없으며 전할 것이
없으며, 아름다운 행위요, 아름다운
삶을 살지 못하기에, 아름답고 고운
말을 남에게 할 말이 없으며 전할 것
이 없는 자가 스스로 남을 욕되게 하
며 남의 흉을 보는 그와 같은 행위를
한다 하지 아니하였더냐?
19 그러니 너희들이 보호하고 사랑해도
사탄으로부터 서로 견디기 어렵고 힘
든 것이거늘, 너희들이 사탄의 장난이
요, 농간에 의하여 화합하지 못하고
반목하고 언성 높이고 시시비비를 한
다면,
20 너희끼리 싸워서 지칠 때까지 그 싸움
을 붙이며 그 마음을 부추기는 것이
사탄들이니라.
21 그러니 사탄의 마음에 현혹된 자, 거
기에 넘어간 자, 너희들이 언성을 높
이며 감히 내 성전에 와서 남을 가지
고 남의 행동이요, 남의 삶에 대한 시
시비비하는 말을 할 수 있는 자가 되
니,
22 그는 이미 사탄에게 걸려든 자요, 너
희들이 지쳐 쓰러지기만을 지금 사탄
들이 기다리고 있다는 것을 알도록 그
리하라.
23 사탄이요, 마귀의 수법이 무엇인 줄
알겠느냐?
24 사랑하는 나의 아들딸 너희들의 마음
을 자극하여 너희들의 마음을 충돌질
하여 너희 스스로 싸우고 싸우도록 그
리하느니라.
25 그리하여 지치고 지쳐서 너희들이 견
디지 못할 때, 그때 그들이 나타나 사
랑하는 나의 아들딸 너희들을 굴복시
키며 너희들을 끌어들여 그들이 노예
로 삼는 것이 그들의 수법이라는 것을
잊지 말라 그리 전하라, 사랑하는 나
의 아들아!

11,150 번째 하나님 말씀

2004년 5월 18일 22시 55분

1 사랑하는 나의 아들아!
2 "네, 아버님! 말씀하옵소서."
3 오늘의 믿음을 깨우쳐 하늘에 오르는
길이라 하여 평생을 성경을 공부하며
손으로 지은 죄의 온상에 가서 재물을
바치는 너희들의 그 믿음이 정녕 잘못
되었다면 어찌하겠느냐?
4 그 믿음은 너희들이 정녕 잘못되었음
이니라.
5 그러니 구원을 받아 하늘에 와야 될
그 백성들이 잘못 가는 그 믿음 때문
에 지금 어찌하는가?
6 너희들은 여러 가지 부류로써 나에게
오르고자 하는 자들이 있느니라.
7 너희들이 믿음의 길을 잘못 가, 지금
종교 집단에 속해 있는 백성들처럼 하
늘에 오르는 길이 아니요, 계속 땅 아

래로 떨어져 미끄러져 가는 그와 같은
백성들이 있는가 하면, 그저 땅 아래
로 추락되는 그와 같은 너희들의 믿음
이 있느니라.
8 오르려 오르려 발버둥쳐도 너희들이
오르지 못하며 그냥 또 미끄러지는 자
가 있는가 하면,
9 제자리를 빙빙 돌기만 하는 자, 어찌
할 줄도 모르며 오를 줄도 모르며 갈
줄도 모르며 그저 제자리에서 빙빙 도
는 그와 같은 믿음의 길을 가는 자, 그
와 같은 백성들이 있는가 하면,
10 너희들이 지름길이라 하여 지름길을
찾아야 하늘에 오른다 하여 그 지름
길을 찾으러 다니는 백성이 있는가
하면,
11 그저 너희들은 갔던 길을 도로 왔다
갔다 그 짓을 하면서 한 발짝도 오르
지 못하는 그와 같은 백성이 되고 있
음을 알겠느냐?
12 너희들이 미끄러져 절벽으로 떨어지
는 그와 같은 백성들이요, 그 짓을 계
속 반복하는 백성들이 있음이니, 지
금 바로 나에게 오르고자 하는 백성
들이 그와 같은 형국에 젖어 있음이
니라.
13 그중에서도 가장 불행한 자요, 가장
잘못된 백성이 무엇인 줄 알겠느냐?
14 오늘의 믿음의 길을 가는 종교 집단의
지도자 너희들은 제자리요, 제 위치를
지키지 못하며, 너희들이 미끄러져도
땅에 떨어지는 것이 아니요, 땅 아래
로 지금 흘러들어 가는 그와 같은 자
들이 오늘의 종교 집단의 지도자니,
15 너희들이 가장 잘못된 자요, 가장 잘
못 믿음의 길을 가는 자들이니라.
16 종교 집단에 속한 그 백성들이 제자리
를 지키지 못하고 간다는 것을 너희들
은 명심하라.
17 그리고 또 빙빙 돌기만 하는 그와 같
은 백성들, 너희들이 이와 같은 형국
으로써 지금 나에게 오르고자 몸부림
을 치니, 그를 어찌한단 말이더냐?
18 그리해 가지고는 너희들이 나에게 오
를 수 없으며 나를 볼 수도 없는 것이
니라.
19 그러니 각자가 지금 바로 가고자, 너
희들이 무엇인가를 얻고자 몸부림치
며 애를 쓰고 있으나,
20 그것이 참진리요, 하늘의 뜻을 모르고
너희들이 가고 있기에 땅으로 떨어지
는 자, 제자리에서 도는 자, 그저 왔다
갔다 하기만 하는 자, 그저 꼬불꼬불
한 길을 달려가 하늘에 오르는 길이라
가는 자, 이와 같이 너희들이 천태만
상으로 지금 나에게 오르는 길에 한
계단 한 계단 선함을 쌓아서 차곡차곡
쌓는 그와 같은 삶을 살지 아니하는
백성이 되었음이니라.
21 그와 같이 너희들이 쌓지 아니하면 나
에게 오를 수 없다는 것을 알아야 될
것이니라.
22 지금 너희들이 몸부림치고 있는 그것
이 잘못됐다 했으니, 너희들을 내가
보기에 너무나도 마음이 아파 너희들
이 너무나도 가련하여 내가 새로운 성
경을 160권으로 지정하여 나의 아들
을 통하여 누구나 다 보고 깨우쳐 오
를 수 있도록 쉽게 풀어서 지금 다시
내려보내는 이 대역사를 하고 있음이

니,
23 너희들은 내가 보내는 그 은혜에 감사
하는 마음이요, 너희들이 축복받은 백
성이라 그리 생각한다면, 나의 법전을
정독하여 깊이 깨우치고 깨우쳐야 될
것이니라.
24 이제 나의 새로운 성경을 읽고 깨우치
는 백성 너희들은 들으라.
25 너희들이 지금 이 세상에 태어난 것이
영광이요, 지금 너희들이 나의 아들과
더불어 이 세상에 존재하는 것이 얼마
나 축복과 영광인지 그것을 깨닫는
자, 그것을 아는 자, 그것을 느끼는 자,
26 그 백성이야말로 진심으로 믿음의 길
을 가고자 하며 믿음의 길에 들어선
백성이라는 것을 절대 잊지 말라.
27 그렇지 아니한 마음을 가지고 가는 백
성, 너희들이 결코 지금 진정한 믿음
이요, 진실한 길을 가지 못하는 백성
이라는 것을 알아야 될 것이니라.
28 그러니 너희들이 바로 보도록 그리하
라.
29 그리고 바로 보고 너희들이 오르는 길
을 찾도록 그리하라.
30 그렇지 아니하면 너희들이 한 발짝도
나에게 오를 수 없으며 앞으로 전진할
수 없는 것임을 알아야 될 것이니라.
31 사랑하는 나의 아들딸들아!
32 심판을 받으러 나에게 오르는 자, 너
희들이 어떠한 형태로 와야 되는가?
33 내가 모든 정답을 지금 나의 사랑하는
나의 아들을 통하여 내려보내니, 너희
들이 그 정답을 가지고 공부하고 훈련
하여 쌓지 아니하면 결코 너희들이 나
에게 와 심판을 받을 수 없다는 것을
알라.
34 그러니 너희들이 나에게 심판을 받지
못하는 백성은 무엇이더냐?
35 너희들이 그리 가지 않으려고 몸부림
치는 지옥의 낭떠러지로 그 벼랑으로
떨어지는 것이 너희들의 운명이라는
것을 잊지 말라 전하라.
36 그 모두가 불쌍하고 가련하여 내가 새
로운 성경을 내려보내니, 그 은혜요,
그 축복이요, 그 영광됨에 감사하는
기도를 드려도 너희들이 다 드릴 수
없거늘,
37 어찌하여 너희들이 이 귀하고 소중한
나의 새로운 성경을 보지 아니하며 믿
지 아니하며 오늘과 같이 오만한 행위
를 하고 있는가?
38 다 그들이 오만한 행위요, 자만한 행
위요, 겸손하지 못하며, 새로운 성경
이 세상에 나와 너희들이 더불어 가는
것이 큰 은혜요, 영광이요, 축복이라
는 것을 깨닫지 못하는 그와 같은 백
성들,
39 너희들은 결코 이 진리의 뜻이요, 하
늘에 오르는 새로운 성경의 근본의 그
의미를 들어도 깨닫지 못하는 그와 같
은 백성이 된다는 것을 잊지 말도록
그리 전하라.

11,151 번째 하나님 말씀

2004년 5월 18일 23시 01분

1 사랑하는 나의 아들아!
2 "네, 아버님! 말씀하옵소서."
3 너희들이 나에게 울고불고 기도하는
그와 같은 종교 집단에 속해 있는 백

성, 위로는 종교 집단의 우두머리요,
그리고 지도자요, 아래로는 구원을 받
았다 장담하는 백성, 그들에게 너는
정녕 이제 기도하는 것, 그 기도의 내
용을 진정 바꿀 수는 없는가 한번 물
어보도록 그리하라.
4 저희들이 짜깁기할 대로 짜깁기하여
그저 허구한 날 같은 소리를 계속 중
언부언하고 있는 자들이 아니더냐?
5 너희들이 알코올에 중독된 자, 제정신
이 아닌 자가 한 소리 또 하고 한 소리
또 지껄이는 그와 같은 것이 오늘의
삶이 아니더냐?
6 아무리 좋은 소리도 너희들이 여러 번
들으면 귀가 따가우며 그것이 싫증이
나며 좋은 소리가 아니게 들린다 했
으니,
7 오늘의 너희들이 기도를 하는 것, 그
저 달라, 이루어 달라 울고불고하는
그와 같은 기도를 이제는 정녕 바꿀
때가 되었으며, 정녕 바꾸지 않으려
하는가 한번 물어보라.
8 그와 같은 기도를 내가 듣지도 아니하
지만, 그와 같은 기도가 세상을 오염
시켜 이 세상이 이렇게 험악하게 되
어 있다는 것을 그들에게 전하라.
9 그러니 이제 그들에게 그 기도하는 것
을 바꾸도록 그리 좀 깨우쳐 주라.
10 그리고 사랑하는 나의 아들을 따르는
제자 너희들은 이미 그 기도의 방법이
요, 너희들이 기도의 원하는 것이 다
바뀌어졌으니, 너희들이 하는 대로 그
들에게도 진심으로 깨우쳐 주도록 그
리하라.
11 이제 달라는 기도요, 이루어 달라는
그 기도에서 너희들이 사랑의 기쁨이
요, 사랑의 찬가로써 기도드리는 방법
으로 바꿀 수는 정녕 없는가 물어보라.
12 나 여호와를 사랑하는 마음이요, 나
여호와에게 기쁨을 전해 주는 그와 같
은 기도로써 너희들이 정녕 바꿀 수는
없는가?
13 너희들이 기도라는 것이 지금 무엇이
더냐?
14 인간 세상 속에서 너희들이 살면서 무
엇인가 요구하는 것, 이루고자 하는
것, 그것을 이루어 달라 부르짖고 울
고불고하는 것이 바로 전체의 너희들
이 하는 기도요, 수십 년 동안 흘러온
것이니, 이제 너희들이 지겹지도 아니
하며 고통스럽지도 아니하더냐?
15 듣고 듣는 것도 좋은 말도 여러 번 들
으면 짜증이 난다 하듯이, 너희들이
그저 부르짖고 요구하고 또 이루어 달
라는 그 울고불고하는 기도, 이제는
너희들이 좀 바꿀 때가 되었음을 알라
그리 전하라.
16 세상을 오염하며 오염하고 하늘을 오
염하는 그와 같은 기도를 내가 듣지
아니한다 해도, 그래도 너희들이 그
제목도 좀 바꾸고 중언부언 짜깁기하
는 걸 좀 바꿔서 한번 기쁜 마음으로
찬양하는 마음으로 바꿔 보라 하라.
17 그러면 너희들이 차라리 아름다운 마
음의 싹이 틀 수도 있다 그리 전하라,
사랑하는 나의 아들아!
18 그들이 무엇이더냐?
19 제가 부르짖고 요구하는 것, 소원하는
것, 그 모두를 이루어 달라 말로써 악
을 쓰고 있으며, 너희들이 그와 같은

것을 이루어 달라 나에게 하소연하는
것이 아니더냐?
20 너희들은 반협박이요, 반공갈 비슷한
그와 같은 기도 내용들이 바로 너희
들이 나를 경배한다는 기도 내용이니,
그를 한번 잘 들어 보라.
21 너희들이 이루어지지 아니하면 아니
가려 하는 자요, 보지 아니하면 믿지
않는다는 그와 같은 믿음을 가지고
있는 마음, 그 마음속에서 너희들이
흘러나오는 기도 소리가 무엇이더냐?
22 나를 능멸하며 나를 욕되게 하는 그와
같은 기도임을 너희들은 알라.
23 이제 요구하는 것, 너희들의 소원을
이루고자 하는 그와 같은 기도를 다
태워 버리고 다 지워 버릴 수는 없겠
는가 다시 한 번 그들에게 물어보라.
24 그러한 기도를 이제는 중단하라 그리
하라.
25 내가 너무 괴롭고 고통스러움이니라.
26 어찌하여 너희 인간 세상에 살면서
너희들이 잘못하여 잘못 역사한 것,
슬픔이요, 고통이요, 괴로움이요, 그
러한 것을 당할 때마다 너희들은 나를
찾으며 나를 부르며 기도라는 것으로
써 말로써 모두를 이루어 달라 항상
그리 울고불고하는가?
27 이제는 너희들이 그와 같은 기도를 중
단할 때가 되었으며, 그 기도를 내가
듣지 아니한다 함을 명심하라.
28 이제 나 여호와가 기쁨이요, 나를 찬
양하는 것, 그와 같은 기도를 좀 해 보
라.
29 그러면서 너희들이 어떠한 마음으로
변화되는가?
30 그때 가서 너희들이 그 마음의 변화의
무서움을 알 것이며, 하늘의 지혜를
얻게 되는 것이 얼마나 위대한 것이
며, 성령이 너희들에게 임하는 것이
얼마나 위대하고 고귀한 것인가를 알
게 될 것이니,
31 이제는 너희들이 찬양하며 나의 기쁨
을 위해 기도하는 그와 같은 모습으
로 좀 바꿔 보라 그리 전하라, 사랑하
는 나의 아들아!
32 너희들이 도움을 요청하며 구하고자
하는 것을 소망하는 것, 그러한 것들
을 이루고 역사하는 기도가 왜 그리도
너희들이 잘 나오며 청산유수같이 그
리 말을 하는 줄 아느냐?
33 너희들이 욕심에 그득 찬 자요, 욕심
으로써 너희들이 다스려졌으며 욕심
이라는 것으로써 훈련되었음이니,
34 그게 바로 사탄들이 중언부언하는 소
리라는 것을 잊지 말라, 사랑하는 나
의 아들딸들아!
35 너희들은 이제 그와 같은 기도를 중단
하며 욕심에 찬 기도를 중단하라.
36 그리고 너희들이 나와 모든 백성이 들
어서 기쁘고 행복한 그와 같은 기도
소리로써 바꿀 수는 과연 없는가?
37 차라리 그리라도 바꾼다면 내가 그와
같은 것을 한번 들어볼 만도 함이니
라, 사랑하는 나의 아들딸들아!
38 오늘 같은 형국으로써 너희들이 기도
하고 나를 경배한다는 것, 나는 듣지
도 못하며, 너희들이 왔을 때 나는 너
희들을 모른다 하며, 너희들의 기도를
들어 본 사실이 하나도 없다 함을, 너
희들은 그 무서움을 알라.

11,152 번째 하나님 말씀

2004년 5월 18일 23시 07분

1 사랑하는 나의 아들아!
2 "네, 아버님! 말씀하옵소서."
3 너희들이 살아감의 그 근본이요, 길이 무엇인 줄 알겠느냐?
4 너희들이 집을 나갔다 길 잃을까 봐 조심스럽게 그 집을 찾아오는 어린아이들의 마음과 같으니라.
5 그러니 낯선 길, 모르는 길을 어린아이들이 갔다가 집을 찾지 못할까 봐 조심스러운 마음이요, 걱정하는 마음이요, 그와 같이 하여 너희들이 집에서 나간 그 자세에서, 집에서 나갔던 대로 길을 잃어버리지 아니하고 찾아오고자 하는 것이 어린아이들의 마음이 아니더냐?
6 그러니 오늘의 믿음의 길을 가는 나의 사랑하는 백성 너희들은 어린아이가 집을 나가 길을 잃지 아니하고 집으로 돌아오려는 그와 같은 마음으로써 살지 아니하면 아니 됨이니라, 사랑하는 나의 아들딸들아!
7 너희들이 나의 성령의 나의 은혜를 입어 세상에 나올 때, 너희들이 처음에 왔던 그 길로 그 마음이 되어서 그 길로 돌아가는 데 최선을 다하며, 게을러서는 아니 됨을 알아야 될 것이니라.
8 너희들이 처음에 왔던 그와 같은 길로, 그 마음이요, 그 어린아이와 같은 마음이 변하지 아니하고 살다, 너희들이 바로 그대로 왔던 곳으로 돌아갈 수 있는 그 삶을 위하여 최선의 노력을 다하도록 하라, 사랑하는 나의 아들딸들아!
9 너희가 세상에 태어남은 너희가 임의로 할 수 없었으며, 너희 임의로 태어나지 아니하였다 너희들이 그리 말할 수 있느니라.
10 그러나 너희들은 여기서 알아야 될 것이니라.
11 너희들이 처음에 태어났던 마음의 그 자리로 돌아가기 위해서는 너희들은 그 목적지를 향해서 가야 되는 것이며,
12 그 목적지를 가기 위해서는 너희들이 얼마나 명확하고 정확한 삶을 살아야 되는지 알겠느냐?
13 내가 너희들에게 성서에 기록하여 전했으니, 어린아이 같은 자, 나를 볼 수 있으며 하늘에 오를 수 있다 하지 않았느냐?
14 그러니 너희들이 나에게 오를 수 있으며 너희들이 처음에 나간 그 목적지에 그대로 돌아올 수 있는 것은 어린아이와 같은 마음을 갖지 아니하면 돌아올 수 없음이니 그리 알라 전하라.
15 어린아이가 길을 잃어 그 집을 찾을 수 없는 것처럼, 내가 내보낸 그 자리로 돌아올 수 없는 것이 너희들이니, 그것이 얼마나 불행한 것인 줄 알겠느냐?
16 너희들은 지금 명확히 하지 아니하면 아니 되며 정확한 너희들의 삶을 살지 아니하면 아니 되느니라.
17 그리고 하늘을 향하여 너희들이 한 점의 부끄러움이 없는 그와 같은 삶을 사는 것이 가장 너희들이 원래 나왔던 그 자리요, 너희들의 그 형태로 돌아가는 길이라는 것을 알라.

18 다시 한 번 내가 너희들에게 명하니,
하늘을 향하여 한 점의 부끄러움이 없
는 삶을 사는 나의 아들딸만이 너희들
이 처음에 나갔던 그곳에서 너희들이
처음에 가지고 왔던 마음 그대로 그
모두를 가지고 나에게 돌아올 수 있다
는 걸 잊지 말라 그리 전하라, 사랑하
는 나의 아들딸들아!
19 너희들이 가야 할 자리요, 너희들이
차지할 자리, 제자리를 찾지 못하며
가지 못한다면, 그것이 얼마나 불행하
고 고통스러운 삶인 줄 알겠느냐?
20 그것도 영원히 그와 같은 삶을 사는
것이요, 너희들이 인간 세상에 사는
것처럼 몇십 년 살다 너희들이 또 변
화되고 변화되는 그와 같은 삶을 사는
것이 아니라,
21 네 자리를 영원히 찾지 못하며 그 자
리를 가지 못하게 된다는 것을, 이것
이 얼마나 너희들이 불행한 백성이요,
얼마나 고통스러운 백성인가?
22 남들은 제자리에 앉아서 편히 쉬며 너
희들이 거듭나는 세상에서 온갖 것을
다 누리고 산다면, 그를 보는 너희들
의 마음이 얼마나 불행하고 초라한 백
성이며 초조한 백성이 되겠느냐?
23 그리고 너희들보다 더한 슬픔을 가지
고 사는 백성은 세상에 없을 것이니라.
24 사랑하는 나의 아들딸들아!
25 너희들이 최초에 세상에 왔던 그 심성
으로 되돌아가기 위하여 철저히 준비
하며 철저한 삶을 살라.
26 그렇지 아니하면 아니 됨이니라.
27 너희들 입에서 어떠한 말이 함부로 나
오며 너희들이 행동을 함부로 할 수
있단 말이더냐?
28 내가 나의 아들을 통하여 성경에 무어
라 기록하여 전했느냐?
29 너희들이 잘못된 것이 있다면 너희들
의 육신을 잘라 버려서라도 바른길이
요, 바른 행위를 하고 나에게 오르라
가르쳤던 그 뜻의 무서움과 두려움을
다시 한 번 기억하도록 그리하라, 사
랑하는 나의 아들딸들아!

11,153 번째 하나님 말씀

2004년 5월 18일 23시 11분

1 사랑하는 나의 아들아!
2 "네, 아버님! 말씀하옵소서."
3 나의 백성 너희들이 이 세상에 살아가
면서 무어라 하느냐?
4 너희들이 제 행복을 위하여 남의 불행
을 자초하며, 너희들이 남의 고통 속
에서 제가 행복을 얻으며 기쁨을 얻는
그와 같은 삶을 살아서는 아니 되는
것이니라.
5 제 행복과 제 기쁨을 위해 남의 불행
이요, 고통을 외면하는 그와 같은 삶
을 살아서는 결코 아니 되는 것이 나
의 백성들이거늘,
6 어찌하여 높은 지혜요, 깨달음을 가지
고 있는 그 백성들, 생각하고 연구하
면 하늘의 뜻을 알 수 있는 백성들이
며, 생각하고 또 생각하면 천사와 같
이 아름다운 행동만 할 수 있으며 천
사들이 하는 아름다운 말만을 할 수
있는 너희들이
7 어찌하여 이 세상에 살아가면서 남의
불행은 생각하지 아니하며 남의 불행

이 닥친다 해도 저만이 행복하고 저만
이 기쁨을 얻으면 된다는 그와 같은
마음으로 살아가느냐?
8 오늘의 종교 집단 지도자들이 나의 피
조물 만백성들을 잘못 가르쳤으며 잘
못 세뇌시켰기 때문에 너희들이 지금
남이 불행하여 네가 기쁨의 행복을 얻
는다면, 너희들은 기뻐하는 마음이요,
9 그와 같은 마음으로 수천 년 동안 다
져지고 굳어져 왔으니, 과연 그 마음
을 이리 녹이고 달래기가 얼마나 어렵
고 힘든 길이더냐?
10 사랑하는 나의 아들딸들아!
11 모든 종교 집단에 속한 백성들, 그리
고 우상을 섬기는 자, 그리고 이방인
이라 하는 그 백성들, 누구나 상대방
의 희생이 따를 때 너희가 기쁨을 얻
는 것, 그것은 너희들이 오늘의 삶이
며 남을 돌아다보지 않는 그와 같은
삶이라 하였느니라.
12 그러나 나의 아들을 따르는 제자 너희
들은 그와 같은 삶을 살아서는 절대
아니 되느니라.
13 이 세상에 어떠한 백성들이 그러한 심
성을 가지고 산다 해도, 너희들은 누
군가의 불행이요, 그 슬픔을 안고 너
희들이 기쁨을 얻는 그와 같은 삶을
살아서는 아니 되는 것이 나의 아들을
따르는 제자들이요, 그리고 나의 새로
운 성경을 보고 깨우친 백성, 너희들
이 가는 길임을 알라.
14 다른 사람들처럼 남의 희생으로 인하
여 너희가 행복과 기쁨을 얻는 삶을
바라지도 말며 구상하지도 말며 생각
하지도 말라.
15 모두를 양보하고 모두를 베풀어 주는
그와 같은 진정한 마음으로써, 진심으
로 베풀며 진심으로 사랑하는 그와 같
은 마음으로 너희들이 살아가야 됨을
잊지 말라, 사랑하는 나의 아들딸들아!
16 내가 그리하여 너희들에게 무어라 하
였느냐?
17 남이 보지 아니하는 곳에서 너희들의
자세가 바르며 남이 보지 아니하는 곳
에서 너희들이 곱게 살아가는 백성이
되라 하였음이니, 바로 너희들이 그와
같은 마음으로 살아가야만 된다는 걸
잊지 말라, 사랑하는 나의 아들딸들아!

11,154 번째 하나님 말씀

2004년 5월 19일 07시 18분

1 사랑하는 나의 아들아!
2 **"네, 아버님! 말씀하옵소서."**
3 너를 따르는 제자들이요, 그리고 나의
새로운 성경을 읽고 깨우친 만백성,
너희들은 가야 할 길이 있으며 역사할
길이 있음이니라.
4 너희들이 가야 할 길이요, 역사해야
할 것을 행하지 아니하고, 너희들이
다른 길을 가고 다른 일을 한다고 해
서, 그곳에 너희들의 마음이 편안함이
요, 인간의 향락을 즐기며 살아갈 수
있다 생각하는가?
5 결코 너희들은 그와 같이 갈 수 없음
이니라.
6 너희들이 해야 할 일이 있으며, 너희
들이 역사할 수 있으며, 너희들이 선
택된 그와 같은 길이 있음이니, 그 길
을 가지 아니하면 아니 되는 것이니라.

7 오늘의 너희들의 삶이 남을 위해서 봉
사하고 희생하는 것, 사랑하며 사는
것, 그리고 베풀며 사는 것, 그 모두가
너희들이 가슴에 얹혀 있는 그 실타래
같은 그 많은 죄의 숫자를 하나하나
지워 가는 것이라 하지 아니하였더냐?
8 다만 너희들이 어느 곳에서 봉사를 하
며 살아가느냐, 그리고 누구를 위해
서, 또한 어떤 집단을 위해서 너 자신
이 봉사할 수 있는 만큼 봉사하며 아
름다운 마음을 갖고 살아가느냐,
9 그것은 너희들이 선택의 여지에 달려
있음이니라.
10 그러나 너희들은 가야 할 길이 있으며
또 해야 할 임무가 있으며, 또한 너희
들이 지금까지 모든 지고 있는 죄들을
하나하나 벗어던지고 갈 수 있는 것은
너희들이 사랑하는 마음이요, 봉사하
는 마음이요, 희생하는 마음이 없이는
아니 되느니라.
11 모든 종교 집단 지도자들이 인간의 세
속에서 사는 마음이요, 인간 세속에
사는 것은 중요하지 않다는 것이 무엇
인 줄 알겠느냐?
12 그러면서 믿기만 하면 구원을 받는다
그리하는 것은, 인간 세상에서 사랑을
나누며 베풀라는 너희들이 재물이요,
가지고 있는 것을 내놓아야 되며 놓아
야 되는 그와 같은 것이 있기 때문이
니라.
13 그러니 손해 보는 것, 재물을 놓는 것,
그와 같은 것을 남에게 주는 것, 그리
고 베푸는 것이 좋다 하면 지금과 같
이 믿음의 길을 갈 수 없기 때문이니,
14 나의 아들을 따르는 제자 너희들과 같
은 그 마음을 갖지 아니하는 자, 그들
은 그리 가지 아니하며 따르지 않을
것이니라.
15 나의 아들을 따르는 자, 나의 새로운
성경의 강론을 듣고 깨우친 너희들은
주고 가는 것, 베푸는 것이 사랑이요,
그리하지 아니하면 아니 되는 것이며,
16 그리고 사랑이요, 베푸는 것은 너희들
이 항상 네 것을 놓아야 되며 손해를
본다는 것을 알면서 가는 것을 즐거움
으로 생각하는 마음 자세라도 갖추고
가고 있음이니, 너희들은 그러한 것이
부담이 되지 아니하며 고통스럽지 아
니할 것이니라.
17 그러나 지금 믿음의 길을 가는 백성들
이요, 많은 나의 백성들이 제 것을 놓
고 제 것을 남에게 주는 것, 손해 보는
것이 사랑이요, 베푸는 것이라면,
18 그들은 그 길을 갈 수 없으며, 가지 아
니하며, 또한 저희들에게 모여들어서
재물을 바치는 그와 같은 길을 가지
아니하기 때문이니라.
19 지금 나의 아들을 따르는 제자 너희들
은 믿음이 무어라 하였느냐?
20 너희들이 하늘에 오르는 구원받는 것
도 남에게 양보하며 그것을 남들이 갈
수 있도록 물러서는 네 마음을 다스리
며 그와 같은 네 마음의 훈련을 하는
것이 믿음이요, 오늘 너희들이 나의
아들을 따라가면서 공부하는 그 의의
가 거기 있다 하지 않았더냐?
21 그러니 그와 같은 너희들의 자세를 보
고 정신 나간 자요, 잘못된 자라 말하
는 것이 오늘의 종교 집단이요, 믿음
의 길을 가는 자들이니라.

22 그러니 그들 앞에 너희들이 재물을 내
놓고 사랑함이요, 너희들이 남에게 베
풀며 어려운 자를 도와주며 사는 것,
그것이 하늘에 오르는 길이라 하면,
23 과연 그들이 그곳에 와 강론을 들으며
그 길을 가려 하겠느냐?
24 그들은 가지 아니하느니라.
25 내가 너희들에게 묻노라.
26 너희들의 마음이요, 너희들의 심보요,
너희들의 심성이 얼마나 잘못되었는
가?
27 내가 성경에 기록하여 너희들에게 전
하기를, 어려운 자, 가난하고 불쌍한
자를 돕는 것이 곧 나를 도와주는 것
이요, 나 여호와의 기쁨이라 그리하지
않았느냐?
28 그러니 너희들은 성경에 기록된 대로
그리하면 나를 볼 수 있으며 나에게
오를 수 있는 엄연한 가르침이 있거
늘, 너희들은 절대 그리하지 아니하느
니라.
29 그러면서 너희들이 나 여호와에게 바
치며 하늘의 창고에 쌓아 놓으면 축복
을 받는다는 것, 내가 원하지도 않는,
내 뜻도 아닌 것을 가지고 너희들이
행하는 데는 열과 성의를 다하고 있음
이니라.
30 사랑하는 나의 아들딸들아!
31 그들에게 모두 전해야 될 것이니라,
그리고 나의 아들을 따르는 제자 너희
들이 전해야 될 것이니라.
32 너희들이 하늘에 보물을 쌓아 놓는 것
이 아니요, 하나님의 백성인 그 형제,
아들딸들에게 가장 많이 베푸는 것,
도와주는 것, 그리고 그의 고통과 어
려움을 같이하는 것, 그리고 모든 백
성들이요, 그들이 원할 때 너희들이
같이 있어 주는 것,
33 그것이 창조주 아버님을 기쁘게 하는
것이며 너희들이 하늘에 오르는 길이
라는 것, 성서에 기록되었으며 나의
새로운 성경에 기록되었으니, 너희들
이 그리 가라.
34 그것만이 너희들이 구원을 받는 길이
라는 것을 알라.
35 그렇지 아니하고 너희들이 어찌하여
나와 거래하고자 너희들이 구원을 받
는다 하여 종교 집단이요, 그 죄의 온
상에 재물을 갖다 바치며 그와 같은
것은 즐거워하며 행복하게 한단 말이
더냐?
36 그러니 너희들이 바로 무엇이더냐?
37 너희들이 권력 있는 자에게 아부하지
말며 능력 있는 자에게 아부하지 말라
내가 그리하였음이니, 너희들은 그리
하지 아니한다면서 그 근성이 몸에 밴
자들이니라.
38 종교 지도자가 나의 목자요, 너희들을
인도하는 자라 하지 아니하면 너희들
이 그에게 기쁨을 주고 그를 위하여
그것을 바치고자 하는가?
39 그러니 너희들이 다 계산된 자들이요,
계산된 믿음으로 가는 자가 아니더냐?
40 순수성이 거기는 없음이니라.
41 나의 목자라 하니, 나의 뜻을 따르는
종교 지도자라 하여 저희들이 단상에
서서 세 치 혓바닥으로 너희들을 유인
하니, 그리하여 너희들이 지금 그를
따르며 그 앞에 재물을 바치며 모두를
다 바치는 것, 이것이 바로 있는 자,

권력 있는 자에게 아부하는 그 근성이
너희들에게 남아 있기 때문이 아니더
냐?
42 그러니 그와 같은 백성 너희들은 이제
깨우쳐야 될 것이니라.
43 너희들이 어렵고 불쌍하고 가련한 자
를 돕는 것이 나를 도우며 나에게 오
는 길이라 했으니 그리 행하면 될 것
을,
44 오늘의 잘못된 종교 집단이요, 그 사
악한 자요, 사탄의 앞잡이가 된 그들
에게 너희들이 그 세 치 혓바닥에 현
혹되어 그에게 무엇을 바치며,
45 그가 바쳐 하늘에 쌓아야 된다는 것을
따라서 갖다 바치는 자, 이제 너희들
이 용서받지 못하는 죄를 짓고 있는
것이며, 결국 용서받지 못할 것이니라.
46 나의 재물을 함부로 쓴 죄요, 그리고
내가 쓰라는 대로 쓰지 않는 죄요, 내
뜻을 거역한 죄가 너희들이 얼마나 무
서운 것인가를 알아야 될 것이니라.
47 이제 나의 새로운 성경을 읽고 깨우친
백성 너희들은 들으라.
48 너희들이 재물을 베푸는 것, 그리고
금화와 은화를 나눠 주는 것, 그 모두
는 너희들이 나에게 바치고자, 나에게
은혜를 받고자 하는 그런 추한 거래를
하려 하지 말며,
49 불쌍하고 가난한 네 이웃에게 너희들
이 따뜻하게 전해 주는 것, 따뜻한 온
정을 베푸는 것, 어렵고 힘든 자, 가장
낮은 자를 도와주는 것,
50 그것이 너희들이 나를 가장 기쁘게 하
며 나를 볼 수 있으며 나에게 오른다
했으니,
51 그 성경에 기록된 것과 내가 오늘 새
로운 성경에 기록하여 전하는 이것은
너희들이 꼭 지키고 행해야 될 일이라
는 것을 너희 스스로 깨우치도록 그리
하라.

11,155 번째 하나님 말씀

2004년 5월 19일 07시 26분

1 사랑하는 나의 아들아!
2 "네, 아버님! 말씀하옵소서."
3 지금의 너희들이 신약의 시대요, 예수
가 온 후로 2천 년 전부터 신약의 시
대라 하여 신약 성경이요, 예수가 전
한 뜻을 가지고 너희들이 깨우쳐 만백
성을 구한다 그리하느니라.
4 그러니 너희들이 여기서 가장 잘못된
것이 무어라 말하였느냐?
5 너희들이 생선을 갖다가 머리와 꼬리
는 잘라 가운데 토막만을 생선이라 그
리 말하는 자라 하지 아니하였느냐?
6 그러니 너희들은 여기서 들어야 될 것
이니라.
7 어찌하여 너희들이 구약의 것은 다 지
워 버리고 던져 버리며, 그리고 너희
들은 또 새로 오는 나의 새로운 성경
이요, 마지막 시대에 너희들을 구원하
는 것, 그는 들을 것도 없으며 볼 것도
없다 그리 말하는가?
8 내가 나의 아들을 통하여 성경에 기록
한 한 구절을 다시 한 번 너희들에게
상기시킴이니, 너희들은 이 뜻을 깊이
깨우쳐 거듭나는 삶을 살도록 그리하
라.
9 나의 아들 예수를 통하여 내가 성경에

기록하였듯이, 나의 아들 예수는 율법
이나 선지자가 지금까지 역사한 것,
나의 뜻에 의해 이룬 것, 그 모두를 폐
하러 온 것이라 생각하지 말라 하지
아니하였더냐?
10 폐하러 온 것이 아니라 그 모두를 완
전케 하려 함이라는 그리 예수가 전한
그 뜻을 너희들은 어찌하여 그리 집어
던지고 지워 버리는가?
11 그 의미를 너희들이 잘 깨우쳐야 될
것이니라.
12 너희들은 나의 명에 의하여 예수를 통
하여 내가 전달한 그 뜻을 갖다가 어
찌하여 구약과 신약의 시대를 구분하
며,
13 너희들이 구약은 지나간 것이요, 그는
지나갔기에 나의 아들 예수가 세상에
와 새로운 뜻을 전함이니,
14 그 예수의 뜻이요, 그 가르침이요, 신
약에 의하여 가면 된다 너희들이 지금
그와 같은 행위를 하고, 옛것을 버려
버리고 새로운 것만을 가지고 역사한
다 그리하는가?
15 너희들은 알아야 될 것이니라.
16 나 여호와가 구약이든, 신약이든, 제3
의 시대든 모두를 다 역사하는 것이
니, 이 모두는 하나의 끈으로써 연결
된 것이니라.
17 구약의 시대의 기초가 없으면 너희들
이 중간의 시대인 신약의 시대가 없으
며, 그 시대가 또한 없었으면 지금의
제3의 시대의 역사하는 것도 또한 없
음이니, 이 모두는 내가 너희들에게
가르치고 전한 것이니라.
18 다만, 너희들이 왜곡되게 이해를 하며
왜곡되게 가르치고 그 뜻을 모르며,
사악한 인간 너희들이 내가 내린 그
성경에 너희 생각이요, 너희들의 교리
를 집어넣어 마음대로 변질시킨 것,
그것이 너희들이 잘못되었기 때문이
니라.
19 그리하여 내가 제3의 시대에 그 모두
를 하나하나 잡아 가는 것이니라.
20 그러니 그 모든 원뿌리요, 원 끈은 하
나로 이루어진다는 것을 너희들은 알
아야 될 것이니라.
21 그러니 너희들이 옛것은 버리고 새로
운 것만을 역사하지 아니하고, 모두가
하나의 끈으로 연결되어 있다는 것,
그리하여 모두가 다 소중하다는 것,
그리하여 하나도 버릴 것이 없다는 것
을 너희들은 명심하고 명심하지 아니
하면 아니 되느니라, 사랑하는 나의
아들딸들아!
22 그러니 너희들이 오늘의 가는 믿음이
잘못되었다 함이니라.
23 가운데도 너희들이 완성품이 아니요
완결품이 아니거늘, 그것만을 가지고
너희들이 나에게 오를 수 있다 하여
그리 부르짖으니,
24 너희들이 그리 부르짖어도 그리해도
내가 섭섭지 아니할 것이며 너희들이
불쌍하지는 아니할 것이니라.
25 그와 같이 부르짖으면서도 너희들이
새로운 것을 받아들이며 새로 오는 성
경을 깨우쳐 거기에 접목하여 가는 지
혜만 있다면, 내가 말하지 아니할 것
이니라.
26 그러나 죽기 아니면 살기로 너희들 것
만이 최고요, 신약의 시대 외에는 앞

에 것도 필요 없고 뒤에 오는 것도 필
요 없다는 것, 더욱이 완성품이 아니
요, 완성되지 않은 중간의 것을 가지
고 너희들이 그리 발버둥치고 타협하
지 아니하려 하며 협조하지 아니하는
그와 같은 마음으로 굳어져 살아감이
니, 너희들이 아무것도 이룰 수 없음
이니라.
27 너희들이 신약만을 가지고 신약의 시
대를 가지고는 어떠한 것도 이룰 수
없으며 앞으로 나갈 수도 없으며 전
진할 수도 없음이니라.
28 그는 완성품이 아니기 때문에 굴러갈
수가 없으며 전진할 수가 없음이니라.
29 다만, 그 자리요, 그 한계가 정해져 있
기 때문에 신약은 신약대로 갈 수 있
는 목표요, 역사할 수 있는 목표가 정
해져 있으며, 그 앞에는 나갈 수는 없
는 것이니라.
30 그러니 그것은 마지막 시대요, 내가
나의 아들을 통하여 내리는 새로운 성
경이요, 너희들을 심판하는 만백성을
구하는 기초요, 기본이 들어 있는 새
로운 성경을 너희들이 접하지 아니하
면 결코 갈 수 없다는 것을 알도록 그
리하라, 사랑하는 나의 아들딸들아!
31 너희들이 어찌하여 옛것은 폐해 버리
고 지워 버리고 버려 버리고 그리하는
가?
32 그러니 너희들이 그 행동이 과연 어떠
한 것이냐?
33 나의 아들을 통하여 내가 너희들에게
전하기를, 구약은 기초요, 예수의 시
대, 신약의 시대는 중간이요, 그와 같
이 연결되었다 하여 너희들이 하나의
끈으로 엮어 간다 하였거늘,
34 단상에 서서 말하는 자가 구약은 폐지
하고 지나간 것이요, 그러니 그것은
중요시할 것이 못 된다 그리 말한다면,
35 너희들이 창조주요, 나 여호와를 능가
하며 내 위에 있다는 것이니, 위에 있
는 자가 명할 수 있으니 너희들이 그
와 같은 행위를 하고 있다는 것을 알
겠는가?
36 아랫사람이 너희들에게 결재를 함이
니, 그것을 수정하고 다스리는 것은
그 위의 상사가 할 수 있는 것이니라.
37 내가 너희들에게 그리 지키며 행하라
전한 것을 너희들이 임의로 아니 된
다, 이것은 잘못된 것이다 하여 이리
저리 수정하여 그 결과를 낸다면, 너
희들이 결정권자들이요, 결재권자요,
38 그러니 결국 창조주 나 여호와 위에
존재하는 자, 너희들이 성령을 훼방하
는 죄요, 너희들이 나를 욕되게 하는
자요,
39 이것이 오늘 종교 집단의 지도자 너희
들이 가고 있는 작태며, 너희들이 하
고 있는 무서운 행위를 모르면서 너희
들이 돌이킬 수 없는 죄를 짓고 있는
것이라는 것을 깨우쳐 주라.
40 내가 명한 것을 너희들이 그것을 잘못
되었다 잘됐다 시시비비하며, 너희 임
의대로 너희들 뜻대로 수정하고 고치
는 것이야말로 너희들이 결정권자니,
나보다 위에 있는 행위를 하고 있다는
것,
41 그 무섭고 두려운 행위를 하고 있으면
서도 모르는 그 불쌍하고 가련한 백성
들에게 하나하나 그 뜻을 가르쳐 주도

록 하고자 내가 다시 오늘의 이 뜻을
기록함을 너희들은 알라.
42 그러면서 너희들이 나에게 온다 함이
니, 그게 너희들이 타당한 이야기인가?
43 제가 온다, 올 수 있다, 올 자격을 가
졌다 부르짖는 그 말을 내가 듣겠는가?
44 나는 너희들을 모른다 하니, 내가 일
찍이 너희들에게 답을 내렸음이니,
45 그와 같은 백성 너희들이 아무리 울고
불고해도 나는 모르는 자들이라는 걸
명심하고 명심하여 깨우쳐, 하늘에 오
르는 진정한 길을 보도록 그리하라.
46 160권의 나의 새로운 성경을 접하지
아니하고 읽지 않고 정독하지 않는
자, 결코 너희들은 하늘에 오르는 그
반석 위에 설 수 없으며, 그때부터 너
희들이 하늘에 오르는 길을 볼 수도
없는 운명이라는 것을 알라.
47 나는 모두를 가르쳐 주었으며 모두를
전해 주었느니라.

11,156 번째 하나님 말씀

2004년 5월 19일 07시 32분

1 사랑하는 나의 아들아!
2 "네, 아버님! 말씀하옵소서."
3 성서의 한 구절 한 구절을 내가 너에
게 무어라 말하였느냐?
4 너희들이 불리한 쪽으로, 너희들이 손
해 보는 쪽으로 바라보며 그와 같은
쪽으로 해석하고, 그대로 너희들이 가
야만 된다 내가 그리하였으니, 이 말
의 뜻이 얼마나 귀하고 소중한 것이더
냐?
5 내가 십계명에 너희들에게 기록하여
전했느니라.
6 '네 부모를 공경하라.' 내가 그리 말하
였으니, 지금 모든 종교 집단의 지도
자들이 네 부모를 공경하라는 것을 어
찌 생각하는 것이더냐?
7 지금 나의 아들을 따르는 순진하고 착
한 백성들이요, 변화되고자 하는 백성
너희들은 나의 십계명에 기록되어 네
부모를 공경하라 함이니,
8 너희들은 육으로써 낳아 준 부모요,
길러 준 그 부모에게 감사하며, 또한
나 여호와를 부모라 생각하여 나를 공
경하는 마음을 가지고 살아가는 것이
너희들이 십계명을 암송하는 것이며,
거기 있는 뜻을 그리 해석하고 가느니
라.
9 그러나 저희들이 편한 쪽으로 가는
자, 제가 편한 쪽으로 이해하는 지금
의 종교 집단의 지도자요, 구원을 받
았으며 하늘에 오르는 표를 받았다는
그 신도들이라는 백성들은 어찌 이해
하느냐?
10 '네 부모를 공경하라.'는 것이 육의 부
모가 아니요, 육의 부모보다도 천배
만배 상상할 수 없는 위대한 하나님
아버지, 그러니까 나 여호와를 너희들
이 네 부모로 생각하여 나를 공경하며
나의 뜻에 따라 나에게 기쁨을 선사하
면 되는 것이라 너희들이 그리 가르치
며 그와 같은 생각을 가지고 있는 자
들이니,
11 성서의 한 구절을 가지고 너희들이 해
석하고 이해할 때, 얼마나 무서운 오
류를 범할 수 있으며 얼마나 무서운
잘못된 해석을 할 수 있느냐?

12 이것이 바로 오늘의 종교 집단의 지도
자들이 잘못 해석하며 저희들이 편리
하고 유리한 쪽으로 모두를 다 갖다
붙였기에, 오늘의 말세요, 종말의 시
대라 하며 너희들이 이와 같이 험악한
세상이 되었느니라.
13 그리하여 제 육신을 가지고 들림을 받
아 하늘에 올라간다 광란하는 자가 있
는가 하면, 너희들이 온갖 할 수 없는
그와 같은 추한 행위를 하느니라.
14 예수로서 거듭났다 하며, 너희들이 성
서에 기록된 자의 그 이름을 가지고
세상에 나와 제가 대장이라 부르짖는
이와 같은 험악하고 험악한 세상이 된
것이 무엇이더냐?
15 모두를 저희들 임의대로 생각하며 저
희들이 편한 쪽으로 생각하기 때문이
니라.
16 사랑하는 나의 아들을 따르는 제자 너
희들은 들으라.
17 내가 성서에 기록하여 너희들이 십계
명에 '네 부모를 공경하라.' 하였음이
니, 이는 너희들을 낳아 주고 길러 준
육의 부모를 공경하며, 그 공경하는
마음을 가지고 너희들이 나 여호와를
공경하며 나 여호와를 따르며,
18 네 육의 부모요, 나 여호와를 똑같이
너희들의 부모라 생각하는 그와 같은
마음을 가지고 나를 사랑하는 그와 같
은 마음으로 가면 되는 것이며 너희들
의 깨달음이 그러하니라.
19 그러나 모든 종교 집단의 지도자들은
'네 부모를 공경하라.' 하면, 그 한 줄
을 가지고 길러 주고 낳아 준 육의 부
모를 공경하면 되는 것이 아니라,
20 나 여호와요, 하나님 아버지요, 그리
고 저희들이 나의 아들딸이니, 나 여
호와만을 공경하며 나를 기쁘게 하며
나를 즐겁게 하는 행위만을 하면 된다
너희들이 그와 같이 생각하고 해석하
여, 네 육의 부모를 그리 무시하며 그
를 공경치 아니하며 그를 받들지 아니
하며 그를 모시기에 소홀히 하는 그와
같은 행위를 하는 자,
21 너희들은 정녕 나를 사랑하는 마음이
아니요, 나를 사랑하며 공경하는 아들
딸로서의 자격이 없다 함을 내가 여기
새로운 성경에 기록하여 전하니, 너희
들은 이 뜻을 엄히 가르쳐 전하도록
그리하라.
22 너희들은 들으라.
23 나 여호와가 성령으로써 세상에 너희
들을 내려보냄이니, 네 부모의 육을
빌어 너희들이 세상에 나왔으니, 육을
빌린 그 부모나 너희들이 성령으로써
임한 나 여호와 부모나 너희들이 똑
같은 부모요, 다 귀중한 부모가 아니
더냐?
24 그러니 그와 같은 너희들의 마음 자
세를 가지고 살아야 될 것이며 그리
행하지 아니하면 아니 됨이니라.
25 그러나 모든 종교 집단의 지도자 너
희들이 한 구절 한 구절을 더하고 빼
도 아니 된다 하면서,
26 너희들이 해석하고 가르치는 것이 오
로지 이해관계에 너희들에게 득이 되
는 방법으로만 모두를 해석하며 가고
있음이니,
27 그리하여 나의 새로운 성경이 내려오
게 되었으며,

28 지금의 성경을 가지고 지금의 종교 지도자요, 집단이요, 그리고 울고불고 광란의 짓 하는 자들, 그들이 존재하는 한 성경은 바로 이해될 수 없으며 내 뜻은 바로 전해질 수 없음이니,
29 그리하여 내가 모두를 바로잡고자 지금 역사하는 그 대열에 서서 모든 준비 작업을 하는 것이 나의 아들을 따르는 제자들이요, 선택된 너희들이 가고 있는 길이라는 것을 알라.
30 그러니 너희들이 얼마나 영광된 길이며 얼마나 보람된 그 길을 역사하는 것인가를 알라 그리 전하라.

11,157 번째 하나님 말씀

2004년 5월 19일 07시 40분

1 사랑하는 나의 아들아!
2 "네, 아버님! 말씀하옵소서."
3 너희들이 얼마나 성서를 잘못 해석하며 너희들이 편한 쪽으로 생각하는가를 내가 기록하여 전했음이니, 내가 한 구절을 너희들에게 깨우쳐 다시 전함이니, 이를 읽고 깨우치도록 그리하라.
4 '옛 사람에게 말한 바 살인하지 말라. 누구든지 살인하면 심판을 받게 되리라.'
5 그리 나의 아들 예수가 성서에 기록하여 전하지 아니하였느냐?
6 그러니 너희들은 여기서 또한 무엇을 발견하는가?
7 '심판을 받게 되리라.' 하였다는 것을 너희가 듣지 아니하였느냐?
8 그러니 그와 같은 것을 너희들이 어찌 깨우치고 가야 하는 것인가는 스스로 너희들에게 달렸음을 알라.
9 그러나 지금 믿음의 길을 가는 백성 너희들과 나의 아들을 따르는 백성들의 생각하는 그 차이점이 얼마나 무서운가?
10 지금의 모든 종교 집단이요, 믿음의 길을 가는 백성, 그리고 너희들이 광분하는 자들은 무어라 하는가?
11 이 세상에 육으로써 너희들이 사람을 죽이지 아니하며 살인하지 아니하면 된다는 그와 같은 생각을 하고, 너희들은 그와 같은 짓을 하지 아니하면 나에게 구원을 받을 것이라 그리 생각하느니라.
12 그러나 지금 나의 아들을 따르는 제자들이요, 나의 성경을 읽고 깨우친 백성, 그들은 그보다 하나를 더 생각하고 있음을 알라.
13 영적으로 너희들이 남을 죽이는 것, 영혼을 구원하지 못하는 것, 그것이 더 큰 죄요, 너희들이 더 큰 살인이라는 것을 나의 아들을 따르는 제자들은 알고 있느니라.
14 영적으로 구원하지 못하며 영으로써 너희들이 다른 사람을 거듭나지 못하도록 하며,
15 성령으로 임하는 것을 방해하여 그들이 나에게 와 구원을 받지 못하며 거듭나는 은혜를 받지 못하게 하는 것, 영원히 지옥 불로 떨어지게 하는 그와 같은 것도 또한 살인이요,
16 그리하여 너희들은 육에서 살인하지 아니하며 남의 영혼을 죽이는 그와 같은 살인을 해서는 아니 된다는 것이

나의 아들을 따르는 제자들이요,
17 그리하여 그들은 그 모두를 다 지키기
위하여 온갖 정성을 다하여 살아가는
삶을 바로잡고자 지금 발버둥치고 있
으며, 그 둘을 다 지키고 가자니 그들
이 얼마나 어렵고 힘든 좁은 길을 가
느냐?
18 고통스러운 길을 가고 있느니라.
19 그러나 지금 모든 믿음의 길을 가는
백성 너희들은 너희들 자신이 지금 나
의 사랑하는 백성들을 영원히 죽이고
살인하고 있는 것을 모르고 있느니라.
20 너희들이 지금 비진리를 가지고 공부
하며 인간의 교리를 가지고 공부하며,
나 여호와의 뜻이요, 참진리에 의하여
너희들이 가지 아니하기 때문에, 나의
사랑하는 백성들의 그 영혼을 다 죽이
고 있음이니,
21 그것이 너희들이 영원한 살인이요, 영
원히 살 수 있는 그 생명을 죽이는 무
서운 살인을 하고 있음이니라.
22 그러니 나의 아들 예수가 기록하여 너
희들에게 전한 것은 그 모두의 두 가
지를 다 너희들이 살인하지 말라 하는
것이요, 그리 살인하면 안 된다 하는
것이거늘,
23 지금 믿음의 길을 가는 백성 너희들은
그저 육의 살인을 하지 아니하면 되는
것이라 편하게 그리 생각하며, 남의
영혼을 죽이며 남의 거듭나고자 하는
그 영혼을 너희들이 죽이는 그와 같은
살인 행위를 하고 있으니, 그것도 한
두 명이 아니요, 헬 수 없는 그 많은
영혼들을 죽이고 있음이니라.
24 그러니 너희들이 지금 살인을 하는 것
이 바로 모든 종교 집단의 지도자는
살인의 집단이요, 살인하는 집단으로
서 너희들이 지금 세상에 살아 있으며
존재하고 있음을 알아야 될 것이니라.
25 너희들이 앞에 있는 육을 가진 자를
죽이는 것만이 죽이는 것이 아니니라.
26 내가 십계명에 기록한 '네 부모를 공
경하라.'는 것, 육의 부모를 공경하는
그 마음과 너희들이 나를 어버이로서
공경하는 마음을 같이 가지고 가는 자
흔들리지 아니한다 하였으며, 그것이
바른 정답이라 내가 그리했듯이,
27 너희들이 지금 죽이는 것이 인간 육
의 세상에서 그 삶에 의해서 죽이는
것만이 살인이 아니라, 그 살인도 무
서우며 그도 용서받지 못할 죄지만,
28 그보다 더 무섭고 너희들이 더 살인을
하는 것, 살인의 집단으로 전락된 것
은 무엇이더냐?
29 영원히 거듭나는 그 영혼들을 죽이는
살인의 집단으로서 오늘의 종교 집단
의 지도자 모두가 세상에 존재함이니,
너희들이 사람을 구하는 집단이 아니
요, 사람을 죽이는 그와 같은 집단으
로서 오늘에 행하고 있다는 것을 내
가 전함이니,
30 이제 너희들이 지금 구원을 받았다 울
고불고 광신하는 자, 너희들이 광란의
짓을 하는 그와 같은 백성들을 맹종
맹신하는 자,
31 있는 것, 없는 것을 너희들이 그저 갖
다 바치기 위하여 그 종교 지도자가
하는 말에 감복하여 은혜 받았다 눈
물짓는다 하여 종교 지도자가 저를
기억해 주기를 바라면서 울고불고하

며,
32 너희들이 사악한 짓, 도둑질한 것, 잘
못한 것, 그와 같이 편법으로 번 것,
그리고 사기 쳐서 번 것, 거짓 해서 번
것, 그것을 십일조요, 헌금이라 바치
고 구원받는다 울고불고 가는 자,
33 너희들이 지금 다 살인자의 도구로서
쓰이며 살인자 너희 집단에서 너희들
이 나의 영혼들을 하나하나 죽이는 곳
으로 끌어가고 인도하는 살인자의 행
위요, 살인자의 집단이라는 것을 너희
들은 알라.
34 너희들이 죽어 왔을 때 알 것이니라,
과연 나의 아들을 통하여 지금 전하는
말이 잘못된 것인가, 잘된 것인가를.
35 너희들이 수없는 사람의 육의 백성을
사람을 죽이는 것은 그것이 바로 무엇
이더냐?
36 살인의 집단이 아니더냐?
37 그러니 너희들은 나의 사랑하는 백성
들을 영적으로 죽이는 숫자를 헤아릴
수 없으며, 그를 매일매일 너희들이
끌어다 도살하는 그와 같은 행위를 하
니,
38 모든 종교 집단의 지도자가 도살장이
요, 그리고 너희들은 나의 백성을 죽
이는 살인자요, 살인마들이요,
39 그리고 너희들이 믿고 광분 광신하여
맹종 맹신하여 길거리에 나가 나의 아
들 예수를 믿는 자 구원이요, 믿지 않
는 자 너희들이 지옥이라 하여 너희들
이 그와 같이 예수를 믿고 깨우치도록
가르치면 너희들이 그 천사이나,
40 너희들의 종교 집단이요, 그 살인마
요, 살인마의 소굴이요, 살인마의 도
살장으로 나의 백성을 끌어간다면 살
인자의 집단의 하수인이 너희들이라
는 것을 절대 잊지 말라.
41 나의 백성을 잘못 인도하여 영혼을 구
원하지 못하도록 하는 것, 그것이 너
희들이 살인하는 것이며,
42 더 무서운 사람을 죽이는 것이니, 너
희들이 지금 얼마나 영혼의 살인장을
차려 놓고 그것도 거기에 죽어 가면서
재물을 바치며 나를 죽여 달라 하는
자이니,
43 세상에 제 재물을 바치며 죽어 가는
자가 어디 있단 말이더냐?
44 짐승도 너희들이 목숨을 끊어 도살장
앞에 눈물을 흘리는 것이 있다 했으
니, 말 못 하며 알지 못하는 짐승도 그
를 깨닫고 아는 것이 도살장의 죽음이
니,
45 어찌하여 너희들은 도살장에 죽어 가
는 것을 그 좋은 지혜요, 그 좋은 머리
를 가지고 모른단 말이더냐?
46 그러면서 저를 죽여 달라 재물을 바치
며 온갖 것을 다 바치며 내 뜻을 거역
하며 나를 욕되게 하며 나를 능멸하는
그와 같은 행위를 하는가?
47 이제 너희들은 이 세상에서 살인만이
무서운 살인이 아니라는 것을 알라.
48 영적으로 영혼을 죽이는 그 살인이 더
무서운 것이니, 양쪽의 두 길을 다 지
키고 가는 현명한 백성이 되지 아니하
면 아니 될 것이니,
49 이제 그 살인의 도살장을 다 내가 태
워 버릴 것이며, 살인마의 종으로서
전락된 너희들을 내가 모두 유황불에
뿜아 던질 날이 있을 것이니 그리 알

라.

11,158 번째 하나님 말씀

2004년 5월 19일 07시 53분

1 사랑하는 나의 아들아!
2 "네, 아버님! 말씀하옵소서."
3 육의 세상에서 너희들이 지은 죄의
무서움을 모르고 지금 사느니라.
4 너희들이 육의 세상에서 저질렀던 그
모두를 정리하지 아니하며 모두를 다
스리지 아니하면 나에게 오를 수 없
음이니라.
5 너희들이 남에게 탕감되지 아니한 것,
그리고 너희들이 탕감할 것이 있으면
그 모두를 탕감하고 나에게 오르라
하였음이니, 이는 바로 무엇이더냐?
6 너희들이 인간 세상에 빚진 재물만을
내가 말하는 것이 아니요,
7 너희들이 인간 세상에 살면서 나를 욕
되게 한 것, 나를 향하여 한 점의 부끄
러움이 없는 삶이 아니요, 너희들이
부끄럽고 추한 그와 같은 가지고 있는
모든 죄의 끈이요, 그 모두를 탕감받
지 아니하면 결코 천국이요, 나 여호
와에게 올 수 없다는 그 무서운 뜻의
가르침이 그 속에 있음을 알아야 될
것이니라.
8 그러니 사랑하는 나의 아들딸들아!
9 모든 종교 집단이요, 믿음의 길을 가
는 백성 그들이 무어라 말한다 해도,
너희들은 지상에서 지은 그 죄의 무서
움을 알며 그를 탕감받지 아니하면 아
니 됨을 뼛속 깊이 새기고,
10 너희들이 그를 탕감하기 위하여 노력
을 하지 아니하면 아니 됨이니라.
11 지금까지 모르고 너희들이 왔던 작고
큰 모든 죄들을 하나하나 탕감하는 그
아름다운 마음으로 남은 삶을 살지 아
니하면 아니 됨이니, 내가 너희들에게
이리 간곡히 깨우쳐 주느니라.
12 너희들은 지금 지상의 삶에서 네 죄를
탕감받고 용서받지 못하면 아니 된다
는 것, 결코 그와 같은 것은 너희들이
나에게 오를 수 없으며,
13 너희들의 영혼이 죽으면 지옥이요, 그
불바다에 들어가 영원히 헤어나지 못
하는 그 고통을 겪는다는 것을 단 한
번이라도 너희들이 진지하게 생각하
며,
14 지옥이요, 너희들이 받는 그 심판의
결과가 얼마나 무섭고 두려운 것이며
그 가짓수가 얼마나 많은가, 너희들이
한번 스스로 머릿속에 하나하나 그려
보고 상상을 해 보도록 그리 전하라.
15 그와 같은 자, 탕감받지 않은 자, 너희
들이 결코 지옥에서 나올 수 없다는
나의 뜻을 내가 기록하여 전했거늘,
16 그 무섭고 두려운 것을 그저 흘려보
내고, 인간 세상에 편한 대로 그저 시
간이 지나면 잊어버리며 범죄함의 두
려움을 모르며,
17 너희들이 질서를 파괴하는 것, 그리고
나에게 부끄러운 행위를 하는 것, 그
것을 너희들이 알게 모르게 그저 행
하고 실천하고, 너희들은 짚고 넘어가
지 아니하며 그저 넘어가며 지워 버
리고 사는 것이 아니더냐?
18 오늘의 잘못됨을 내일 너희들이 다스
리며 내일 잘하면 된다 하여 오늘의

작은 죄들을 너희들이 스스로 범하는
그 어리석은 삶을 살아서는 결코 아니
됨이라 전하라.
19 그대로 너희들이 행하고 살면, 그리고
너희들이 어떻게 지금 살아야 되는
것, 그 모두를 나의 성서에 기록했음
이니, 모두를 지상에서 탕감받는 그와
같은 삶을 가지고 너희들이 살도록 그
리하라.
20 그대로 행하고 살면 너희들이 나에게
오를 수 있는 것을, 어찌하여 그 길을
버리고 나에게 온다 하여 다른 곳에서
너희들이 울고불고하느냐?
21 지금 모든 백성 너희들이 성황당의 돌
무덤이요, 그리고 너희들이 강이요,
바다에 나가서 소원을 빌고 기도하는
것은 아무것도 이루어질 수 없으며 답
이 없듯이,
22 오늘의 믿음의 길을 가는 너희들, 나
를 찾는 백성이라 해도, 너희들이 지
상의 육의 세상의 삶에서 지은 그 죄
를 탕감받지 아니하며 용서받지 아니
하는 것은,
23 바위에 기도하며 절하는 것, 바다에
하는 것, 들판에 나가 절하는 것, 그리
고 성황당 고개에 절하고 소원을 비는
것은 다 이루어지지 아니하며 부질없
는 행위요,
24 너희들이 바로 탕감받지 않은 것은 그
들과 똑같은 자들이니라.
25 메아리가 없으며, 돌아오는 게 없으
며, 너희들이 다스림이 없는 그와 같
은 곳에 가 너희들이 빌고 소원하는
것이나,
26 너희들이 용서받지 못하고 아무리 나
를 찾고 몸부림을 쳐도 그들에게 비는
것처럼 너희들의 구원이요, 소원이 이
루어지는 것이 아니며 거듭나는 역사
를 이룰 수 없는 그와 같은 것이니,
27 너희들이 그들과 하나도 다른 자 없으
며 똑같은 백성이라는 것을 알라.
28 그러니 그와 같은 백성이 아니요, 너
희들이 그로써 거듭나고자 한다면 지
상이요, 세속에서 살며 지은 죄 하나
하나를 다 너희들이 탕감하며,
29 그를 탕감하고 아름다운 마음을 갖고
나에게 와야 된다는 것을 잊지 말거
라, 사랑하는 나의 아들아!
30 너희들의 행함이요, 죄가 얼마나 무서
우며, 형제 간에, 또는 이웃에게 화합
하지 못하는 것이 얼마나 무서운 죄인
지 내가 너희들에게 전했느니라.
31 나 여호와가 너희들에게 그리 전했느
니라.
32 너희들이 나에게 정성 들여 제를 올리
고자 하여 제물을 차려 놓고 나에게
예를 갖춰 제를 드리고자 하나,
33 너희들이 그 순간에도 너희들 형제에
게 원망 듣는 일, 너희 형제들을 섭섭
하게 한 일, 너희 형제들의 마음을 아
프게 한 일, 그와 같은 것이 생각이 나
거든,
34 너희들은 제물을 차려 놓은 그 상태에
서 제를 지내지 말며 나에게 경배하지
말며, 제물을 드리지 말고,
35 너희들은 바로 돌아서서 그저 뛰어가
너희들 형제에게 섭섭했던 마음, 오해
했던 마음, 화해하지 못한 그와 같은
것을 모두 먼저 마음을 풀어 줘,
36 화해하는 마음이요, 너희들이 형제와

웃고 즐길 수 있는 그와 같은 마음으
로써 되었을 때, 너희들이 나에게 와
제물을 드리며 예를 갖추라는 것이 아
니더냐?
37 그러니 너희들은 여기에서 어떤 것을
알겠느냐?
38 너희들이 정녕 제물을 차려 놓고 제
를 나에게 올리며 경배를 드리고자 해
도, 너희들이 형제에게 섭섭한 마음이
있다면 가서 너희들이 그를 완전히
풀어 주며 그가 완전히 이해하도록 하
고 와서 제를 드리라 함이니,
39 그를 풀지 못하는 자, 너희들이 나에
게 제를 드릴 수 없음이니,
40 여기서 너희들은 하나 깨우쳐야 될 것
이니라.
41 너희들이 형제지간에 아귀다툼하는
것, 그리고 화해하지 못한 것, 그리하
여 그것부터 용서를 받고 너희들은 나
에게 와 제사를 지내 제물을 바쳐 제
를 올리라 하였음이니,
42 그러니 그를 탕감받지 못하며 그를 용
서받지 못했다면, 결국 너희들은 나에
게 와 예를 갖춰 제물을 놓고 제사를
지낼 만한, 나를 경배할 만한 그와 같
은 자격이 없다는 것이 아니더냐?
43 그러니 지금 이 세상에 살아가면서
과연 나의 백성들이요, 너희들 이웃에
게 죄를 지은 자가 없느냐?
44 그러니 죄를 지은 자, 죄를 가지고 있
는 자는 결코 나에게 제를 지낼 수가
없음이니, 내가 종교 지도자 너희들이
하늘을 향하여 한 점의 부끄러움이
있으면 아니 된다 함이 무엇이더냐?
45 너희들이 부끄러운 짓을 하는 자, 죄
를 짓고 있는 자는 결코 제를 지낼 수
없으며 나에게 예배드릴 수 없으며 경
배드릴 수 없으며,
46 더욱이 그와 같은 사악한 자는 남의
죄를 용서해 주며 그를 너희들이 구원
한다 아무리 울고불고 짜깁기의 기도
를 해도 나와 아무런 관계가 없음이
니, 여기에 너희들이 무서운 나의 가
르침을 알라.
47 형제들에게 너희들이 가서 화해하는
것, 그리고 형제의 마음을 상하게 했
거든 그 마음을 너희들이 풀어 놓고
제를 올리라 하였음이니라.
48 아무리 제물을 차려 놓았다 해도 너희
들이 그것부터 먼저 하라 했으니,
49 그 형제로부터 너희들이 오해를 풀지
못하며 그로부터 용서를 받지 못하면,
너희들은 제물을 차려 놓고 나에게 제
사를 지낼 자격이 없다는 것이니,
50 너희들이 알든 모르든 이 세상에 죄를
짓고 죄를 가지고 있는 자, 나에게 제
사를 지낼 자격이 없다 하니,
51 아무리 제물을 차려 놓고 너희들이 그
리한다고 해도 나는 바라보지 아니하
니,
52 그를 놓아서 즐기는 것은 사탄에게 너
희들이 드리는 제가 되며,
53 그리하여 죄 있는 종교 집단의 지도자
가 지도할 때 그것은 사탄에게 드리는
경배라는 것을 알라.
54 형제지간에 원망을 들으면 안 되니,
너희들이 어떠하더냐?
55 이웃에 있는 다른 사람에게 너희들이
어떠한 죄를 짓고 잘못했을 때, 과연
어찌해야 되는 것인가를 여기에서 깨

우치며, 너희들이 그리 행하도록 하지
아니하면 아니 되는 것이니라.
56 그러니 나에게 너희들이 제물을 차려
놓고 예를 갖추는 것도 아무나 할 수
없는 것임을 이제야 알겠느냐, 사랑하
는 나의 아들딸들아!
57 그러나 너희들은 이 세상에서 행하고
사는 그 모두가 하나도 너희들이 버림
이 없으며 버려지는 것이 없다는 그
무서운 사실도 또한 알아야 될 것이니
라.
58 그리고 그대로 심판을 받는 것이니라.
59 그런데 너희들이 지상에 사는 삶은 아
무것도 아니요, 그저 나 여호와를 기
쁘게 하며, 나를 위하여 경배한다 울
고불고하면 너희들이 모두를 다 용서
받는 것처럼 지금 가르치는 종교 지도
자들이 얼마나 무서운 방법으로써 나
의 백성 너희들을 지옥으로 인도하며
이끌고 가느냐?
60 그러니 이제 나의 성령을 들으며 새로
운 성경을 가지고 공부하며 나의 아들
이 가르치는 모두를 듣는 백성 너희들
이 얼마나 바로 서야 되며, 얼마나 너
희들이 조심스럽게 가야 되는 것이며,
얼마나 너희들의 삶을 아름답게 살아
야 되는 것인가?
61 너희들이 살얼음판을 걷는 마음으로
세상사를 딛고 살아도 나에게 올까 말
까 함이니,
62 이와 같은 뜻을 너희들이 만백성에게
전하도록 하라, 사랑하는 나의 아들딸
들아!

11,159 번째 하나님 말씀

2004년 5월 19일 08시 03분

1 사랑하는 나의 아들아!
2 "네, 아버님! 말씀하옵소서."
3 160권의 나의 새로운 성경이 세상에
나옴에 네가 초조해하며 조바심하지
말라.
4 네가 안타까워하는 그 마음을 바라보
는 나 여호와의 마음이 그리 편치 아
니함이니라.
5 세월이 지나면 네가 그 모두를 역사할
것이며 그 모두는 이루어질 것이거늘,
어찌하여 네가 초조하고 불안한 그와
같은 마음을 갖고 가느냐?
6 그러니 네가 그와 같은 마음을 가지고
있다면 어느 것도 이루어질 수 없음이
니라.
7 다만, 네가 가야 할 길이요, 네가 역사
할 길을 그저 조용히 가면 되는 것이
니라.
8 초조하며 불안한 생각을 하지 말라,
사랑하는 나의 아들아!
9 160권이 세상에 나오기 전에, 그리고
그 모두가 역사하기 전에, 네가 어떠
한 변화의 그와 같은 것이 있을까 하
여 불안한 마음을 갖지 말라.
10 네가 나의 새로운 성경을 빨리 세상에
내어 만백성을 구하고자 하는 마음,
그 마음은 네가 가져야 할 마음이요,
너의 제자들이 갖고 가야 할 길이나,
11 너희들이 그리하여 초조하고 불안한
마음을 가져서는 아니 됨이니라, 사랑
하는 나의 아들아!
12 서서히 가라.

13 2천 년이라는 세월 동안에 굳어지고
굳어진 것을 바로잡고 가기에는 그리
쉬운 것이 아니니, 너무 조바심하지
말며 초조해하지 말라.
14 그와 같은 네 모습을 보는 나 여호와
의 마음이 아픔이니라.
15 네가 나의 성령을 듣고 들어 책으로
만들어 내지 아니하면 세상에 나오지
아니함이니,
16 그 절차가 있으며 그 행해짐이 있으
니, 너는 그대로 가면 될 것이지, 어떠
한 것도 네가 뛰어넘을 수가 없는 것
이니라.
17 그리고 모두는 나 여호와가 주관하여
감이니, 네가 어찌하여 그와 같은 불
안한 마음을 갖느냐?
18 2천 년 동안 흘러오면서 그 모두가 잘
못된 것을 바로잡아야 되는 것이며,
그를 바로잡는 역사가 그리 쉽지 아니
하니라.
19 오늘에 내가 너희들에게 무어라 말하
였느냐?
20 너희들이 형제에게 화나는 일이 있으
며 그에게 섭섭한 일이 있거든 그 마
음부터 풀어 주며 원망 듣지 않는 마
음으로 나에게 제를 지내며 나에게 경
배하라 하지 아니하였더냐?
21 이는 죄가 있는 자, 잘못된 것이 있는
자는 나에게 경배하며 제사를 드릴 수
없으며, 나에게 기도할 수 없다는 그
와 같은 것을 깨우쳐 주지 아니하였더
냐?
22 그러니 지금 2천 년 동안 흘러오는 그
백성들이 얼마나 잘못 오고 있으며 잘
못 굳어져 있겠느냐?
23 그러니 그를 바로잡고 그를 역사하는
걸 너무 조바심내지 말며 초조해하지
말며 불안해하지 말라, 사랑하는 나의
아들아!
24 지금의 모든 종교요, 믿음의 길을 가
는 백성들이 무어라 말하느냐?
25 저희들이 맹종 맹신하며 구원을 받았
다는 백성들이 그리하느니라.
26 저희들을 지도하는 종교 지도자요, 단
상에 선 목자가 잘못했을 때, 그들은
무어라 하느냐?
27 '우리는 그 목사를 보고 가는 것이 아
니요, 성경 공부를 하기 위해 오로지
교회를 가는 것이요, 귀한 시간을 빼
어 가는 것이지, 목사의 행동을 보고
가는 것은 아니라' 너희들이 그리 말
하느니라.
28 그리고 목사를 보고 가는 것이 아니기
때문에 너희들은 관계없다, 인간이기
때문에 그도 실수할 수 있다 그리 말
하느니라.
29 그러니 너희들의 그 말이 얼마나 잘못
된 것인 줄 알겠느냐?
30 너희들은 지금 가고 있는 그 믿음이
어떠한 행위인 줄 알겠느냐?
31 너희들은 사람을 보고 가지 아니하며
성경을 보고 간다 그리 말하는 자, 그
것이 얼마나 어리석고 미련한 백성인
줄 알겠느냐?
32 내가 너희들이 형제지간에도 원망 듣
는 일이 있으면 그걸 다 풀어야 될 것
이며 풀고 제사를 지내라 하였음이니
라.
33 그리고 그것을 풀지 못하는 자는 나에
게 제사를 지낼 자격이 없다 하지 아

니하였더냐?
34 그리고 내가 무어라 하였느냐?
35 종교 지도자 너희들이 그와 같이 죄를
짓고 죄를 사하지 아니한 자가 기도하
고 경배하고 가르치는 것은 사탄의 말
이요, 너희들이 그렇지 않은 자가 전
하는 것은 똑같은 말이라도 나의 뜻이
라 그리 말하였느니라.
36 그러니 너희들이 보기에 잘못된 종교
지도자가 너희들 앞에 단상에서 강론
하고 강의하는 건 성경을 전하는 것이
아니요, 그들은 이미 사탄이 되어 사
탄의 말을 전함이요, 사탄의 뜻을 전
하기에,
37 너희들은 '우리는 사탄에게 배우며 사
탄을 공경하며 사탄에 대해서 우리는
무엇을 따르겠다.' 하며 가는 자들이
라는 걸 잊지 말라.
38 종교 지도자가 너희들이 말하는 한 점
의 부끄러움이 없는 그와 같은 삶을
살지 아니해도 된다 하는 것, 너희들
이 한 점의 부끄러움이 아니라 어떠한
작은 미미한 잘못된 것도 그를 지우지
아니하는 자, 그와 같은 죄를 가지고
있는 종교 지도자가 가르치는 것은 나
의 성경이라 해도 그것은 사탄이 되어
전하니, 사탄이 가르치는 것임을 너희
들은 알라.
39 그러니 너희들은 사탄의 가르침을 받
겠다는 것이며, 사탄의 가르침에 따라
공부하러 가는 자들이요, 사탄에 대한
진리요, 사탄의 뜻을 배우는 것이요,
사탄에 힘을 실어 주어 너희들이 사탄
으로서 사악한 짓을 하고자 하여 지금
가고 있는 것이라는 걸 알라.
40 그러니 너희들이 잘못된 종교 지도자
앞에 가서 너희는 사람을 보지 아니
하며 성경을 보러 가는 것이라는 자,
41 너희들은 자격이 없는 자는 사탄이 된
다 했으니, 너희들은 지금 종교 지도
자요, 목사를 따르고 경배하고 따른다
는 것, 바로 사탄을 경배하며 사탄을
칭송하며 사탄을 따라 모두를 이루고
자 하는 것이니,
42 너희들이 사탄만 즐겁게 하는 것이요,
사탄만을 위하여 그와 같은 길을 간
다는 것을 절대 잊지 말라.
43 그러니 너희들이 그와 같은 말을 두
번 다시 하지 말라.
44 너희들이 그와 같이 말하는 자, 그리
고 단상에 설 수 없는 자가 서서 강론
하고 설교할 때, 그는 사탄의 말이라
하였으니,
45 너희들이 '우리는 사탄의 말을 들으며
사탄에 대한 그 진리를 공부하며 사탄
을 따라 살아가겠다.' 하는 것이 '목사
가 어떠한 짓을 하든 우리는 그를 보
지 아니하며, 우리는 성경을 공부하고
그를 배우러 간다.' 하니,
46 그가 하는 말, 그가 가르치는 것이 곧
사탄이 되어 말하니, 사탄의 가르침이
요, 사탄의 설교라는 것이니라.
47 그를 듣고자 모여드는 것이 너희들이
니, 사탄의 종이 되고자 스스로 찾아
가는 그와 같은 어리석은 우를 범하지
말라.
48 이미 사탄이 되었기에 사탄의 말을 너
희들이 경배하며 사탄이 가르치든, 어
찌 가르치든 사탄에게 그 진리를 배우
며 사탄의 사악한 행위를 배우러 가니,

49 '사탄이 가르치는 것이기 때문에 우리
는 관계없다, 우리가 배울 것을 배운
다.' 말하는 자들임을 알라.

11,160 번째 하나님 말씀

2004년 5월 19일 08시 07분

1 사랑하는 나의 아들아!
2 "네, 아버님! 말씀하옵소서."
3 모든 기계가 정확하게 제자리를 지키
며 제 기능을 할 때 그 기계의 몸통이
돌아간다 하지 않았느냐?
4 그러니 그것보다도 더 정확하게 가야
하는 것이 나의 아들을 따르는 제자들
이요, 그리고 나의 새로운 성경을 읽
고 깨우친 백성 너희들이 가야 하는
길이라는 걸 이제 알겠느냐?
5 "네, 아버님!
6 아버님께서 주신 말씀 중에, 아버님께
서 160권의 법전을 다 읽지 아니하여
도 그 한 줄을 읽고 한 페이지를 읽으
며 한 권을 읽고도 하늘의 뜻을 깨닫
는 백성이 있다 하였사옵나이다.
7 그러니 그 뜻의 의미를 저는 이제야
알겠사옵나이다.
8 그리하여 저희들이 그를 보고 깨우쳐
그를 역사하는 것, 그러기에 저희들이
완벽하게 서지 아니하면 아니 되며 완
벽하게 가지 아니하면 아니 된다는 것
을 알겠사옵나이다.
9 아버님께서 말씀하시기를, 모든 종교
집단의 지도자들이 그 바른 행위가
아니요, 죄를 가지고 있는 자는 기도
드릴 수 없으며 역사할 수 없으며, 죄
있는 자가 가르치는 것은 사탄이 된다
하였으니,
10 한 구절을 잘못 읽음으로써 잘못 깨우
침으로써 얼마나 무서운 변화를 이루
는 것인가를 이제 저희들은 깨달았사
옵나이다, 아버님!
11 아버님께서 160권의 법전을 내시면서
각자 사람이 다르며 천태만상의 가지
고 있는 뜻이 다르고 보는 생각이 다
르니, 한 줄을 읽고 깨우치면 하늘의
이치를 깨닫는다는 그 말씀,
12 한 줄을 잘못 오해하면 얼마나 무서운
가르침이 되는 것이며 잘못 흘러가는
것이며, 그리하여 구원을 받지 못하며
지옥으로 가는 것인가를,
13 종교 지도자를 보고 가지 아니하고 성
경을 보며 성경을 공부하며 간다는 그
말 한마디가 얼마나 사탄의 노예요,
사탄의 자식이 되었다고 몸부림치고
가는 그 행위인가를, 사탄의 자식으로
서 저희들이 거듭나는 길을 가는 것
인가를,
14 한 구절을 잘못 이해하며 말 한마디
잘못하는 것이 얼마나 무서운 것인가
를 이제는 깨달았사옵나이다.
15 저희들의 종교 지도자가 잘못된 자가
가르치는 것은 사탄의 가르침이요, 사
탄의 설교라는 것을 저는 이제 깨달
았사옵나이다.
16 그러니 한 구절의 한 마디 잘못하는
것이 사람이 영원히 구원하고 구원하
지 못하는 그와 같은 무서운 결과가
이루어지는 것이니,
17 그리하여 저희들에게 완벽하게 기록
하라 하시며, 그리고 저희들이 완벽해
야 된다는 것,

18 새로운 성경의 한 구절을 제대로 읽
고 깨우치면 세상의 이치를 다 안다
말씀하신 것,
19 저희들이 바로 서지 못하고, 저희들이
무엇인가를 하나 전했을 때 그는 모든
백성들을 죽이는 것이며 그를 잘못 인
도하는 것이기에,
20 아무런 하나의 오차도 없이 정확하고
완벽한 저희들이 되어야만 저희들이
하는 이야기는 모두의 생수가 되는 것
이요, 만백성을 구하는 것이요,
21 잘못하여 삐끗하게 말 한마디만 잘못
해도 그 말로 인하여 그를 듣는 것으
로써 한 생명을 잃고 수많은 생명을
잃게 되는 그와 같은 가르침이 된다는
것을, 그리하여 그 무서움과 두려움을
이제야 알았사옵나이다.
22 그리하여 아버님께서 한 줄을 읽고 깨
우치면 모두를 다 안다는 것, 한 줄을
잘못 이해하고 잘못 가르침으로써 구
원받을 영혼들이 수없이 구원을 받지
못하며 지옥으로 간다는 그 무서운 사
실을, 이제야 아버님께서 완벽하게 가
라 하시는 그 뜻을 깨달았사옵나이다,
아버님!"

11,161 번째 하나님 말씀

2004년 5월 19일 12시 42분

1 사랑하는 나의 아들아!
2 "네, 아버님! 말씀하옵소서."
3 나의 피조물 만백성 너희들이 어떠하
더냐?
4 발아래 무엇인가 너희들이 그득히 쌓
아 놓고 있으며 그 많은 것을 밟고 있
는 자, 든든하며 그와 같은 자 마음 편
안히 그리 생각하느니라.
5 그것이 인간 너희들이 가지고 있는 마
음이니, 그러니 너는 들어야 될 것이
며 너를 따르는 제자들은 들으라 말하
라.
6 너희들이 많은 것을 발아래 밟고 딛고
섬으로 인하여 그 모두가 너희들이 나
에게 오르며 나에게 구원을 받는 데
너희들의 발목을 잡고 늘어진다는 것
을, 그러니 그 모두가 다 얼마나 부질
없는 것인가를 알겠느냐, 사랑하는 나
의 아들딸들아!
7 이제 나의 아들 너는 만백성을 구하는
진정한 종교 지도자요, 그리고 나의
아들로서, 목자로서 네가 가야 함이
니, 너는 네 발아래 무엇을 쌓아 놓고
무엇을 밟고서 뿌듯한 마음을 얻는 그
와 같은 마음을 버리라.
8 너는 네가 신고 있는 그 구두라는 것
까지도 다 벗어던지고 가는 가벼운 모
습으로써 가야 될 것이니라.
9 네 발바닥으로써 발가락이 보이는 그
와 같은 모습으로써 네가 걸어가며,
그와 같은 모습으로써 살아가야 되는
것이 나의 아들 너이니, 또한 너의 제
자들도 그러하니라.
10 너희들이 무엇을 챙기고 무엇을 숨겨
놓으며 감춰 놓고자 그리하지 말라.
11 그와 같은 행위를 하는 것은 너희들이
아니며 나의 뜻에 따라가는 백성이 아
니니라.
12 사랑하는 나의 아들아!
13 나 여호와가 너희들 모두를 사랑함이
니라.

14 이것이 나의 명령이요, 하늘의 뜻이
요, 만백성을 구하는 길이니라, 사랑
하는 나의 아들아!
15 그와 같은 마음 자세요, 그와 같은 깨
달음으로써 가지 아니하면 아니 됨이
니라.
16 내가 너희들에게 발 앞에 밟고 서 있
는 것도 아니 된다 했으니, 너희들의
곳간에 쌓으며 너희들의 이름으로 남
겨 놓으며, 영원히 살 것처럼 무엇인
가를 쌓아 놓고 관리하는 것, 그와 같
은 마음을 버리고 살라.
17 가벼운 마음으로 가볍게 걸어가는 그
와 같은 네 모습이요, 네 삶이 만백성
을 구하는 것이요, 나의 뜻에 따라 역
사하는 것이요, 만백성을 사랑하는 길
이니라, 사랑하는 나의 아들아!
18 너의 제자들 또한 그와 같은 마음으로
가도록 그리 전하라.

11,162 번째 하나님 말씀

2004년 5월 19일 12시 45분

1 사랑하는 나의 아들아!
2 **"네, 아버님! 말씀하옵소서."**
3 너도 그러하며 너의 제자들도 그러하
니라.
4 너희들이 이 길을 가며 하나의 혁명이
요, 개혁을 이룸이니, 너희들이 남에
게 매를 맞아 죽는다 해도 두려울 것
이 없으며, 너희들이 매를 맞아 죽는
각오로써 모두를 역사하도록 그리하
라.
5 그와 같은 마음으로 너희들이 가면 두
려울 것이 없으며 역사하지 못할 것이
없느니라.
6 너희들이 남으로부터 매 맞아 죽으니
그것을 무서워하며 두려워한다면, 너
희들은 결코 이 길을 갈 수 없으며 그
를 역사할 수 없는 것이니라.
7 너희들이 남으로부터 핍박을 받든, 견
딜 수 없는 고통을 당하든 어찌하든
너희들이 그와 같은 것을 두려워하지
말며 그를 겁내지 말라.
8 너희들이 그를 두려워하고 겁을 먹으
면 너희들이 그와 같은 형국이 되며
그와 같이 무너짐이니라.
9 자신을 가지고 당당한 모습으로써 너
희들이 살아가도록 그리하라.
10 어떠한 고통과 어떠한 핍박이 온다 해
도 견디지 못하는 삶이 아니라, 너희
들이 견디고 헤쳐나가는 그와 같은 삶
을 살며,
11 어떠한 것이 너희들에게 닥친다 해도
두려워하지 말며 겁먹지 말라.
12 너희들은 어떠해도 이 길을 가야 될
것이며, 160권의 법전을 세상에 만들
어 내 네 생명을 바쳐서도 이걸 만들
겠다는 그와 같은 각오로써 너의 제자
들은 임하고 가야 될 것이며, 너 또한
그러해야 될 것이며,
13 나의 새로운 성경을 읽고 깨우친 백성
너희들은 160권의 새로운 성경이 세
상을 나오는 데 모두를 다 바쳐야 될
것이니라.
14 네가 목숨을 바치며, 네가 매를 맞으
며, 네가 매를 맞아 죽는다 해도 두려
워하지 말며 겁먹지 말라 하지 않느냐?
15 그와 같은 각오를 하고 너희들이 간다
면, 그와 같은 일이 닥친들 무엇이 두

려우며 무엇이 무섭겠느냐?
16 너희들의 각오요, 마음다짐이니라.
17 마음을 나약하게 먹으며 마음을 굳건
히 못 하면 너희들이 어렵고 힘든 길
에 닥쳤을 때 헤치지 못하나,
18 네 목숨을 바쳐 던지고 너희들이 가겠
다는 그와 같은 굳은 결의를 하면, 너
희들이 인간 세상에서 말하듯이 죽기
아니면 살기라는 마음으로 간다면 이
루지 못하며 역사하지 못하는 것이 없
음이니라, 사랑하는 나의 아들딸들아!

11,163 번째 하나님 말씀

2004년 5월 19일 12시 50분

1 사랑하는 나의 아들아!
2 **"네, 아버님! 말씀하옵소서."**
3 수천 년 동안 너희들이 믿음의 길을
오는 종교 집단의 지도자요, 그리고
저희 지도자가 바로 서지 못하며 잘못
가르칠 때, 그리고 이방인이 봐서 정
녕 종교 지도자의 자격이 없다 평할
때,
4 그리고 너희들이 봐서도 용서할 수 없
으며 이해할 수 없는 그와 같은 지도
자, 그러나 너희들은 그들에게 무어라
말하느냐?
5 너희들은 성경 공부를 하며 나 여호와
의 진리를 들으러 가는 것이요, 너희
들이 그 지도자요, 그와 같은 인간적
인 그를 보고 가는 것이 아니며 그와
같은 것은 관계없다, 인간이기에 실수
할 수 있다 너희들이 그리 덮어 주니,
그것이 무엇이더냐?
6 그와 같이 너희들이 말하는 것, 그와
같이 가르치는 자가 사탄의 가르침이
요, 사탄이 역사하는 것이라 하지 않
았느냐?
7 바로 서지 못하며 바로 가지 못하는
종교 지도자가 너희들에게 강론할 때
그것은 사탄의 말이 되는 것임을 너희
들은 알라.
8 이제 사랑하는 나의 아들딸들이요, 그
리고 나의 아들을 따르는 제자 너희들
은 들으라.
9 너희들이 인간이기에 실수할 수 있다
그리 말하는 것은 무엇이더냐?
10 너희 종교 지도자 스스로가 자격 미달
이요, 제대로 갖춰지지 못한 자라 그
리 말하는 것이 아니더냐?
11 잘못된 지도자요, 유리로 비춰 봐 한
점의 부끄러움이 없는 그와 같은 삶을
사는 자는 지도자가 아니요, 잘못된
자라 하였으니, 너희들이 그와 같은
자여도 괜찮다 말하는 것이요,
12 그와 같이 갈 수 있다는 것은 종교 지
도자 스스로가 자격이 미달되며 다 갖
춰지지 못한 자라 너희들이 그리 말하
는 것이 아니더냐?
13 그러니 너희 종교 지도자를 너희들은
모르나, 사탄이요, 마귀라 너희들이
말하는 것이 바로 그와 같은 말을 하
는 것임을 알라.
14 너희들이 자격 미달자가 이끌고 가는
그 교회요, 그와 같은 종교 집단은 과
연 어찌 되는가?
15 자격 미달자가 강론이요, 설교를 하니
저 자신도 죽음으로 가고 있으며, 나
의 사랑하는 피조물 만백성들 그들까
지도 죽음으로 인도한다는 것을 어찌

모르더냐?
16 그러한 지도자들로 인하여 이방인이
라는 백성들이 교회라는 곳이요, 신도
라는 백성들에게 고개를 돌리는 그와
같은 것을 못 보느냐?
17 그것이 너희들이 얼마나 욕된 행위며
나의 피조물 만백성을 죽음으로 이끌
어 가는 줄 알겠느냐?
18 너희들이 말 한마디를 함부로 하는
것, 말 한마디를 함부로 던지는 것이
얼마나 어리석은 짓인가?
19 무엇인가를 잘못하고 있으며 그 뜻이
무엇인 줄 모르고 너희들이 말을 함부
로 함이니,
20 너희들의 종교 지도자가 부족하다 하
여 그를 보고 가는 것이 아니요, 성경
공부요, 하나님 말씀을 들으러 간다
하니,
21 그 지도자는 이미 자격 미달이요, 갖
출 것을 갖추지 못하니, 모두가 박탈
된 자라 너희들이 그리 말함니,
22 자격이 없는 자가 단상에서 설교하고
강론한다면 그건 사탄이요, 마귀지,
그 이상도 그 이하도 아님을 알라.
23 그러니 너희들이 그와 같은 자에게 가
배우는 것이 사탄의 가르침을 배우러
가는 자요, 그것도 재물과 시간을 바
치면서 서로 너희들이 앞자리를 차지
하고자 울고불고하는 그와 같은 형국
이니,
24 죽음이요, 지옥으로 가는 것을 사고자
지옥으로 가는 길을 너희들이 먼저 가
겠다 몸부림치는 불쌍하고 가련한 그
백성들을 구원하는 길에 최선을 다하
라, 사랑하는 나의 아들아!

11,164 번째 하나님 말씀

2004년 5월 19일 12시 56분

1 사랑하는 나의 아들아!
2 "네, 아버님! 말씀하옵소서."
3 지금의 모든 종파와 종교 지도자들이
어떠한 고통이 있다 해도 너희들이 참
진리요, 나의 뜻을 위하여 그를 믿고
존재해가는 그와 같은 삶을 산다면,
너희들이 모두를 다 이룰 수 있으며
역사할 수 있을 것이니라.
4 그리고 너희들이 그리 갈구하는 영원
히 거듭나는 그 영광도 너희들이 참진
리의 길이 어렵고 힘들다 해도 그 길
만 가면 모두를 얻을 것이거늘,
5 모든 종교 집단의 지도자 저희들이 나
의 뜻이요, 참진리의 길을 가기 어렵
고 힘들기에 저희들이 지름길이요, 편
파적인 방법으로써 그 모두를 이루고
자 함이니,
6 너희들의 오늘의 믿음이요, 종교 집단
의 지도자, 가르치는 자, 배우는 자,
그 모두가 다 잘못됐다 함이 여기 있
음이니, 내 마음이 얼마나 저리고 아
프겠느냐?
7 그렇지 못하고 너희들이 가고 있느니
라.
8 너희들이 노력하지 아니하며 어렵고
힘들 때 인내하지 아니하며, 어렵고
힘들 때 그 시련의 눈물을 참고 견디
면서 참진리의 길을 가는 종교 지도자
가 없으며,
9 그 지도자가 없기에, 그 백성들은 알
지 못하고 그들을 따라감이니라.
10 사랑하는 나의 아들아!

11 모든 수천 년 동안에 지금의 믿음이
요, 종교 집단의 지도자 그들이 무엇
을 했느냐?
12 우리 부자의 이름을 팔아 저희들이 지
금 목회자로서의 꿈을 이루고, 인간의
목회자로서 성공의 길을 위하여 그리
살았으며, 너희들이 인간의 야망을 버
리지 못하고 그 야망을 위하여 지금의
믿음의 길을 가며 종교 지도자라 지금
단상에 서 있는 자들이니라.
13 이와 같은 것을 바라보는 나 여호와가
몇천 년 동안 참았다면 내 마음이 얼
마나 까맣게 탔겠느냐!
14 사랑하는 나의 아들아!
15 너를 따르는 제자들이요, 나의 새로운
성경을 읽은 너희들은 진심으로 어렵
고 힘든 그 길이라 해도 참진리의 길
을 버리지 말고 그리 가라.
16 너희들이 인내하면 넘을 수 있으며,
참으면 참을 수 있으며, 노력하면 얻
을 수 있는 그와 같은 한계 내에서 내
가 너희들에게 오라 함이지, 너희들이
견디지 못할 길을 오라 하지 아니함이
니라.
17 그러니 너희들이 노력이요, 인내를 극
에 달할 때까지 하지 아니하며 인내하
지 아니하고 무너지는 것이 오늘의 종
교 집단이요, 지도자 그들이니라.
18 그러니 저 자신의 꿈을 이루기 위하여
모두가 살아오지 않았더냐?
19 제 인간의 욕망이요, 제 성공을 위하
여, 제 야망을 채우기 위하여 저희들
이 왔으니, 인간의 기본적인 욕망, 누
구나 다 가지고 있는 그 하잘것없는
욕망 때문에 그들이 지금 다 무너진
자들이요,
20 다만 그들이 일반 백성들의 사업장이
되었다는 것, 그 사업장과 다른 점이
무엇이더냐?
21 피 흘려 죽어 간 나의 아들이요, 창조
주 나 여호와의 이름을 내세우는 것,
그것이 다르며, 저희들이 사업하는 것
이 방법이 다르며 사업의 상품이 다를
뿐이니라.
22 그러니 목회자로서 이름을 날리고 저
자신의 입지를 세우기 위하여, 그리고
제가 영원불변한 확고한 제자리를 만
들고 굳히기 위하여 제왕적인 자리를
만들어 놓고 살아가고자 저희들이 헛
된 것에 매달려 왔으며,
23 그 욕망을 채우는 곳에 나의 사랑하는
백성 너희들이 모두를 바치며 재물을
바쳤음이니, 그리고 그를 위하여 모두
를 이끌어 왔음이니,
24 사랑하는 나의 아들아! 그들이 지금
까지 온 믿음이요, 지금까지 온 길이
너는 무엇이라 생각하느냐?
25 "아버님! 제가 감히 말씀을 드릴 수는
없사오나, 그들은 그리하였사옵나이
다.
26 속으로는 아버님의 뜻을 갉아먹었으
며, 겉으로는 아버님의 살점이요, 뼈
까지 갉아먹는 짓만을 하고 온 자들이
라 저는 그리 말하고 싶사옵나이다."
27 사랑하는 나의 아들아!
28 그들이 성령의 나의 뜻을 갉아먹는 짓
을 한 자들이니라.
29 그래도 내가 그들을 버리지 아니하고
구원하고자 함이니,
30 너는 그들을 원망하지 말며 탓하지 말

며, 네가 깨우치고 들은 그와 같은 나
로부터 내린 성령을 나의 아름다운 책
으로 꾸려 만백성을 구하는 데 최선을
다하도록 하라.
31 내가 너를 사랑하며 너의 제자들을 사
랑하느니라.

11,165 번째 하나님 말씀

2004년 5월 19일 13시 00분

1 사랑하는 나의 아들아!
2 "네, 아버님! 말씀하옵소서."
3 내가 너희들의 지금 교회라는 곳이 장
사 터전이요, 장사의 소굴로 된다 하
지 아니하였더냐?
4 그러나 너희들은 절대 그렇지 아니하
며 나의 뜻에 의해 살아간다 그리 말
하느니라.
5 그러니 내가 너희들에게 묻노라.
6 너희들의 제자 중에 돈 있는 자가 교
회라는 걸 지으며 나의 집이라 하여
웅장하게 짓느니라.
7 그리고 그와 같이 지어 놓고 그들이
성전이라 건축하여, 교회라 하여 저희
들이 그곳에 모여 나의 뜻을 가르치고
전하는 그와 같은 행위를 함이니,
8 너희들이 그와 같이 짓는 순간에 그것
은 누구 것이더냐?
9 너희들이 나의 이름을 팔아 그를 지었
으니, 그 모두는 내 것이 아니더냐?
10 그러나 과연 너희들이 그리 생각하느
냐?
11 성전을 건축하여 너희들이 그곳에서
자행하는 행위를 내가 눈 뜨고 볼 수
없는 것이니라.
12 너희들은 나보다 더 잘 알고 있을 것
이니라.
13 그들의 작태를 너희들이 잘 알 것이니
라.
14 재물이 있는 자가 제 돈을 들여 교회
라는 것을 웅장히 지어 놓으니, 그 교
회가 누구 것이더냐?
15 말로는 내 것이라며 속의 주인은 누구
더냐?
16 참진리요, 나의 뜻을 전하고 가르치는
그 교회가 아니 되며, 재물을 거둬들
이는 장소로 변하느니라.
17 재물을 들여 지은 자가 주인이요, 명
패만 나 여호와의 이름을 걸고 제가
그 뒤에 앉아서 주인 노릇을 하며 나
여호와를 대신하니, 목자까지도 그들
이 좌지우지하는 것이 아니더냐?
18 그러니 그가 재물을 투자한 자가 사장
이요, 회장이라는 일반 사회인들과 무
엇이 다르단 말이더냐?
19 제가 스스로 교회를 지은 것, 그것을
신도들에게 환원하며 모든 백성에게
나 여호와의 뜻을 전하는 것이 아니
라, 제가 주인으로서 뒤에 앉아 사장
노릇을 하고 있는 것이 너희들이 추하
고 더러운 모습이 아니더냐?
20 그것이 작고 큰 것이 수없이 생기는
것이 오늘의 너희들의 믿음의 형국이
니, 거기서 성령을 가르치고 전하는
것이 어디 있느냐?
21 너희가 말하는 기름을 부은 목자라 하
여, 그리고 나로부터 선택된 백성이
요, 지도자라 하는 자들이, 그 뒤에 있
는 재물을 바친 자들이 이리가 양의
먹이를 노리듯이 목자의 목줄을 쥐고

있음이니,
22 너희들이 정녕 바로 서고자 하여 나의
진리를 가르치고 전하고자 해도 너희
들이 뜻을 펴는 종교 지도자가 어디
있는가?
23 그들이 버릴 때 너희들은 버려지며 부
를 때 불리는 그와 같은 것이 나의 백
성이요, 종교 지도자 너희들이라 말할
수 있겠느냐?
24 이 처참하고 비참한 것이 오늘의 현실
이니, 그것이 바로 종교 지도자들이니
라.
25 목숨을 두려워하지 아니하며, 매 맞아
죽음을 두려워하지 아니하며, 굶어 죽
는 것을 두려워하지 아니하며, 얼어
죽는 것을 두려워하지 않는 것이 종교
집단의 지도자이거늘,
26 재물을 내어 만든 자에게 너희들이 그
의 종이 되어 그가 흔드는 대로 좌우
로 움직이는 종교 지도자가 있다면,
27 버릴 때 말없이 너희들이 떠나는 자가
되며 부를 때 가는 자가 된다면,
28 너희들은 건물을 지은 주인 뒤에서 목
사요, 종교 지도자를 조종하는 실질적
인 사장의 호령에 그 눈치를 보며 설
교를 하고 나의 피조물을 가르친다면,
그 종교 집단의 지도자 그 속에서 참
진리요, 깨우침이 어디 있겠느냐?
29 그러니 너희들은 들으라.
30 그리하여 이루어진 교회든 너희들이
모아서 손으로 만든 교회든, 작든 크
든 그 교회 속에서 그 모두가 사업장
으로 전락되었음이니라.
31 다만, 나 여호와요, 나의 아들의 이름
을 갖다 내걸고 장사를 하니, 그 너희
들의 간판은 나 여호와요, 나의 아들
예수의 보혈로써 간판을 걸어 놓고,
32 그 건물의 문서상의 주인은 너희들 장
사꾼이 움켜쥐고 있는 이와 같은 실정
이니,
33 이것이 아니면 너희들이 아니라 말하
며, 내가 나의 아들을 통하여 기록하
는 내용이 아니거든 아니라 너희들이
반박하라.
34 그렇지 않다면 너희들이 죽어 와서 그
책임을 져야 될 것이니라.

11,166 번째 하나님 말씀

2004년 5월 19일 13시 03분

1 사랑하는 나의 아들아!
2 "네, 아버님! 말씀하옵소서."
3 종교 지도자의 자세요, 그 덕목이 무
엇이더냐?
4 "네, 아버님! 아버님께서 물으시니, 저
는 정녕 대답을 드릴 길이 없사옵나이
다."
5 사랑하는 나의 아들아! 종교 지도자
의 갈 길이며 그가 행할 것이 무엇이
냐?
6 "네, 아버님! 저는 감히 말씀을 드릴
수는 없사옵나이다.
7 제가 아버님의 뜻대로 행하며 가지 못
하기 때문에 제가 말씀을 드릴 수 없
사옵나이다.
8 그러나 아버님께서 하명하시오니, 저
는 부끄러움을 무릅쓰고 말씀을 드리
겠사옵나이다.
9 종교 지도자라는 것은 그 제자들이요,
그 백성들을 가르치고 제가 전한 대로

그대로 행하며 거기서 하나의 오차도
없이 행하는 것이 종교 지도자요, 그
리고 저희들이 가야 할 자세라 그리
생각하옵나이다, 아버님!"
10 사랑하는 나의 아들아! 그러하니라.
11 네가 만백성을 구하는 지도자요, 너를
따르는 제자들이요, 그 모두가 너희들
이 진정한 나의 전사로서 새로 태어나
거듭나며, 종교 지도자로서 거듭나는
것은 바로 그 덕목을 지켜야 됨이니
라, 사랑하는 나의 아들아!
12 가르치는 지도자가 그와 같이 행하지
못하며 그리 따르지 못한다면, 과연
그것은 얼마나 위장된 것이며 거짓된
것이며, 진심으로 따르는 그 제자가
과연 있겠느냐, 사랑하는 나의 아들아!
13 네가 그를 알고 있으며 네가 지키지
못하여 네 가슴이 아프며 네가 울고
싶은 심정으로 대답하지 못하는 그 마
음을 아느니라.
14 그러나 너는 너희들이 야채의 껍질을
벗겨 버릴 것을 버리듯이 하나하나 벗
겨 가고 있지 않더냐?
15 그래 내가 너희들에게 물음이니, 울지
말라, 사랑하는 나의 아들아!
16 종교 지도자가 제 길을 가지 아니하며
바로 가지 못하면 사탄의 가르침이요,
사탄의 역사를 함이니라.
17 그래서 너희들이 자격이 없는 자들이
라 함이니, 너희들은 정녕 그와 같은
길을 가도록 그리하라.
18 내가 너희들을 사랑하며, 너희들은 갈
수 있고 역사할 수 있기에 내가 불러
쓰고 너희들을 내가 불렀다 하지 않더
냐, 사랑하는 나의 아들아!

11,167 번째 하나님 말씀

2004년 5월 19일 13시 06분

1 사랑하는 나의 아들아!
2 "네, 아버님! 말씀하옵소서."
3 나의 아들을 따르는 선택된 백성 그
제자들, 내가 너희들에게 한번 묻고자
하느니라.
4 지금 너희들이 나의 아들을 통하여 내
리는 강론을 들었으며 나의 새로운 성
경을 읽고 깨우쳤으며 그리고 수없이
들은 너희들이 과연 얼마나 변하고 전
진했더냐?
5 그와 같이 변하고 변한 그 은혜를 입
은 백성 너희들이 지금 나의 아들을
따라가며 그 길을 가는 것이 얼마나
힘들고 고통스러운 길인가를 나 또한
아느니라.
6 그러나 그만큼 깨우치고 배운 너희들
이 어렵고 힘들다 하여 그를 회피하며
그 짐을 남에게 쥐여 주고자 한다면,
이는 정녕 너희들이 나로부터 선택된
백성으로서 해야 할 일이 아니며 너희
들이 가야 할 길이 아니니라.
7 그러니 사랑하는 나의 아들을 따르는
제자 너희들이 아무리 어렵고 힘들다
해도, 너희들이 남으로부터 목숨을 내
달라 해도 그 목숨을 뺏어 간다 해도
두려워하지 말며, 너희들이 굶어 죽는
다 해도 두려워하지 말며, 추위에 견
디지 못하여 얼어 죽는다 해도 너희들
은 두려워하지 말라.
8 그 두려워하지 아니하는 마음을 가지
고 너희들이 살아갈 때, 너희들이 오
늘의 어렵고 힘든 그 짐을 짐을 후회

하지 아니하며, 너희들이 그 짐을 남
에게 벗어 주고 던져 주고자 하는 그
와 같은 마음을 갖지 아니할 것이니라.
9 너희들이 견디기 어려운 길이니라, 그
리고 그를 아느니라.
10 그러나 너희들이 그 고통스럽고 어려
운 길을 오직 나 여호와를 바라보며
나 여호와의 뜻을 세상에 전한다는 그
와 같은 마음으로써 역사하지 아니하
면 아니 됨이니 그리 알라.
11 너희들이 지금 지고 가기 어려운 그
짐을 남에게 짊어지게 하며 남에게 물
려주고 가는 그와 같은 마음을 갖지
말라.
12 그것은 바로 무엇이더냐?
13 네가 겪는 고통이요, 네가 겪는 시련
이요, 네가 겪는 아픔을 너는 벗어던
지고 남에게 뒤집어씌우며 남에게 짐
을 지우고자 하는 그와 같은 너희들의
생각이 아니더냐?
14 그러니 너희들이 어렵고 힘든 그 고통
을 지고 가려 하지 아니하며 남에게
넘겨주려는 그와 같은 마음을 가져서
는 아니 됨이니라, 사랑하는 나의 아
들딸들아!
15 나 여호와가 예수를 통하여 무어라 하
였느냐?
16 '무거운 짐을 진 자, 고통을 진 자, 나
에게 오라.' 그리하지 아니하였더냐?
17 모든 고통스럽고 힘든 것을 너희들에
게 가져오라 하여 너희들이 대신 짊어
지고 가야 할 자들이, 어렵고 힘들다
하여 그를 너희들이 던지려 하며 남
에게 넘겨주려 한다면 과연 그것이 되
겠느냐?
18 내가 사랑하는 나의 아들을 통하여 그
마음이 굳으며 160권의 법전을 세상
에 만들고자 하는 그 제자에게 내가
메시지를 내렸음이니,
19 너는 그 제자들에게 나의 뜻을 전하
여 그들의 마음을 다스리며 그들의 마
음이 하나가 되는 역사를 이루도록 그
리 전하라, 사랑하는 나의 아들아!

11,168 번째 하나님 말씀

2004년 5월 19일 13시 37분

1 사랑하는 나의 아들아!
2 "네, 아버님! 말씀하옵소서."
3 나의 아들을 따르는 제자들이요, 나의
새로운 성경을 읽고 깨우친 백성, 너
희들이 가장 중요하고 지금 지켜야 할
것이 무엇인 줄 알겠느냐?
4 나의 새로운 성경대로, 내가 너희들에
게 내린 그 메시지대로, 너희들이 그
모습대로 살아가는 것을 보여 줌이니
라.
5 그리고 그 모습대로 살아가는 것을 모
든 백성이 인정할 수 있는 그와 같은
삶이 얼마나 중요하고 귀한 줄 알겠느
냐?
6 그 모두가 답이 거기에 있음이니라.
7 너희들이 지금 살아가면서 얼마나 헌
신적이며 얼마나 열성을 다하며, 그리
고 나 여호와의 새로운 성경에 기록되
어 있는 그 내용대로 너희들이 살아가
느냐 하는 것, 그리고 그를 지키기 위
해 얼마나 충성스러운 마음으로 가느
냐,
8 그리고 얼마나 고통과 시련을 마다하

지 아니하며 잘못된 것과 타협하지
아니하고 가는 것, 그것이 가장 중요
함이니라.
9 너희들이 그와 같은 모습을 보여 주고
있을 때, 너희들 주변에 있는 너희 형
제들이 변화될 것이며 만백성이 변할
수 있기 때문이니라.
10 오로지 너희들이 변하는 모습을 보고
그들의 마음을 결정할 수 있으며, 또
만백성이 너희들을 따를 때 너희들을
보고 하나하나 너희들이 움직이는 걸
보고 그들이 마음을 정하기 때문이니
라.
11 그러니 지금의 모든 종교 집단들에게
그들이 버리고 거듭나는 그와 같은 삶
을 살아야 된다 내가 하는 것이니, 그
이유가 어디에 있는 줄 알겠느냐?
12 수천 년 동안 흘러오는 종교 집단의
지도자 그들이 매사에 형식적인 믿음
에 길들어져 왔으며 매사에 그저 형
식적인 삶으로써 외형적으로 보여 주
는 그와 같은 삶으로 살아왔음이니라.
13 그러니 나 여호와가 싫어하는 짓, 내
가 보기 싫어하는 그것만을 너희들이
역사한 그와 같은 삶이니, 이제는 너
희들이 형식적인 그와 같은 믿음이요,
가식적인 믿음을 중단하라 그리 전하
라.
14 모든 권위 위주인 그와 같은 믿음에
서, 너희들이 직접 뛰고 움직이는 그
와 같은 모습을 보여 주는 것이 지금
나의 아들을 따르는 그 백성들이요,
그 제자들이 해야 할 일임을 알아야
될 것이니라.
15 너희들이 형식적이요, 위압적인 것이
요, 외형적인 갖춰진 그와 같은 모습
으로써 나의 피조물 만백성을 통제하
고 다스리는 것이 아니라,
16 그저 소탈하고 소박한 너희들의 모습
으로써, 진실된 마음으로써 너희들이
대하며, 진실된 마음으로 사랑하는 그
와 같은 마음을 갖고 너희들이 모든
백성을 다스려 가도록 그리하라.
17 소탈한 모습, 온유한 모습, 그것이 너
희들이 가야 할 모습이라는 걸 잊지
말라, 사랑하는 나의 아들딸들아!

11,169 번째 하나님 말씀

2004년 5월 19일 13시 42분

1 사랑하는 나의 아들아!
2 "네, 아버님! 말씀하옵소서."
3 내가 너희들에게 완벽한 자 되며 하나
도 부족함이 없는 자들이 되어야 한다
말하는 그 뜻을 알겠느냐?
4 너희들이 완벽해야 함은 그러니라.
5 지금 새로운 씨를 뿌리며 새 싹을 너
희들이 뿌리고 있음이니, 그 씨가 잘
못되었으며 그것이 잘못 뿌려진다 하
면 모두가 다 무너지기 때문이니라,
사랑하는 나의 아들딸들아!
6 지금 내가 너희들을 통하여 심는 것이
무엇이더냐?
7 새로운 씨앗을 뿌리고 있기 때문이니,
너희들이 처음부터 썩은 씨앗이요, 잘
못된 씨앗을 뿌린다면 어찌 이루어지
겠느냐?
8 그러니 너희들이 마음을 다스리며 곱
게 전하는 것, 한 점의 부끄러움이 없
는 그와 같은 삶을 살아가도록 너희들

이 다스려져야만 열매를 거둘 수 있는
씨앗을 뿌리는 그와 같은 역사를 이루
는 것이라는 것을 절대 잊지 말도록
하라, 사랑하는 나의 아들딸들아!
9 지금의 믿음의 길을 오는 것, 수천 년
동안 흘러온 것이 무엇이 잘못되어 오
늘과 같이 험악한 세상이 되었으며 돌
이킬 수 없는 세상이 되었다 했더냐?
10 너희들이 처음에 첫 단추를 잘못 끼우
고 그 잘못 끼운 옷을 걸치고 있기 때
문에, 너희들이 수천 년 동안 일으킨
믿음이요, 너희들이 모두를 바쳐 온
것이 험악하게 되었으며 험악한 세상
이 되었음을 알아야 될 것이니라.
11 그러니 지금 너희들로부터 새로운 시
대요, 새 역사를 이루어 감이니, 내가
첫 씨앗을 뿌리는 것, 그와 같은 역사
가 바로 너희들이니라.
12 그러니 내가 새로운 씨앗을 뿌림에 있
어 너희들이 썩은 씨가 아니요, 싹을
터 열매를 맺을 수 있는 그와 같은 완
벽한 씨를 뿌려 그를 성장시키지 아니
하면 아니 되기 때문이니 그리 알라.
13 그리하여 이 중요한 역사의 시작이 얼
마나 귀하고 소중하면 내가 너희들에
게 고통스러운 짐을 벗어 버리지 말며
어렵다 힘들다 하여 등 돌리지 말고
참고 인내하고 그 길을 가라 하더냐?
14 너희들이 인내하고 참는 만큼 그 은혜
요, 영광이 반드시 있음을 알아야 될
것이니라.
15 사랑하는 나의 아들딸들아!
16 모든 지금의 믿음의 길을 가는 그 백
성들이 첫 단추를 잘못 끼웠으며 잘못
심었기에 오늘에 어떠한 형국이 이루
어지더냐?
17 너희들이 나의 뜻을 가르치는 곳이요,
내 진리를 가르치는 교회라는 곳, 그
리고 나로부터 선택받은 목자라는 자
들이 그를 운영하고 이끌어 가기 위하
여, 재물을 많이 바치는 자, 권력 있는
자가 있다면, 그의 비위를 건드리지
않으려고,
18 너희들이 그의 비위를 건드려 그가 나
오지 아니하면, 너희들의 교회요, 종
교 집단을 운영하는 그 재정이요, 경
제적인 고통을 생각해서 그들의 비위
를 거스르지 아니하며 그 비위를 맞
추려 하는 것이 너희들의 오늘의 추한
모습이 아니더냐?
19 그러니 너희들이 지금 나의 아들이요,
그를 따르는 제자들이요, 나의 새로운
성경을 읽고 깨우쳐 선생으로 나감이
니, 너희들도 지금의 종교 집단 지도
자들이 하는 짓을 그대로 따라 하려거
든 너희들이 그리하면 될 것이요, 그
렇지 않다면 너희들은 모든 나의 성령
이요, 진실이요, 내 뜻 앞에 어떤 것과
도 타협하고 협조해서는 아니 됨이니
라.
20 그리 너희들이 무너지며 그리 눈감아
가는 자가 되어서는 아니 됨이니라.
21 그리하여 너희들이 완벽해야 함이요,
완벽한 백성으로서 거듭나지 아니하
면 내 뜻을 이루어 역사할 수 없다는
것을 알라.
22 이제 사랑하는 나의 아들딸 너희들도
그 마음속에 과연 어려움이 있을 때,
너희들이 비진리와 타협하며 협조하
고 그저 덮어 주고 나가는 마음, 그리

고 나 여호와의 뜻이요, 내가 원하는
그 진리를 접어 두고 넘어가는 그와
같은 너희들의 속내는 과연 없는가,
너희들의 마음속을 들여다보도록 그
리하라, 사랑하는 나의 아들딸들아!
23 이제는 오늘 이후 너희들이 반성하며
바로 서는 지도자로서 최선의 노력을
다하며, 그 길을 가기 위해 너희들 스
스로 네 마음속은 어떠하며 네 생각은
어떠한가, 너희 자신을 들여다보며 너
희들 자신을 심판해 보는 그와 같은
시간을 갖도록 하라 그리 전하라.

11,170 번째 하나님 말씀

2004년 5월 19일 13시 44분

1 사랑하는 나의 아들아!
2 "네, 아버님! 말씀하옵소서."
3 너희들이 완벽한 나의 백성으로 거듭
나라 강조함이 무엇이더냐?
4 나 여호와는 이제 새로운 역사를 이루
니, 새싹을 맺을 수 있는 순수한 혈통
으로써 모두를 이어 가고자 하는 것이
내 뜻이요, 또 그와 같이 되지 아니하
면 아니 됨이니라.
5 그러니 너희들이 순결을 지키는 자와
같이, 바로 순결을 지키는 자보다도
더 아름답고 고운 마음으로 거듭나지
아니하면 아니 되며, 너희들이 제자리
를 지키지 아니하면 아니 됨이니라.
6 그러니 순결을 지키는 그와 같은 아름
다운 마음으로써 너희들이 깨우쳐 만
백성을 구하는 길을 가야 되는 것이기
때문에,
7 내가 오늘 완벽함을 원하며 너희들이
흐트러지는 모습이 있어서는 아니 된
다 하였음이니라.
8 너희들이 모든 백성들이 지고 가야 될
짐이요, 그들이 잘못 가고 있는 죄에
대한 것을 인식하지 못하는 것, 그 모
두를 너희들이 일깨워 주고 다스려 나
가야 되기 때문이니라.
9 그러나 오늘의 종교 집단의 지도자들
이 어찌 살아가는가?
10 저희들의 교회요, 성당이요, 회막을
운영하기 위하여 권력이요, 가진 자
앞에 타협하며 그리고 묵시적으로 그
와 같은 것을 동조하며 자연스럽게 그
들의 뜻을 따라가는 그와 같은 형태로
흘러감이니,
11 나 여호와의 참뜻이요, 내 진리는 묻
혀 버리며, 그 진리를 위하여 목숨을
바치고 충성을 다하며 모두를 바쳐 지
키고 가야 될 종교 지도자 그들까지도
저희들이 권력 앞에 재물 앞에 타협하
며 묵인하는 그와 같은 행동으로 가고
있음이니,
12 이것이 너희들이 얼마나 잘못된 것이
며, 오늘의 너희들이 나의 피조물 만
백성을 죽음의 벼랑으로, 지옥의 벼랑
으로 밀어 넣는 그와 같은 행위라는
것을 잊지 말도록 그리하라, 사랑하는
나의 아들딸들아!

11,171 번째 하나님 말씀

2004년 5월 19일 13시 47분

1 사랑하는 나의 아들아!
2 "네, 아버님! 말씀하옵소서."
3 나 여호와가 너희들이 거짓말하면 죽

음이요, 살인이라 했으며, 너희들이
농담의 거짓말도 하지 말라 하였음이
니라.
4 이제 나의 아들을 따르는 제자 너희들
도 또한 인간 세상에서 살아가면서 부
질없는 말재주요, 말장난을 해서는 아
니 됨을 알아야 될 것이니라.
5 너희들이 농담이요, 그 농담의 말재주
로 하여 부질없는 말을 세상에 전하도
록 하면, 너희들이 그를 하는 행위를
하고 산다면 아니 됨이니라.
6 농담의 거짓말을 하지 말라 했듯이 너
희들이 농담의 부질없는 쓸데없는 말
들이요, 그와 같은 것을 하여 시시비
비하지 말며, 남으로부터 너희들이 들
어서는 안 되는 이야기를 함부로 전하
지 말라.
7 그것을 너희들이 이제는 깨우쳐야 될
것이며 그와 같은 것을 닦고 가야 됨
이니라.
8 너희들이 말로써 모두를 유하고 부드
러우며 온유한 인간관계를 형성시키
는 것은 아니니라.
9 너희들 마음 자세가 온유하며 부드러
운 것으로써, 너희들이 쓸데없는 말로
써 말재주로써 말장난하는 것보다, 인
간관계에 신뢰를 쌓을 수 있으며 믿음
을 쌓을 수 있으며, 그와 같은 백성이
너희들을 보고 따를 것이며, 너희들의
그 가르침을 깊이 들어 저희 것으로
만드는 그와 같은 형국이 될 것이니라.
10 그러니 내가 너희들이 함부로 중언부
언하여 짜깁기하는 기도를 하지 말라
했듯이,
11 너희들이 쓸데없는 농담이요, 부질없
는 그와 같은 말장난을 하지 말도록
너의 제자들에게 엄히 다스리도록 그
리하라, 사랑하는 나의 아들아!

11,172 번째 하나님 말씀

2004년 5월 19일 13시 51분

1 사랑하는 나의 아들아!
2 "네, 아버님! 말씀하옵소서."
3 지금 나의 아들을 따르는 제자들이요,
그 백성들, 너희들 자신이 '나는 미비
한 존재요, 나는 무엇인가를 이룰 수
없는 존재라' 그리 너희 자신을 너무
낮춰 말하며 과소평가하는 그와 같은
마음 자세로써 세상을 살지 말라.
4 너희들이 얼마나 귀하고 소중한 나의
아들딸인지 알겠느냐?
5 그러니 너희들 자신이 미비한 존재라
절대 생각하지 말라.
6 너희들은 어떠한 시대에 어떤 인간이
세상에 태어났는지, 너희들이 태어나
는 그 자체도 얼마나 귀하고 소중한지
알겠느냐?
7 인간인 너희들이 어느 때에 태어났느
냐 하는 것, 그 자체도 중요하고 소중
한 것을 모르느냐?
8 그 자체가 얼마나 귀하고 소중한 것인
가를 너희들이 세월이 지나면 알게 될
것이니라.
9 지금의 모든 종교 집단의 지도자들이
사분오열되어 갈라지고 찢어진 그와
같은 오늘의 이 험악한 세상에, 내가
나의 아들로 하여금 세상에 내려보내
나의 아들을 통하여 나의 모두를 태워
새로운 성경을 세상에 내려보내니, 이

모두를 가지고 내가 이 험악한 세상을
통일하고자 하는 것이 아니더냐?
10 그러니 이 시대를 준비하여 나의 아들
을 세상에 내려보냈으며 이와 같이 역
사를 이루는 것임을 너희들은 알아야
될 것이니라.
11 그러니 역사라는 것은 무엇이더냐?
12 너희들이 태어난 시기와 때와 장소까
지도 얼마나 소중하고 귀한 것인지 알
겠느냐?
13 나의 아들을 따르는 너희들이야말로
이 세상에 태어날 때에 태어난 백성이
요, 그리고 태어날 장소에 태어난 것
이니, 너희들이 준비되지 아니한 것이
하나도 없는 백성이라는 것을 알라.
14 너희들이 태어나는 시기와 때와 장소
까지도 너희들에게는 얼마나 소중하
고 귀한 것인가를 다시 한 번 너희들
의 머릿속에 깊이 새기며,
15 나의 아들과 더불어 한 시대를 같이
살아갈 수 있도록 너희들이 선택된 자
요,
16 그리고 너희들이 나의 아들과 더불어
나의 새로운 성경이요, 만백성을 구하
는 이 법전을 만드는 데 선택된 그 모
두가 과연 얼마나 준비되며, 얼마나
오랜 역사 속에서 나의 계획에 의해
이루어졌는가?
17 그러니 너희들은 이 시대에 태어난
것, 이 시점에 태어난 것, 이 장소에
태어난 것, 너희들이 더불어 같이 가
는 것이 그냥 이루어진 것이 아니요,
모두가 준비된 것이니,
18 너희 자신을 미비하다, 너희들이 존재
가치가 없는 자요, 능력 없다는 말을
하지 말라, 사랑하는 나의 아들딸들아!
19 모든 개혁이요, 혁명은 어떠하던가?
20 그 시대가 요구할 때 그 개혁이요, 혁
명을 할 수 있는 지도자가 그 세계에
태어나 그가 있기에 모두가 이루어지
지 않더냐?
21 너희들이 인간 세상에 살아가면서 부
패한 정권을 넘어뜨리고 다시 세우며,
부패한 나라를 다스려 다시 세우며 썩
어진 나라를 다시 세우는 것, 무너지
는 그와 같은 나라를 다시 건국하는
것, 그건 무엇이더냐?
22 그 모두가 개혁이요, 혁명이니, 그 개
혁과 혁명이 필요할 때 그 시대에 그
와 같은 영웅이 태어나는 것, 그와 같
은 사람이 태어나는 것, 그것이 얼마
나 귀하고 소중한 것인지 너는 알겠느
냐?
23 그때에 그가 태어나지 아니하면 그를
할 수 없으며, 그가 태어날 때 그와 같
은 사회 환경이요, 세상의 흐름이 그
렇지 아니하면 그는 무가치한 사람이
되지 않더냐?
24 지금 사분오열되어 종교 집단의 지도
자가 물고 뜯고 헐뜯으며 하나로 이
룰 수 없는 이 시점에 나의 아들을 내
려보내며 역사하는 것,
25 거기에 같이 태어나 같은 시대에 살아
가는 것이 너희들이 얼마나 위대한 백
성이요, 선택된 백성들이던가?
26 너희 스스로 자책하지 말라 그리 전하
노라.

11,173 번째 하나님 말씀

2004년 5월 19일 13시 54분

1 사랑하는 나의 아들아!

2 "네, 아버님! 말씀하옵소서."

3 지금의 너희들이 이 시대에 태어나 나의 아들과 더불어 같이 감이니, 이는 바로 창조주 나 여호와의 뜻을 이루고자 하는 것, 거기에 너희들이 참여하는 자요, 그 반열에 서서 모두를 역사하는 것이니, 너희들이 얼마나 귀하고 선택된 백성들이요,

4 그리고 너희들이 나의 피조물 만백성을 구하는 선생으로서 선택된 명받은 자들이니, 그 사명이요, 그 대명이 얼마나 귀하고 소중한 자들인 줄 알겠느냐?

5 그러니 스스로 자책하지 말며 스스로 너희 자신을 비관토록 하지 말라, 사랑하는 나의 아들딸들아!

6 인간 세상의 재물이요, 부귀영화가 백사장에 하나의 모래알만도 못한 것이요,

7 너희들이 거듭나는 영광이요, 나 여호와의 은혜 속에 살아가는 그것을 너희들이 무엇과 바꾸겠느냐?

8 그러니 주저하지 말라.

9 너희들이 역사하는 것, 그 모두가 다 창조주 나의 뜻이요, 하늘의 뜻을 너희들이 역사하며,

10 더구나 인간 세상의 지도자요, 인간 세상의 선생이 아니라, 내 뜻을 가지고 만백성을 구하는, 하늘의 뜻을 가르치는 나에게 명받은 선생이요, 나로부터 임명장을 받은 너희들이라는 것을 알라.

11 그리하여 이 세상에 태어난 너희들이라는 것을, 그리고 내 명을 위하여 역사하도록 너희들이 정해진 백성이라는 것, 그리고 인간 세상의 선생이 아니요, 하늘의 선생으로서 너희들이 세상에 태어났다는 그 중하고 귀함을 받들어,

12 너희들 스스로 그와 같은 것을 가지며 그와 같은 생각 속에서, 너희들이 조심스러운 삶이요, 한 점의 부끄러움이 없는 그와 같은 삶을 살아가는 데 모두를 다 바쳐,

13 나 여호와의 은혜에 보답하는 길을 가도록 하라 그리 전하라.

11,174 번째 하나님 말씀

2004년 5월 19일 13시 56분

1 사랑하는 나의 아들아!

2 "네, 아버님! 말씀하옵소서."

3 나 여호와가 무수히 체벌하며 너희들을 혼냄이니, 그 체벌하는 이유는 내가 너희들을 사랑하고 있기 때문이니라.

4 사랑하고 있음을 너희들은 알아야 될 것이니라.

5 내가 너희들을 사랑함에 부족함이 없는 백성들이요, 내 뜻을 이루어 역사할 수 있는 백성이기에, 내가 너희들을 바로 세우고 바로 깨우치고자 체벌하며 혼냄이니,

6 너희들은 그를 섭섭하다 생각하지 말며 두려워하지 말라.

7 나는 너희들을 알고 있음이니라.

8 그리고 너희들이 그 모두를 역사할 수
있는 백성이기 때문이니라.
9 인간 세상에서도 너희들이 그 임무를
부여했을 때, 그 임무를 제대로 수행
하지 못할 자에게 체벌하며 꾸중하는
가?
10 그저 그대로 흘러가게 두는 것이니라.
11 그러나 너희들이 체벌로써 다스리며
가르침으로써 다스렸을 때, 그와 같은
변화될 수 있는 것이요, 능력 있는 그
릇이라면,
12 누구든 그를 다스리는 데 주저하지 아
니하며, 그 또한 냉혹한 것이 스승의
가르침이 아니더냐?
13 그러니 그와 같은 뜻이 여기에 있음을
너희들은 알라 그리 전하라.
14 임무를 명하는 것, 내가 너희들에게
명한 것을 모두를 행할 수 있는 자요,
역사할 수 있는 자들이기 때문에 나
로부터 꾸중을 받으며 나로부터 너희
들이 어렵고 힘든 그 훈련을 받으며,
15 오늘의 고통스러운 속에서 너희들 자
신을 성장시키는 그와 같은 훈련을 하
고 있다는 것을 알며,
16 이를 자부심을 가지며 이를 너희들이
두려워하지 말며 너희들이 영광과 축
복으로써 너희 것으로 만들도록 그리
하라, 사랑하는 나의 아들딸들아!

11,175 번째 하나님 말씀

2004년 5월 19일 18시 50분

1 사랑하는 나의 아들아!
2 "네, 아버님! 말씀하옵소서."
3 너희들이 세상에 살아가면서 너희들
이 어떠한 직급이요, 직책을 감에 의
하여 세상사에서 그 자격을 갖춘 자,
그 자격이 있는 자가 그 자리를 넘볼
수 있으며 그 자리에 오르고자 하는
것이 당연한 것이 아니더냐?
4 자격을 갖추지 못한 자가 그 자리를
넘보며 그곳을 가고자 한다면, 그는
이루어질 수도 없으며 갈 수도 없는
것이 아니더냐?
5 이제 내가 너희들에게 전하니, 지금
구원을 받고자 기도하고 몸부림치는
백성, 너희들은 구원을 받기 전에 먼
저 그 자격을 갖추는 백성이 되어야
함을 알아야 될 것이니라.
6 지금 수천 년 동안 흘러오는 그 세월
속에서 종교 집단의 지도자들이 가르
치고 그곳에서 배운 백성 너희들은 구
원을 받을 수 있는 그와 같은 자격이
갖춰지지 아니한 자들이요, 그 자격의
공부를 한 자가 아니라는 것을 너희들
은 알겠느냐?
7 그러니 너희들이 처음에 단추가 잘못
끼워졌으며 너희들이 오류가 오류를
남기는 그와 같은 세월이 흐르는 속
에, 지금의 세상을 너희들이 말세요,
도둑이 들끓는 곳이라 그리 말하며,
누구도 인간이 인간을 믿을 수 없는
이와 같은 세상이 되었다 하지 않느냐?
8 그러니 이와 같은 세상을 만든 백성이
요, 그 장본인들이 누구던가?
9 그와 같은 자들이 구원을 받으며 천국
에 오르며 나에게 오를 수 있는 그 자
격의 기준이 되어 있다 생각하느냐?
10 너희들은 자격의 기준이 되어 있지 아
니함을 알아야 될 것이니라.

11 인간 세상에서도 너희들이 모든 시험
에 응시할 때 거기에 자격을 갖춘 자
의 제한이 있음이니라.
12 자격을 갖추지 아니한 자가 과연 그
시험에 응시할 수 있으며 거기에 도전
할 수 있는가?
13 결코 도전할 수 없으며 그 역사를 이
룰 수는 없는 것이 아니더냐?
14 더욱이 하늘에 오르는 길에 자격을 갖
추지 아니하며 준비되지 아니한 자가
어찌하여 구원을 받으며 천국의 문을
들어설 수 있다 그리 말하느냐?
15 너희들이 지금까지 흘러오는 그 세월
속에 자격을 갖추는 기초적인 것을 다
스려 모든 준비의 과정을 거쳤더라면,
16 오늘의 이와 같은 세상은 되지 아니하
였으며, 인간이 인간을 두려워하며 인
간이 인간을 무서워하는 이와 같은 세
상은 결코 되지 아니하였을 것이니라.
17 그리하여 너희들이 그 자격을 갖추는
기본이요, 근본을 모르기에, 내가 나
의 아들을 통하여 160권의 새로운 성
경을 그 교과서를 내려보내니,
18 이제 너희들이 나의 새로운 성경을 접
하여 공부하며 깨우쳐, 하나하나 그
구절이요, 그 뜻을 너희들 것으로 만
드는, 거듭나는 그와 같은 삶을 살지
아니하면 아니 됨이니, 그리 전하도록
하라.
19 너희들이 나의 새로운 성경을 가슴에
안고 정독하고 또 읽어 나의 아들을
통하여 내리는 강론을 들어 너희들의
마음이 하얀 마음이 되며 하얀 눈과
같은 마음이 되었을 때,
20 그와 같은 백성이 구원을 논할 수 있
으며 구원의 길을 바랄 수 있으며 나
에게 구원의 기도를 드릴 자격이 있다
는 것을 알라.
21 그것이 바로 너희들의 자격이니라.
22 그러니 너희들이 지금 하얀 마음이요,
천사와 같은 그 마음을 다스리는 것은
오늘의 너희들의 깨달음이요, 오늘의
공부요, 너희들의 종교 지도자들이 내
리는 강론이요, 그 설교를 가지고는
너희들이 천사와 같이 하얀 마음이 될
수가 없다는 것을 알라, 사랑하는 나
의 아들딸들아!
23 그리하여 내가 너희들을 사랑하기에
나의 아들딸 너희들을 구원하기 위하
여, 지옥문 앞에서 너희들이 가지 않
으려고 몸부림치는 그 처참하고 불행
한 모습을 보지 아니하려고 내가 나의
아들을 통하여 160권의 새로운 성경
을 내려보내니, 너희들이 이걸 정독하
고 한번 읽어 보라.
24 그러고도 너희들의 마음이 변하지 아
니하거든, 나의 새로운 성경을 태워도
될 것이며 찢어도 말하지 아니할 것이
니라.
25 그러나 너희들의 마음이 변하며, 봄에
새싹이 올라오듯이 너희들 마음에 새
로운 생각이요, 새로운 삶이요, 그것
이 무럭무럭 자라거든 너희들은 그를
잘 키우면 되는 것이요,
26 그리하면 너희들이 하늘에 오를 수 있
는 길이요, 구원의 길을 볼 수 있으며
구원을 논할 자격이 있는 자들이 되느
니라.
27 그러니 나의 새로운 성경을 읽고 읽어
너희들이 정독하지 아니하면, 너희들

이 자격을 갖추지 못하는 그러한 삶이 라는 것을 명심하고 또 명심하도록 그 리하라.

11,176 번째 하나님 말씀

2004년 5월 19일 18시 52분

1 사랑하는 나의 아들아!
2 "네, 아버님! 말씀하옵소서."
3 사랑하는 나의 아들딸들아!
4 너와 나와 모두가 하나가 되어 너희들
이 지금까지 지고 온 작고 큰 죄, 모두
를 다 용광로에 녹이는 그와 같은 역
사를 하지 아니하겠느냐?
5 이제 내가 너희들을 사랑하며 너희들
을 깨우치고자 함이니,
6 사랑하는 나의 아들딸들아!
7 우리 모두가 다 같이 힘을 합쳐 너희
들의 작고 큰 모든 그 죄들을 용광로
에 집어넣어 모두를 녹여 버리는 그와
같은 역사를 하도록 그리하자.
8 그것은 너희들이 어찌해야 되느냐?
9 나의 새로운 성경을 읽고 정독하고 또
깨우쳐 그 이치를 알아야 될 것이며,
10 내가 나의 아들을 통하여 내리는 강론
을 너희들이 하나도 놓치지 말며, 그
를 들어 행하는 그와 같은 삶을 살지
아니하면 아니 되느니라.
11 그리하여 너희들이 그 강론을 들으며
나의 새로운 성경을 정독하여 힘차게
앞으로 나아가는 그와 같은 삶을 사는
백성으로서, 당당한 모습으로써, 너희
들이 구김살이 없는 모습으로써 살아
가는 그와 같은 삶으로 변할 때,
12 내가 너희들과 더불어 너희들의 작고
큰 그 모든 지은 죄들을 다 용광로에
넣어 그를 같이 녹일 수 있음이니,
13 우리 모두 힘을 합쳐 너희들의 그 작
고 큰 모든 죄를 용광로에 녹여, 너희
들이 나에게 올 때, 너희들이 하나도
부끄러움이 없는 그와 같은 백성으로
당당한 모습으로써 살아가기를 내가
바라느니라.
14 육의 세상의 작은 욕심이요, 그 마음
을 다스리지 못하여 너희들이 무너지
는 그와 같은 삶을 살지 말며,
15 나 여호와를 생각하며 미래를 생각하
고 너희들이 그와 같은 삶을 살아가도
록 그리하자, 사랑하는 나의 아들딸들
아!

11,177 번째 하나님 말씀

2004년 5월 19일 18시 58분

1 사랑하는 나의 아들아!
2 "네, 아버님! 말씀하옵소서."
3 사랑하는 나의 아들을 따르는 제자들
이요, 그리고 나의 새로운 성경을 읽
고 깨우친 백성, 그리고 믿음의 길을
간다는 백성, 너희들에게 내가 묻느니,
4 너희들은 과연 너희들 자신의 고통과
너희들이 소원하는 것, 너희들의 시련
이요, 무엇인가를 이루고자 하는 그와
같은 삶에서, 그것이 이루어지지 아니
하여 힘들 때, 너희 자신을 한탄하며
우는 백성이 되지 아니하면 결코 아
니 되겠느냐?
5 너희들 자신의 고통과 시련이요, 너희
들의 욕구를 위해 우는 백성이 되지
아니하면 결코 아니 되겠는가?

6 너희들은 그와 같은 우는 백성으로서
살아가야만 되겠느냐?
7 이제 사랑하는 나의 아들을 따르는 제
자 너희들은 들으라.
8 모든 종교 집단의 지도자 그들이 구
원이요, 저희들의 고통이요, 시련을
지우기 위해 울고불고하는 그와 같은
눈물을 흘리는 백성이 된다 해도, 너
희들은 그러한 눈물을 흘리지 말도록
그리하라.
9 사랑하는 나의 아들을 따르는 제자들
이요, 나의 법전을 읽고 깨우친 만백
성, 너희들이 울려거든,
10 예수의 고통과 나 여호와의 고통을 생
각하면서 눈물 흘리는 그와 같은 백성
의 깨달음의 경지에 오를 수는 없겠
느냐, 사랑하는 나의 아들딸들아!
11 결코 너희들은 견딜 수 없는 것, 그리
고 고통스러운 것, 그 모두를 집어던
지고,
12 오로지 나의 아들 예수의 죽음의 고통
과 나의 고통을 생각하면서 우는 그와
같은 백성이 될 수는 없고, 결코 그렇
게 설 수는 없느냐?
13 너희들이 바로 그와 같은 마음으로 사
는 것, 그와 같은 고통의 눈물을 흘리
는 것, 그것이 너희들의 깨달음이요,
너희들이 천사와 같이 되는 길이요,
내 뜻을 알 수 있는 길이기에 내가 너
희들에게 그리 말하는 것이니라.
14 그러니 너희들이 그와 같이 되는 자만
이 나의 뜻을 만방에 전할 수 있으며
만백성을 구할 수 있는 백성이니라.
15 하늘의 선생이요, 만백성을 구하는 전
사로서 너희들이 세상에 나가 내 뜻을
역사함이니, 너희들에게 그 고통이 따
르는 것은 당연하며 그 시련이 오죽하
겠느냐?
16 아무리 너희들이 고통스럽고 시련이
온다 해도, 너희들이 스스로 눈물을
흘리는 그와 같은 백성이 되지 말며,
17 나의 아들 예수의 죽음의 고통과 나
여호와의 아픈 마음을 생각하며, 나의
가슴 아픔을 너희들이 같이 느껴 우는
백성이 되어 줄 수는 없겠느냐?
18 수천 년 동안에 그 많은 나의 아들딸
들을 세상에 내보냈으나, 그들이 나의
집에 돌아오는 자가 없으니, 그 마음
이 얼마나 아프겠는가?
19 내 마음을 너희들이 들여다보며 우는
그와 같은 나의 아들딸로 거듭나기를
바라는 것이 나의 뜻이니라.
20 사랑하는 나의 아들아!
21 나의 아들 예수가 고통 속에서 피 흘
려 죽어 가며, 그가 죽어 갈 때 그 모
든 제자요, 그 백성들이 예수의 흘리
는 피를 닦아 준 자가 과연 누가 있더
냐?
22 살점이 찢어지며 목 타는 그 고통을
누가 알았으며, 물 한 모금 먹여 준 자
있으며 전해 준 자가 있다 하더냐?
23 그러니 너희가 나의 아들을 따르는 진
정한 나로부터 선택된 백성들이요, 그
리고 나의 뜻에 따라가는 너희들이야
말로 이제 너희들의 고통이요, 시련을
생각하기 전에,
24 나의 아들 예수의 피를 닦아 주는 그
와 같은 마음으로, 그리고 죽어 가는
나의 아들 예수의 갈증에 의해 목에
불이 나는 그 목에 불을 끌 수 있는 생

수 한 컵을 먹여 주는 백성으로서,
25 너희들이 그와 같은 마음이요, 그와 같은 생각이요, 그와 같은 자세로 살아갈 수는 정녕 없단 말이더냐?
26 너희들은 그와 같은 마음으로 살아가라.
27 이제 나의 아들을 따르는 제자들이요, 나의 새로운 성경을 읽고 깨우친 너희들은 무엇을 달라, 이루어 달라 소원하는 그와 같이 추하고 더러운 기도를 너희들 입에서는 나와서는 아니 될 것이며,
28 그리고 예수의 피로써 너희들이 죄 사함을 받았다는 나의 아들 예수를 울리고 울리는 그와 같은 행위를 너희들 입에서는 나와서는 아니 됨이니라.
29 모든 종교 집단이요, 믿음의 길을 가는 백성들, 그리고 돈을 주고 직급을 사 제 이름 앞에 붙인 자들, 그와 같은 자들이 무엇을 달라, 이루어 달라, 더 갖고자 소원하고 애걸복걸하는 그들이 추하고 더러운 짜깁기의 그 중언부언 기도를 하든 말든,
30 예수의 보혈로써 죄를 사했으며, 그 죄가 표백되어 저희 자손 대대로 죄가 아무것도 없다는 자들, 그들이 무어라 하든, 너희들은 나의 아들 예수를 울리는 그와 같은 기도 소리가 너희들 입에서는 나오지 아니하도록 그리하라.
31 그것이 너희들이 나를 고문하는 것이 아니요, 나의 아들 예수를 고문함을 알라 그리 전하라.

11,178 번째 하나님 말씀

2004년 5월 19일 19시 03분

1 사랑하는 나의 아들아!
2 "네, 아버님! 말씀하옵소서."
3 모든 종교 집단의 지도자들이 구원해 달라 울고불고한다 해도, 나의 아들을 따르는 선택된 백성 너희들은, 나의 아들을 따라 더불어 가는 너희들은 그리고 나의 아들의 제자요, 그리고 내가 선택한 너희들만큼은,
4 정녕 나의 뜻을 모르며 내가 역사하고자 하는 것을 모르며 내가 너희들에게 무엇을 원하는지 알지 못하며 깨닫지 못하는 그와 같은 너희들의 위치에서,
5 너희들이 구원해 달라, 무엇을 이루어 달라 하는 그와 같은 기도를 쉽게 할 수 없으며, 하지 아니해야 된다는 것을 너희들은 명심하고 또 지키도록 그리하라.
6 너희들이 그와 같은 기도를 하지 아니함을 아느니라.
7 그래도 너희들이 그와 같은 기도를 하고자 하는 마음을 가지고 있는 그 자체도 너희들이 나에게 기도하는 것과 같음을 알라.
8 사랑하는 나의 아들을 따르는 제자 너희들은 들으라.
9 나 여호와가 역사하는 뜻을 아무것도 모르면서 구원해 달라, 이루어 달라 울고불고하는 그와 같은 자들이 얼마나 어리석은 자들인 줄 알겠느냐?
10 그러니 그들이 어떠한 기도를 하든 중언부언하든 그것에 관계치 말라.
11 다만 나의 아들을 따르는 선택된 백성

너희들은 나에게 구원을 받으며 무엇
을 이루고자 하는 것이 아니라,
12 너희들이 먼저 나의 뜻과 내가 내리는
구약과 신약과 새로운 성경의 뜻을 깨
우칠 수 있는 지혜를 달라 기도하고
경배하는 그와 같은 마음으로써 너희
들은 기도해야 되는 것이며,
13 그것이 너희들이 먼저 바라는 마음이
되어야 한다는 걸 알라 그리 전하라.
14 나 여호와가 역사하고자 하는 것, 내
가 이루고자 하는 것, 내가 행하는 것
을 알고자 하며 내 뜻을 알아야 너희
들이 구원을 받을 수 있는 것이요, 구
원해 달라는 기도를 할 수 있는 것이
지,
15 내가 역사하는 것, 내가 원하는 것, 내
가 이루고자 하는 것을 아무것도 모르
는 자들이,
16 너희들이 구원을 해 달라는 그와 같은
것이 얼마나 잘못된 망발이며, 얼마나
너희들이 허황된 짓을 하고 있는지 알
겠느냐?
17 그러니 나의 아들을 따르는 제자 너희
들은 내 뜻을 알며 내가 역사하는 것
을 먼저 깨우치라.
18 그리고 너희들이 그와 같은 뜻을 모르
거든 나 여호와에게 경배하며 나의 뜻
이요, 내가 역사하는 그 깨달음의 지
혜를 달라 너희들이 매달리고 기도하
고, 경건한 마음으로 그 답을 기다리
는 것이 먼저임을 알라 그리 전하라.
19 내가 이루고자 하는 뜻을 알려 달라는
그 지혜요, 그 지혜를 얻기 위하여 눈
물을 흘리는 기도를 드리는 것이 너희
들이 해야 할 일임을 알라.
20 나의 뜻을 알고 이해하지도 못하는 자
들이 어찌 구원이요, 구원을 받았다
그리 말하는가?
21 그러니 그 소원이요, 그 모두가 이루
어지겠느냐?
22 나를 모르면서 나에게 무엇을 원하지
말라.
23 상대방의 의중을 모르면서 그가 가지
고 있는 재물을 너희들에게 내놓으라
하면 과연 그가 내주겠느냐?
24 그 마음이요, 그가 어찌하여 너희들에
게 베풀 것이며 어찌 너희들에게 역사
할 것인가를 그 의중이요, 그 뜻을 알
고 너희들이 그것을 바라는 것이요,
그와 같이 역사하는 것이 너희들이 이
루어질 수 있는 것이 아니더냐?
25 더욱이 너희들이 구원이요, 하늘에 오
르는 것을 그저 제 마음대로 간단하게
그리 생각하는 어리석은 백성들,
26 그러기에 너희들이 내가 원하는 것,
내가 이루고자 하는 것, 내가 행하고
자 하는 것, 내가 바라는 것, 그와 같
은 것은 알려 하지도 아니하며, 그것
은 알지 못하고, 무조건 구원해 달라,
구원을 받았다 그리 말하는 그 어리석
은 백성들에게 이 대목을 깨우쳐 주라.
27 그러니 너희들은 내 뜻을 알 수 있는
지혜를 내려 달라 조용히 눈을 감고
기도하면, 내가 그를 들을 것이니라,
사랑하는 나의 아들딸들아!
28 그것이 너희들의 기도의 우선이요, 너
희들의 바람의 우선이요, 너희들의 모
두를 다 바쳐 구하고자 해야 하는 것
이 그것이 우선이라는 것을 그들에게
전하라.

11,179 번째 하나님 말씀

2004년 5월 19일 19시 19분

1 사랑하는 나의 아들아!
2 **"네, 아버님! 말씀하옵소서."**
3 지금의 종교 집단의 지도자, 그리고
맹종 맹신하는 그 신도들, 너희들이
설교요, 기도를 들으면서 무어라 하는
가?
4 너희들이 기도와 설교를 들을 때, '아
멘, 아멘!' 하며 그리 부르짖으며 목청
높여서 그를 찾느니라.
5 그러니 너희들이 '아멘'의 의미가 무
엇이며 '아멘'의 그 뜻은 무엇이더냐?
6 진실하다는 것이며 소원한다는 의미
가 아니더냐?
7 그리고 그것은 나 여호와의 진실한 뜻
이기에 너희들은 그를 믿는다 그리하
는 뜻이 아니고 무엇이더냐?
8 그러니 너희들은 여기서 깨우쳐야 될
것이니라.
9 종교 지도자가 바로 서지 못하며 그
설교요, 그 기도의 내용이 너희들 인
간 교리요, 인간 생각에서 짜깁기하여
중언부언하는 그와 같은 내용이라면,
10 과연 너희들은 거기에게 '진실하다,
그리고 내가 믿는다, 그리고 나는 그
것이 하나님 뜻대로 진실이기에, 여호
와 하나님의 뜻이기에 그대로 이루어
지기를 믿는다.' 그와 같은 생각에서
너희들이 '아멘, 아멘!' 그리 부르짖는
다면 과연 너희들은 어찌하겠느냐?
11 그러니 진실이니 그대로 믿고 그대로
이루어지기를 소원하는 너희들의 그
간절한 마음에서 '아멘!'이요, 그리 찾
으며 눈물을 흘리지 않느냐?
12 그러니 사랑하는 나의 아들딸들아!
13 그 단상에 서서 지도하고 가르치는
자, 그 백성들이 나의 뜻과는 전혀 관
계없는 그와 같은 설교요, 기도를 하
고 있다면,
14 내 뜻이 무엇인지, 내가 역사하고자
하는 그 의미도 모르고 그들이 그리하
는 것을 너희들이 그저 기다렸다 '아
멘, 아멘!'하고 부르짖는다면,
15 과연 그 '아멘'의 의미가 어디에 있으
며, 너희들은 무엇을 원하며, 어떠한
길을 간다고 부르짖는 것이더냐?
16 그러니 내가 너희들에게 말하여 전했
느니라.
17 종교 지도자는 한 점의 부끄러움이 없
는 자요, 곧고 바로 서는 자, 그리고
마음이 아이처럼 곱고 천사와 같은 마
음이 아니면 그 단상에 설 수 없다 하
지 않더냐?
18 내가 너희들에게 무어라 말하였느냐?
19 그리하여 너희들이 성서를 공부하는
것, 그 모두는 종교 지도자를 보고 가
는 것이 아니요, 그를 보는 것이 아니
라, 너희들은 나 여호와의 성령의 뜻
을 보고 공부하러 간다 그리 말함이니,
20 그 말의 의미가 무엇이라 내가 너에게
말했느냐?
21 사랑하는 나의 아들아!
22 너희들이 종교 지도자를 보고 가는
것이 아니라는 그와 같은 말을 한다
면, 그 종교 지도자는 이미 자격 미달
이요, 자격이 없는 자를 보고, 자격이
안 되는 자에게 너희들이 공부하러
가는 자들이라 하지 않느냐?

23 너희들이 말로써 그 자격 없는 자가
가르치고 자격 없는 자가 말하는 것을
믿고 '아멘, 아멘!' 부르짖음이니, 그
것이 무엇이더냐?
24 참진리요, 나의 뜻이 아닌 것을 가지
고 너희들이 가르치는 것은 사탄의 뜻
을 역사하는 것이요, 사탄을 기쁘게
하는 그와 같은 행위가 아니더냐?
25 그러니 너희들이 거기에 울부짖으며
'아멘, 아멘!' 그리한다면, 과연 이를
어찌 생각해야 될 것인가, 각자 너희
들이 한번 깨우쳐 보는 시간을 가져야
될 필요성이 있음이니라, 사랑하는 나
의 아들딸들아!
26 이제는 너희들이 깨달아야 되느니라,
그리고 너희들이 깨달아 자유의지에
의해 모두를 역사함이니, 네 스스로
모두를 역사하고 바로잡아 나가지 아
니하면 아니 됨을 너희들은 알아야 될
것이니라.
27 진실 속에 거짓이 있어도 아니 되는
것이며, 거짓 속에 또한 진실이 일부
있다 해도 '아멘, 아멘!' 그리 너희들
이 눈물겨운 마음으로써 그리 부르짖
을 수는 없는 것이니라.
28 그러니 너희들이 그 한마디의 말의 뜻
이 무엇이며, 너희들이 과연 강론을
할 자격이 있으며 설교할 자격이 있는
자의 설교를 듣고 기도 소리를 듣는
가, 스스로 너희들이 깨우쳐야 될 것
이니라.
29 정녕 나 여호와의 뜻이요, 내가 역사
하는 것이 아니라면, 너희들이 그 뜻
을 같이 가고 이루겠다는 것은 너희들
이 사탄이요, 지옥 불로 가는 것을 원
하며 앞다투어 가고자 하는 그와 같은
자들이 아니고 무엇이란 말이더냐?
30 사랑하는 나의 아들딸들아!
31 내가 너희들에게 왜 이와 같은 뜻을
전하겠는가?
32 이 모두가 너희들이 깨우쳐야 되며 너
희들이 들여다봐서 평가할 문제이니
라.
33 너희들이 잠깐 가던 발길 멈추며 조용
히 생각하고 깨달아 보면 모든 답을
거기에서 쉽게 얻을 수 있는 것을, 어
찌하여 너희들이 그 지혜를 얻지 못한
단 말이더냐?
34 사랑하는 나의 아들딸들아!
35 너희들이 종교 지도자가 설교를 하며
그 기도를 함이니, 그 모두가 너희들
은 무엇 때문에 '아멘!'이라 하느냐?
36 나에게 영광을 돌리는 기도요, 나에게
영광을 돌리는 너희들의 가르침이요,
설교이기 때문에 '아멘, 아멘!' 그리하
지 않느냐?
37 이는 진정한 하나님의 뜻이요, 창조주
아버님의 뜻이기에, 너희들에게도 그
와 같이 이루어지기를 바라며, 너희들
이 소원하는 대로 역사하기를 기다리
고 기다리는 간곡하고 간곡한 마음에
서 너희들이 눈물지으며 '아멘!'이라
부르짖지 아니하느냐?
38 그러나 나의 사랑하는 아들딸들이 부
르짖는 그 소리가 나와 관계없으며,
나에게 들리지 않는 소리며, 나와 맞
지 않는 소리며, 내가 원하지 않는 그
와 같은 행동이라면, 과연 이를 어찌
한단 말이더냐?
39 내가 너희들을 다스려야 되겠느냐, 너

희들이 스스로 깨우쳐 바르고 고운
그 길을 위하여 거듭나는 그와 같은
삶을 살아야 되겠더냐?
40 이 모두는 너희들의 자유의지에 달렸
음이니라, 사랑하는 나의 아들딸들아!
41 그러니 너희들은 들으라.
42 그와 같은 자들이 내 뜻이요, 내가 역
사하는 것이요, 내가 원하는 것이 아
니면 나의 모든 뜻을 거역하는 것이
요, 그 모두는 내 뜻을 너희들이 능멸
하는 죄를 짓고 있음이니라.
43 내가 왜 종교 집단의 지도자들에게 그
와 같이 잘못된 것이요, 잘못 가르치
며 그들이 왜 제대로 깨우치지 못한다
하는 줄 알겠느냐?
44 그들은 욕심이요, 인간의 그 모든 것
을 제 마음의 바탕에 깔고 있기 때문
이니라.
45 그리고 그 모두가 다 저희들이 나 여
호와의 뜻을 위하여 역사하는 것이 아
니요, 저 자신의 명예요, 저 자신이 완
벽하게 제자리를 지키며 제왕적인 자
리를 지키고자 하는 그와 같은 마음속
에서 그들이 강론을 하며 지도자라 나
서 있으며,
46 저희들이 믿음의 길을 가는 길도 저
자신을 확고히 하고자 하는 그와 같은
마음이 먼저 앞에 있는 자들이니,
47 그리하기 때문에 그들이 그와 같은 마
음속에서 모두를 역사하니, 그들이 볼
수 없으며 깨달을 수가 없는 것이니,
48 모두가 다 장삿속으로 전락되어 있음
을 너희들은 알라.
49 너희들이 그 행동에서 거듭나지 않는
자, 다시 뒤돌아보지 아니하는 자, 그
와 같은 깨달음을 얻지 않는 자, 결코
나에게 오를 수 없음이니라.
50 그러니 '아멘!' 울부짖는 소리요, 그
설교와 기도를 들을 때 너희들이 하는
그 말이 과연 무엇을 위하여 무엇을
찾아 하는 것인가, 한 번쯤 너희들이
깨우쳐 보고 생각해 볼 때가 되지 아
니하였더냐, 사랑하는 나의 아들딸들
아!

11,180 번째 하나님 말씀

2004년 5월 19일 20시 39분

1 사랑하는 나의 아들아!
2 "네, 아버님! 말씀하옵소서."
3 인간 세상에 너희들이 살아가면서 어
떠한 자리를 지키고 지도자요, 또는
모두를 다스리는 사람으로서 그 자리
를 지킬 때, 너희들은 그 자격이 갖추
어져야 되며, 그 자격이 갖추어진 자
만이 그 자리를 지킬 수 있는 것이 아
니더냐?
4 나에게 오르며 구원을 받고자 하는 그
와 같은 백성 너희들은 지금 구원을
받았다, 구원을 해 달라 울고불고 그
와 같은 기도를 하는 것이 아니요,
5 너희들이 나 여호와의 뜻이요, 내가
내리는 성령이요, 내 말이요, 내 뜻을
알아들을 수 있는 지혜요, 그 자격을
갖출 수 있는 지혜를 달라 기도하며
그를 바라는 것이 너희들이 먼저 급선
무며 우선이라는 것을 알도록 그리하
라.
6 더욱이 하늘에 오르겠다는 그 백성들
이 자격이 갖추어지지 아니하며 준비

되지 아니한 자가 울고불고한다고 해
도, 너희들이 하늘에 감히 오를 수 있
으며 구원을 받을 수 있다 생각하느냐?
7 인간 세상에서도 자격을 갖추지 아니
한 자 그 자리에 앉지 못하며, 그와 같
이 너희들이 선발의 기준에 미달되는
자는 선발의 장소도 나올 수 없는 것
이 인간 세상에 너희들의 하나의 삶의
법도이거늘,
8 하늘에 오르고 못 오르는 그것이 너희
들이 자격을 갖추지 아니한 자 감히
올라올 수 있으며 은혜를 받을 수 있
다 생각하느냐?
9 너희들은 자격을 먼저 갖춰야 됨이니
라.
10 이제 나의 아들을 따르는 제자 너희들
은 들으라.
11 나의 새로 내리는 성경이 바로 너희들
이 하늘에 오르는 자격의 기준 그 모
두가 기록되었으며, 너희들이 자격을
갖출 수 있는 것이 나의 새로운 성경
이요, 이를 읽고 정독하는 자 그 자격
을 갖추게 됨이니 그리 알라.
12 너희들은 인간 세상에 살아가면서 아
무리 어렵고 힘들다 해도 나의 새로운
성경을 절대 놓지 말며 절대 버리지
말도록 그리하라.
13 이보다 더 귀하고 소중한 것이 없음을
너희들은 알아야 될 것이니,
14 너희들이 이를 버리고 이를 놓고는 영
원히 나를 볼 수 없으며, 영원히 사는
나의 나라에 오를 수 없다는 그 무서
움과 두려움을 알라.
15 너희들은 어떠한 환경이요, 어떠한 어
려움이 있다 해도 이를 놓아서는 아니
될 것이니 그리 알라.
16 이를 놓지 아니하는 자만이 나에게 오
를 수 있으며, 너희들이 어렵고 힘들
다 하여 나의 새로운 성경을 놓는 자,
자격이 박탈되는 것이며 자격이 상실
되는 자이니, 너희들은 그와 같은 자
라는 것을 절대 잊어서는 아니 될 것
이니라.
17 그러니 너희들은 어떠한 환경에 있다
해도 나의 성경을 놓지 말며 이를 꼭
가슴에 안고 살아가는 그와 같은 백성
의 삶으로 살라.
18 그리했을 때 너희들이 지옥문 앞에 가
몸부림치며 거기를 들어가지 아니하
려 하여 울고불고하는 네 모습이 아님
을 너희들은 알게 될 것이니 그리 전
하라.

11,181 번째 하나님 말씀

2004년 5월 20일 07시 34분

1 사랑하는 나의 아들아!
2 "네, 아버님! 말씀하옵소서."
3 너희들이 살아감에 있어서 진실된 것,
그리고 진실된 마음이요, 진실된 행동
으로써 살아가는 것이 얼마나 귀하고
소중한 것인가를 알아야 될 것이니라.
4 진실된 것은 세월이 지나도, 그리고
어떠한 역사의 흐름이 있다 해도, 그
는 변하지 아니하며 그는 바뀌어지는
것이 아님이니라.
5 그러니 믿음의 길을 가는 백성들이요,
나에게 오고자 경배하는 백성, 그리고
나의 새로운 성경을 읽고 깨우친 백
성, 너희들은 진실된 마음의 심지가

없이는 아무것도 이룰 수 없음을 알아
야 될 것이니라.
6 모든 믿음의 길을 가는 백성들이 지금
나를 경배하며 나를 위하여 기도하고
믿고 간다 하나, 그 마음의 진실됨이
과연 얼마나 뿌리를 내리고 있는가?
7 너희들이 다 형식적이요, 지나가는 그
와 같은 것으로써 믿음의 길을 가는
백성들은 과연 아닌가?
8 지금 진실한 마음이요, 참진리의 길을
가고자 하는 자는 이 세상에서 뿌리를
내리며 발을 붙일 곳이 없느니라.
9 모든 종교 집단 속에서도 너희들이 나
의 뜻을 깨우치며 하늘의 뜻을 깨달아
바로 가고자 하는 자, 진실되게 가고
자 하는 자는 설 자리가 없으니,
10 진실된 마음으로 살아가는 것이 이 세
상의 삶이거늘, 그 진실된 자들이 발
을 붙이며 진실된 자들이 일을 할 수
없는, 그리고 내 뜻을 역사할 수 없는
이와 같은 세상이 되었다면 과연 너희
들은 무엇이더냐?
11 기초요, 근본에서부터 잘못된 것이며,
시작할 때부터 너희들이 나의 뜻에 의
하여 역사하는 것이 아니라, 인간의
복음이요, 인간의 교리를 위하여 시작
하는 자니,
12 그것이 멀고 멀고 길고 긴 세월이 흐
르고 흐름에 따라서 너희들이 나와는
관계가 없이 멀어지는 그와 같은 형국
으로 벌어지게 되어, 오늘의 이와 같
이 돌이킬 수 없는 길이 되었음을 너
희들은 알아야 될 것이니라.
13 이제 나의 아들을 따르는 제자들이요,
그리고 나의 법전을 읽고 깨우친 백
성, 너희들은 하나부터 열까지 모두를
진실된 행동이요, 진실된 마음으로써
행하도록 그리하라.
14 진실이 아닌 너희들이 거짓된 마음이
요, 위장된 마음에서 이루어지는 것은
모두가 다 나와 관계없는 일이요,
15 그리고 그것은 하늘의 뜻이요, 이치를
따를 수 없으며 하늘에 오르는 길을
볼 수 없으며, 나의 음성을 들을 수 없
으며 내가 내리는 모든 것을 너희들은
들을 수도 없고 볼 수도 없는 그와 같
은 형국이 되기 때문이니라.
16 이제 너의 제자들이 깨우친 경지가 있
으며 깨달음이 있으며, 그리고 나 여
호와의 뜻을 알아들을 수 있는 그와
같은 백성들이니,
17 이제는 진실된 마음으로 살아가도록,
본인이 한 점의 부끄러움이 없는 진실
된 마음으로 다스려 진실되게 살아가
는 데 모두를 다 바치도록 그리 전하
라.

11,182 번째 하나님 말씀

2004년 5월 20일 07시 39분

1 사랑하는 나의 아들아!
2 **"네, 아버님! 말씀하옵소서."**
3 나의 사랑하는 백성 너희들이 말로는
구원이요, 그리고 구원이라는 것은 무
엇과도 바꿀 수 없으며, 너희들이 사
는 모든 삶의 목표가 구원이라 그리
말하느니라.
4 그러나 너희들은 지금의 살아가는 그
형국이 과연 어떠한 것인 줄 알겠느냐?
5 말로써는 너희들이 그리하나 진정한

구원이요, 하늘의 뜻에 의하여 살아가
고자 하는 백성이 없음을 너희들은 알
아야 될 것이니라.
6 너희들이 지금 살아가면서 이 세상의
삶에서 부귀와 영화를 누리는 것으로
써 너희들은 그를 바라는 것이며,
7 그것이 너희들이 영원히 사는 구원의
나라에 오는 것, 거듭나는 그와 같은
영광이요, 그보다 더 소중한 삶을 이
지상의 삶에 맞춰 살아가는 것이 나의
피조물 만백성 너희들이니라.
8 더욱이 믿음이요, 신앙이라는 그 길이
너희들이 말로써는 그리하나, 지금 이
세상에서 너희들이 영화를 누리기 위
해 모두를 살아가는 것이요,
9 믿음이요, 신앙도 또한 거기에 모두가
맞춰져 있는 것이 너희들의 형국이니
라.
10 너희들은 죽어서 구원보다는 지금의
영화를 소원하는 것이 지금의 신앙인
들이요, 그리고 믿음의 길을 간다는
백성들이니라.
11 그리고 지금 너희들이 더 바라고 소원
하고 소망하는 것이 바로 인간 세상에
부귀와 영화를 누리는 것이니라.
12 그러니 왜 믿음의 길을 가는 백성들이
그러한 형국으로 흘러왔는가?
13 너희들이 수천 년 동안 믿음의 길을
오면서 지도자들의 자세를 보았으며,
그리고 너희들이 성서의 내용이요, 그
가르침을 들어왔으며, 그들이 행하고
살아가는 모두를 보았느니라.
14 그리고 너희들이 재물을 바치며 또한
헌금이요, 각종 모두를 바쳐 교회를
짓는 것, 그리고 성당을 짓는 그와 같
은 생활 속에서 너희들은 봐서는 아니
되는 것, 그리고 행해서는 아니 되는
것을 보며,
15 그런데도 너희들이 구원은 받아야 될
것이며 나에게 오르고자 하느니, 이리
할 수도 저리할 수도 없어 너희들이
눈감아 가는 그와 같은 오늘의 믿음으
로 왔기 때문에,
16 너희들이 죽어서 결국 나에게 오는 천
국에 온다는 것, 그리고 천국에 너희
들이 갈 수 있다는 그 확실한 보장이
없으며, 너희들의 마음이 이미 흔들려
져 있으며 너희들의 마음에 이미 공백
이 생겼기 때문이 아니더냐?
17 사랑하는 나의 백성들아!
18 너희들이 정녕 천국에 올 수 있으며
구원을 받을 수 있는 그 확신이 있다
면,
19 너희들이 오늘의 삶에 인간의 부귀영
화요, 인간 세상의 부귀영화를 위하여
너희들의 모두를 바치는 그와 같은 삶
은 결코 아닐 것이니라.
20 사후의 세계에 너희들이 거듭나는 세
상을 위하여 모두를 다 바치고 살아갈
것이나, 지금의 너희들이 자신을 못
하며 확신이 없으며 보장을 받지 못하
는 것이 아니더냐?
21 모든 종교 집단 지도자 그들도 그러하
니라.
22 말로써는 죽어서 천국에 가는 것이 영
화요, 행복이라 하나,
23 저희들이 막상 죽을병에 걸렸을 때 기
도원이요, 각종 능력 있는 자를 찾아
가 더 살게 해 달라 소원하고 비는 것
이 너희들의 마음이니,

24 그와 같이 너희들이 이중적인 마음을
가지고 지금의 모든 믿음이 흘러왔으
니, 그 모두가 형식적이요, 말로만 믿
음의 그와 같은 형국이 되어 너희들이
그 길을 왔음을 부정할 수는 없을 것
이니라.
25 그러니 내가 나의 아들을 통하여 나의
아들을 따르는 제자들이요, 나의 새로
운 성경을 읽고 깨우친 백성, 너희들
에게 진실된 마음으로 살아가라 함은
너희들이 진실된 믿음으로써 그 믿음
의 길을 가라 함이니라.
26 사랑하는 나의 아들딸들아!
27 너희들이 지금까지 흘러온 모든 역사
를 뒤지며 거기에 울고불고하는 것보
다도,
28 단 하나를 너희들이 깨우치더라도 나
의 아들 예수의 고통이 무엇이며, 나
의 아들 예수가 이루고자 하는 것이
무엇이며, 오늘의 나의 아들의 그 고
통을 너희들이 알고자 하는 그와 같은
마음 하나만 갖고 연구하고 공부해도,
너희들이 오늘과 같은 그와 같은 것으
로써는 갈 수가 없었을 것이니,
29 그러니 너희들이 나의 뜻이요, 참진리
를 하나도 제대로 연구하고 본 것이
없는 오늘의 흔들리는 신앙이요, 너희
들이 가서는 아니 되는 그와 같은 믿
음의 길을 가고 있다는 것을 알라 그
리 전하라.

11,183 번째 하나님 말씀

2004년 5월 20일 07시 44분

1 사랑하는 나의 아들아!
2 "네, 아버님! 말씀하옵소서."
3 너를 따르는 제자들이 세상 속에서 살
아감이니, 하루에도 수백 번 수천 번
씩 너희들이 무너지며 또 깨지는 그와
같은 삶을 살지 않느냐?
4 그래도 너희들이 나의 성전에 와 나의
아들을 통하여 내리는 강론을 듣고 공
부를 할 때, 그때에 너희들의 마음이
그나마 가장 깨끗하고 아름다운 마음
이 아니더냐?
5 사랑하는 나의 아들을 따르는 제자 너
희들은 나의 성전에 와 강론을 들으며
공부를 할 때의 그 깨끗한 마음처럼,
항상 그러한 마음 자세로 결코 살아갈
수는 없겠더냐?
6 너희들이 그와 같은 삶을 살아서 나에
게 올 수 있는 그 길을 보는 그와 같은
길을 역사하지 아니하면 아니 되는 것
이 너희들이라는 것을 명심하도록 그
리하라.
7 사랑하는 나의 아들딸들아!
8 너희들이 나의 성전에 와 공부하며 강
론을 들을 때 그 깨끗하고 순수한 마
음이, 강론이 끝나고 돌아서면서 무너
지고 부서지는 그와 같은 너희들의 마
음이 되어서는 결코 안 되느니라.
9 나 여호와가 너희들과 항상 같이 있고
자 하며, 그러니 내가 너희들과 같이
할 수 있는 것은, 너희들이 나의 성전
에 와 공부하고 강론을 들을 때처럼
그보다 더 깨끗하고 더 아름다운 마음
자세가 되었을 때 내가 너희들에게 임
할 수 있음이니,
10 너희들이 강론을 듣는 그 깨끗한 마음
이 나오자마자 무너지고 깨지는 그와

같은 형국이 되며 부서지는 그와 같은 너희들의 마음이 되어서는 아니 되느니라.
11 나 여호와는 그와 같은 백성들과 같이 할 수 없으며, 항상 내가 너희들과 더불어 있을 수 없음이니라.
12 파도가 바위에 부딪혀 부서지는 것처럼 천 갈래 만 갈래 흔들리는 마음이요, 갈라지는 그 마음속에는 내가 너희들과 정녕 같이할 수 없음이니 그리 알라.
13 그리하여 내가 너희들과 항상 같이할 수 있는 그 깨끗한 마음으로써 너희들이 정녕 살아갈 수는 없겠느냐?
14 사랑하는 나의 아들딸들아!
15 정직하며 그리고 한 점의 부끄러움이 없는 삶을 살고자 노력하는 그와 같은 백성을 나는 사랑하며, 그와 같은 백성을 내가 기다리고 있음을 너희들은 알아야 될 것이니라.
16 이제는 너희들이 그래도 나의 성전에 와 강론을 듣고 공부를 할 때가 가장 깨끗한 마음이니, 그보다 더 곱고 아름다운 마음으로 너희들이 성장해야 됨이니,
17 너희들이 어찌 살아가야 되는 것인가를 알아 스스로 행하도록 그리하라.
18 나의 아들에게 와 강론을 듣고 나의 새로운 성경의 그 뜻을 들은 너희들이, 나갈 때 너희들의 그 마음을 꼭꼭 네 가슴에 심어, 너희들이 어떠한 형태에도 부서지지 않고 무너지지 않는 그와 같은 훈련을 거듭하고 거듭하는 삶을 살도록 그리하라, 사랑하는 나의 아들딸들아!
19 이 세상의 승자는 너희들이라 하였음이니라.
20 너희들의 오늘의 고통이요, 그 시련은 너희들이 나에게 얼마나 위대한 영광이요, 축복이요, 은혜를 받는 것인가를 너희들이 나에게 왔을 때 안다 하였음이니, 그리고 내가 특별히 너희들에게 언약한 것이 무엇이더냐?
21 너희들이 살아서 내가 모든 역사하는 것을 볼 수 있다 내가 하였음이니,
22 나의 아들 예수에게도 내가 그와 같은 말을 하지 아니하고 그 백성들에게도 전하지 아니하였음이니라.
23 그것이 바로 마지막 시대와 중간의 시대의 그 차이점이라는 것을 너희들은 어찌 깨우치지 못하더냐?
24 나의 아들 예수를 통하여 내가 그와 같은 약속을 너희들에게 한 것이 없음이니라.
25 그러나 지금 마지막 시대에 나의 아들을 통하여 내가 역사하고 이루는 것, 그리고 나의 성경이 세상을 덮는 그 모두를 너희들이 볼 수 있으며, 실천할 수 있으며, 그 모두를 역사할 수 있다 하였음이니,
26 이것이 마지막 시대에 나 여호와가 직접 역사하는 것이요, 그리되지 아니하면 이것이 마지막 시대가 아니기 때문이니,
27 너희들은 그 모두를 볼 수 있는 시대에 태어났으며 그 모두를 볼 수 있는 백성이니, 너희들이 승자이거늘, 무엇이 두렵고 무엇이 불안하다 생각하느냐?
28 다만, 너희들이 정직한 마음이요, 흔

들리지 않는 마음으로써 너희들이 나
의 아들과 더불어 가는 그 역사를 이
루지 아니하면 아니 되느니라.
29 흔들리는 마음이요, 두마음을 가지고
너희들이 결코 갈 수는 없기 때문인
것이니라.

11,184 번째 하나님 말씀

2004년 5월 20일 08시 51분

1 '너희가 너희를 사랑하는 자를 사랑하
면 무슨 상이 있으리요, 세리도 이와
같이 아니하느냐?' 하는 성경에 기록
된 내용을 너희들은 알겠느냐?
2 이는 너희들이 같은 종교 집단이요,
백성만이 소중하며, 자매요, 형제라
말하며, 그리고 너희에게만 모두를 다
역사하는 그와 같은 자만을 사랑하며,
3 서로 관계가 깊지 아니한 자는 사랑하
지 아니하며 소중하게 생각하지 아니
하는 그와 같은 마음을 가지고 가는
것이 오늘의 종교 집단이요, 종교 지
도자들이 이끄는 방법이라면, 과연 너
희들은 어찌하겠느냐?
4 너희들이 이 모두를 다 사랑하라 내가
그리 가르쳤거늘, 너희들은 과연 만백
성을 다 같이 사랑하며 소중히 생각하
는가?
5 나는 나의 아들을 통하여 너희들이 아
내와 자식이요, 부모와 형제요, 그 모
두도 대중적으로 보며 똑같이 사랑하
라 가르치고 전했음이니라.
6 그러니 내가 성서에 기록하여, '너희
는 너희를 사랑하는 자를 사랑하면 무
슨 상이 있으리요, 세리도 이와 같이
아니하느냐?' 하였거늘, 과연 너희들
이 이 뜻을 따라 어찌 행하는가?
7 그러니 모두를 사랑하며 모두를 아끼
라 했거늘, 지금의 종교 집단 지도자
너희들만이, 유독 너희들과 같이 가는
자만이 사람이요, 그렇지 아니하는 자
는 이단이요, 사탄이라며 무조건 그리
치부해 버리며, 대화하지 아니하려 하
며 상대하지 아니하려 하며 사람을 벌
레 보듯이 그리하고 있음이니, 이것이
과연 너희들이 나의 백성으로서 할 수
있는 행동이라 생각하는가?
8 그러니 너희들이 지금 나의 뜻을 거부
하는 자들만 모여 있는 자들이요, 내
뜻을 순종치 아니하는 자들만 모여 이
세상을 통제하고 지배하는 듯, 그리고
저희들이 구원을 받은 것처럼 그리하
고 있지 않으냐?
9 그러니 나의 뜻을 거부하는 자들이요,
나의 뜻을 전혀 알지도 못하는 자들이
오늘에 이 세상의 나의 피조물 만백성
을 일깨우고 구원한다 하니, 그리하여
모두가 다 잘못되었음을 알라.
10 내가 성서에 기록하여 '너희가 너희
형제에게만 문안하면 남보다 더하는
것이 무엇이 있느냐, 이방인도 이와
같이 아니하느냐?'
11 내가 기록한 이 대목의 그 깊은 뜻이
요, 의미를 너희들이 깨우쳐 너희 것
으로 만들도록 하라.
12 과연 그게 어떤 의미요, 무슨 뜻인가
너희들이 생각해 보면, 너희들이 나를
향하여 부끄러워 고개도 들지 못하는
너희들의 오늘의 삶이요, 너희들의 행
동을 바로잡지 아니하면 아니 되느니

라.
13 너희들이 2천 년 동안 하늘에 오르는
길이요, 나의 아들 예수의 보혈로 죄
사함 받았으며 보혈로 너희들이 모든
죄를 사함을 받았으며 죄를 깨끗이 씻
었다면, 그것도 너희들의 후손까지 그
와 같은 은혜를 입었다면,
14 너희들은 무엇으로써 보답하고 무엇
으로 행동해야 되느냐?
15 곧 내가 나의 성경에 기록한 그 내용
대로 너희들이 지키고 살아가는 것이
거기에 보답하는 길이요, 너희들이 거
기에 은혜를 갚는 길이 아니더냐?
16 그러니 내가 성경에 기록된 내용을 하
나하나 이렇게 다시 한 번 기록하여
너희들에게 전함이니, 너희들은 새로
운 각도에서 하늘의 지혜로써 그 뜻
을 음미하고 그 뜻을 깨우쳐 보도록
그리하라.
17 그렇지 아니하면 너희들이 아무것도
얻을 수 없으며 변화될 수 없으며, 나
를 볼 수 없으며, 나에게 오는 길이 아
니요, 사탄의 노예로서 사탄에게 가
는, 지옥으로 떨어지는 그와 같은 길
을 가고 있는 너희들이 그 길을 계속
가게 될 것이며 너희 후손까지도 너
희들이 그리 안내하는 안내자라는 것
을 잊지 말라.
18 하늘에 오르는 길의 안내자가 아니요,
지옥으로 가는 안내자라는 것을 너희
들이 잊어서는 아니 될 것이니라.

11,185 번째 하나님 말씀

2004년 5월 20일 09시 43분

1 사랑하는 나의 아들아!
2 **"네, 아버님! 말씀하옵소서."**
3 나 여호와가 너희들에게 완벽하라, 한
점의 부끄러움이 없는 삶을 살라, 그
리고 너희들은 나의 계명대로 지키고
사는 삶을 살라, 그것이 지도자요, 너
희들이 가야 할 길이라 내가 너희들에
게 그리 훈련하라 함이니,
4 너희들은 나를 두려워하며 나를 무서
워하느니라.
5 그리고 너희들은 정녕 그 길을 갈 수
있을까 가지 못할까 의혹하며 너희
자신이 다짐을 해도, 너희 스스로 자
신 있게 갈 수 있다는 그와 같은 생각
을 하지 못하는 것이니라.
6 그러기에 너희들이 스스로 포기하며
무너지며 너희들이 그 길을 가지 못하
는 자가 아니더냐?
7 그러니 나 여호와가 너희들에게 완벽
하며 한 점의 부끄러움이 없는 그와
같은 길을 가는 것이 새로 선택된 지
도자요, 새 역사를 이루는 선생으로서
너희들이 가야 할 길이니,
8 나를 원망하며 나를 나무라며 나를
가혹하다 생각하는 백성 너희들은 나
의 뜻을 들으라.
9 내가 성서에 일찍이 기록하여 너희들
에게 무어라 전했느냐?
10 나의 아들 예수를 통하여 나는 너희
들에게 전했느니라.
11 예수가 너희들에게 무어라 말했더냐?
12 '하늘에 계신 내 아버지의 온전하심과

같이 너희도 온전하라.' 한 이 가르침
을 정녕 너희가 모른단 말이더냐?
13 그를 명심하고, 너희들이 새로운 성경
이요, 내가 전하고자 하는 그 뜻에 따
라 거듭나는 삶을 살지 아니하면 아
니 될 것이니라.
14 한 줄도 빼고 더하지 말라 하는 그 성
경에 내가 나의 아들 예수를 통하여
내 뜻을 전했으니,
15 '하늘에 계신 내 아버지의 온전하심과
같이 너희들이 온전하라.' 한 이 뜻이
무엇이더냐?
16 그러니 나와 같이 완벽하고 완벽한 삶
을 너희들이 살지 아니하면 나의 나
라에 올 수 없다 함이니, 내가 너희들
에게 가혹하게 훈련하며 내가 너희들
을 나무라는 그와 같은 너희들의 가
르침에 대해서 너희들이 가슴 아파하
며 나 여호와를 혹독한 하나님이라
그리 생각하지 말라.
17 그것이 너희들을 살리는 길이요, 너
희들이 나에게 오를 수 있는 길이기
때문이니라.
18 그러니 내가 명한 가르침을 지키고 행
하지 아니하면 결코 나에게 오를 수
없으며 구원의 길을 올 수 없으며 바
랄 수 없는 것이 너희들이기에, 내가
그리 너희들에게 강하게 명함을 알라,
사랑하는 나의 아들딸들아!

11,186 번째 하나님 말씀

2004년 5월 21일 05시 42분

1 사랑하는 나의 아들아!
2 **"네, 아버님! 말씀하옵소서."**
3 인간 세상에서 너희들이 제자리를 지
키며 남부럽지 아니하게 살아가는 그
와 같은 사람의 삶이 무엇인 줄 알겠
느냐?
4 너희들이 말하는 그와 같은 사람들은
그 나름대로 자리를 지키며 또한 그
무게를 지키고 살아가느니라.
5 너희들이 인간 세상에 살아가면서 그
자신이 무게가 없으며 자신이 가볍게
행동하는 자, 너희들이 뜻을 이루는
자가 없으며, 뭐든지 역사할 수 있는
것이 아님이니라.
6 무게가 있으며 생각이 깊음이요, 처신
함이 깊은 그와 같은 마음을 가지고
사는 백성, 그는 장기적이요, 미래를
보고 가는 자요, 생각이 깊은 자이기
에,
7 그와 같은 백성들이야말로 이 세상에
살면서 그래도 남에게 폐 끼치지 아니
하며 남부럽지 않은 그와 같은 삶을
살아가는 것이니라.
8 너희들이 처신을 가볍게 하며 행동을
가볍게 하며 생각을 가볍게 하는 그와
같은 백성 너희들은 결코 남부럽지 않
은 그와 같은 인생의 삶을 살 수 없으
며, 낙오자와 같은 삶을 살게 되는 것
이니라.
9 그러니 너희들이 남부럽지 않게 인간
세상을 사는 사람은 무엇인가가 다르
며 행동하는 것이 다른 것이 무엇인
줄 알겠느냐?
10 무게가 있고 처신의 무게가 있고 행동
의 무게가 있으며 그와 같은 것이 있
기 때문이라는 것을 너희들은 알아야
될 것이니라.

11 이제 나의 아들을 따르는 제자, 나의
뜻을 따라 160권의 새로운 성경을 만
들어 만백성에게 전하는 그와 같은 역
사를 하는 자, 너희들은 태풍이 불어
도 비바람이 불어도 두려워하며 겁먹
는 그와 같은 백성이 되어서는 아니
되느니라.
12 그러니 나를 믿고 나의 뜻에 따라 살
아가는 백성 너희들은 불바다가 세상
을 다 뒤덮는다 해도 두려워하지 아니
하며 겁먹지 않는 그와 같은 흔들리지
않는 마음으로써 너희들이 그 깊이요,
그리고 무게를 가지고 가는 백성이 되
어야만 하느니라.
13 가볍고 쉽게 처신하며 너희들이 인간
세속에 살아가는 거래 속에서 무엇인
가를 이루고자 하는 그와 같은 얄팍한
생각으로 무엇을 한다면,
14 너희들은 나의 새로운 성경을 가지고
만백성을 구하는 역사를 할 수 없으니,
15 신중하고 무게가 있는 그와 같은 삶을
살아가라 그 제자들에게 전하라, 사랑
하는 나의 아들아!

11,187 번째 하나님 말씀

2004년 5월 21일 05시 50분

1 사랑하는 나의 아들아!
2 "네, 아버님! 말씀하옵소서."
3 나 여호와가 너희들에게 일찍이 나의
아들을 통하여 깨우쳐 주지 아니하였
더냐?
4 너희들이 이 세상에 살면서 남을 위하
여 무엇인가를 내놓으며 무엇인가를
봉사하며 남들이 생각할 수 없는 그와
같은 큰 것을 사회요, 다른 집단에 기
증하며, 그와 같은 역사를 이루며 그
와 같은 일을 했다 해도,
5 남이 이것을 누가 냈으며 누가 역사했
으며 누가 기증했으며 그리하여 너희
들이 세상을 요란케 한다면, 너희들은
아무리 큰 업적을 이룬다 해도 그 백
성은 나에게 와서 받을 상이 없으며
나에게 와 받을 은혜가 없다 내가 그
리 말하지 아니하였더냐?
6 그러니 그와 같이 전하는 나의 뜻을
가지고 너희들은 무어라 말하느냐?
7 이 새로운 성경에 기록하여 내리는 그
내용이 너무나 무섭고 결코 그리될 수
는 없다 그리 말하지 않느냐?
8 그러니 그와 같이 말하는 것이 사탄이
요, 이것이 마지막 시대에 거짓 선지
자가 나와 세상을 요란케 하는 장난이
라 너희들이 그리 말하느니라.
9 그러나 너희들은 알아야 될 것이니라.
10 너희들이 말하는 더해도 빼도 아니 되
는 나의 성경에 이미 내가 기록하여
너희들에게 전한 그 뜻을 너희들이 정
녕 모른단 말이더냐?
11 내가 너희들에게 일찍이 깨우쳐 준 내
뜻을 너희들이 몰라서 오늘의 나의 아
들을 통하여 내리는 나의 이 뜻이요,
내 새로운 성경을 가지고 사탄이요,
이단이요, 악마라 하며 너희들이 온갖
짓을 다하며,
12 이 새로운 성경이 세상에 나오지 못하
도록 하며, 이를 보지 말라 하며, 이를
읽는 백성은 사탄에게 현혹되어 죽음
의 길이요, 지옥으로 간다 너희들이
그리 말하느니,

13 어찌하여 세상에 살아가면서 인간 세
상의 교리요, 인간의 생각을 가지고
끌어가는 너희들이 하늘의 법도요, 하
늘의 뜻을 내리는 것을 감히 그리 능
멸하는 행위를 하는가?
14 너희들은 들으라.
15 나 여호와가 일찍이 예수를 통하여 성
서에 기록한 대목을 너희들에게 다시
한 번 상기시키려 하니, 이러고도 너
희들이 오늘의 나의 아들을 통하여 내
리는 이 새로운 성경이 내 뜻이 아니
요, 내가 역사하는 것이 아니라 하여
보지 아니하는 자, 읽지 않는 자,
16 스스로 너희들이 어찌 가야 되는지 머
지않아 그를 알게 될 것이니라.
17 너희들이 심판의 날이요, 인간의 종착
역에 왔을 때 너희들은 통곡하는 그것
을 면치 못할 것이며,
18 그때 너희들이 아무리 몸부림치고 울
고불고한다 해도 지옥문에 가지 아니
하려고 너희들이 온갖 힘을 다하며 온
갖 짓을 다해도, 어쩔 수 없이 흘러가
야 되는 것이 너희들의 운명이요, 비
참함을 알게 될 것이니라.
19 내가 너희들에게 무어라 전하였느냐?
20 '너희가 하는 모든 행동은 사람에게
보이려고 그들 앞에서 의를 행치 않
도록 주의하라.' 그리하지 아니했던가?
21 '그렇지 아니하면 하늘에 계신 너희
아버지께 상을 받지 못하리라.' 한 그
의미를 너희들은 정녕 모르며 그것이
무슨 뜻인 줄 모른단 말이더냐?
22 '그러므로 구제할 때에 외식하는 자가
사람에게서 영광을 얻으려고 회당과
거리에서 하는 것같이 너희 앞에 나팔
을 불지 말라. 진실로 너희에게 이르
노니, 저희는 자기 상을 이미 받았느
니라.'
23 이 또한 너희들이 몰라서 그리 말하며
그와 같은 행위를 하는가?
24 너희들이 이미 상을 받은 것을 나팔
불며 요란을 떨어 다른 사람들에게
알리는 것, 남들에게 자랑하는 것,
25 그것은 너희들이 이미 나에게 상을
받을 것이 없다 내가 기록하여 전한
의미를 너희들은 직접 깨우친다면,
26 오늘의 나의 아들을 통하여 내리는 새
로운 성경에 기록된 내용을 너희들이
사탄이요, 이단이라 그리 말할 수 있
는가?
27 '너희는 구제할 때에 왼손이 하는 것
을 오른손이 모르도록, 오른손이 하는
것을 왼손이 모르도록 하라. 네 구제
함을 은밀하게 하라. 은밀한 중에 보
시는 너희 아버지가 갚으시리라.'
28 내가 그와 같이 나의 아들 예수를 통
하여 기록한 그 내용 또한 너희들이
어찌하는가?
29 요란하게 떠드는 자, 과시하는 자, 이
웃에 보이고자 자랑하는 자, 그들은
이미 자기 상을 그들로부터 다 받았
으니, 나에게 받을 것이 없다는 그 전
한 뜻을 너희들이 정녕 모른단 말이더
냐?
30 그러니 구약과 신약이 내려오는 것이
요, 제3의 시대에 역사하는 새로운 성
경이 모두 한줄기로써, 한 뜻으로써
내려간다는 뜻을 너희들이 그리도 모
른단 말이더냐?
31 그리고 나의 아들을 통하여 새로운 성

경에 전한 것, 너희들이 세상사 아무
리 큰 역사를 해도, 요란을 떨어 네 이
름을 알리고자 한다면, 네가 한 행위
를 알리고자 한다면, 그는 그들로부터
받은 상이 있음이니, 나에게 와 받을
상이 없다는 이 엄연한 사실을,
32 나의 아들을 사탄이요, 이단이요, 마
귀의 짓이라 그리 말하는 자, 결단코
너희들이 그와 같은 자라는 걸 알게
될 것이니라.

11,188 번째 하나님 말씀

2004년 5월 21일 05시 56분

1 사랑하는 나의 아들아!
2 **"네, 아버님! 말씀하옵소서."**
3 지금의 종교 집단의 지도자요, 그리고
구원을 받았다 울고불고하는 그와 같
은 백성, 너희들이 살아가면서 지금
재물이요, 재산이요, 그리고 무엇인가
를 명의를 너희들 것으로 해 놓기 위
하여 온갖 정성을 다하며 너희 이름
앞으로 재산을 쌓아 놓고자, 그리고
네 후손에게 재물을 쌓아 두고자 그와
같이 몸부림을 치는 것이 무엇이더냐?
4 너희들은 미래가 불확실하며 미래가
불안하기 때문이니라.
5 그것도 더구나 너희들이 재물을 제 이
름이요, 제 자식의 이름으로 쌓아 놓
고자 하는 자, 제 명의로 묶어 두고자
하는 그와 같은 지도자와 신도들, 그
것이 너희들이 오늘의 믿음이 미래에
불확실함이니라.
6 그리하여 너희들이 더욱이 미래가 불
확실하며 영원히 구하고 구해도 너희
들이 구하지 못하며 거듭나고 거듭나
지 못하는 그 불확실한 것은 그만두고
라도,
7 인간 세상에 살면서도 너희들이 그 짧
은 삶의 모두가 불확실하며 자신이 없
기에,
8 너희들은 그 공포에 의하여 모두를 다
제 앞으로 명의를 해 놓으며 제 앞으
로 재산의 근거를 남기고자 하는 것이
아니더냐?
9 그러면서도 너희들이 나의 백성이요,
하늘에 오르는 백성이라 그리 말하고
있음이니, 얼마나 너희들이 가증스러
운 자들이요, 얼마나 너희들이 거짓된
자들인 줄 아느냐?
10 하늘에 올라 너희들이 거듭나는 그와
같은 영혼이 구원받고 못 받는 것이
너희들이 불확실하며 자신이 없는 것
보다도, 육의 세상에 살아가는 짧은
그 삶에도 불확실하여 육의 세상에 필
요한 재물을 너희들 앞으로 쌓아 놓고
자 하는 그와 같은 어리석은 백성들이,
11 그 지도자요, 그 종교 집단들이 나의
피조물 만백성을 이끌어 간다 하며 나
의 피조물 만백성으로부터 얼마나 고
혈을 빨아들여 착취했는가?
12 세월이 지나면 너희들은 알게 될 것이
니라.
13 그 신도 너희들은 이 대목을 읽었을
것이며, 이 대목을 너희들에게 깨우치
고자 하여 내가 한 구절을 더 나의 새
로운 성경에 기록하여 전함이니, 너희
들이 이를 읽고도 깨우치지 못한다면
너희 스스로 갈 길을 가면 될 것이니
라.

14 '오늘 있다가 내일 아궁이에 던져지
는 들풀도 하나님이 이렇게 입히시거
든, 하물며 너희가 어찌하여 그와 같
은 대우요, 그와 같은 역사를 받지 못
한다 생각하며 그와 같은 은혜를 받지
못한다 하여 너희들이 그리 불안해하
며 그와 같은 마음에서 흔들리는 그
와 같은 행위를 하는가, 이 믿음이 작
은 자들아!' 그와 같은 뜻을 내가 성경
에 기록하여 전하여 역사했음이니, 너
희들은 과연 이 대목을 어찌 보는가?
15 내일 아궁이에 던져지는 것, 모레도
또 던져지는 그와 같은 들풀까지도
내가 다 입히고 존재하도록 하거늘,
16 어찌하여 사랑하는 백성 너희들을 내
가 그리 존재하게 하지 못한다, 그리
고 너희들을 돌보지 아니한다 그리 불
안하여 너희들이 쌓아 놓고 제 이름
으로 무엇인가를 이루고자 하는 자,
그것이 바로 너희들이 믿음이 없는 자
들이요, 믿음의 길조차도 가지 못하는
백성이라는 것을 알라.
17 '그러함으로 너희들이 염려하여 이르
기를 무엇을 먹을까, 무엇을 마실까,
무엇을 입을까 걱정하지 말며 근심하
지 말라.' 내가 기록하였거늘,
18 너희들은 그 모두를 위하여 오늘의
삶을 살며 그 모두를 위하여 믿음의
길을 가고 있으니,
19 너희들이 내가 가르친 나의 새로운 성
경의 뜻에 따라 행하지 아니하면 아
무것도 볼 수 없음이니라.
20 구약이요, 신약의 성서에 기록된 것은
이미 너희들이 해석하며 모두를 풀어
나가며,
21 아무리 거기서 아름다운 나의 뜻이요,
숨겨진 비밀이 있다 해도, 그리고 내
가 비유의 뜻을 가르쳐 준다 해도 너
희들이 그를 믿고 따르려 하지 아니하
기 때문임을 알아야 될 것이니라.
22 너희들이 이 대목을 읽고 또 읽어 그
깨우침을 얻으라.
23 어찌하여 성경의 가르침대로 행하지
아니하고, 나에게 너희들이 구원을 받
았다 말하며, 그리고 나의 뜻을 거역
하면서 너희들이 나에게 오르는 길이
라 그리 오는가?
24 이것부터 너희들이 수정하고 다스리
지 아니하면 아니 됨이니라.

11,189 번째 하나님 말씀

2004년 5월 21일 06시 05분

1 사랑하는 나의 아들아!
2 **"네, 아버님! 말씀하옵소서."**
3 너희들이 오늘의 신약의 시대요, 지금
의 구원의 시대라 말하는 이 시대가
역사하는 그 과정이 과연 어떠했느냐?
4 너희들은 구약의 시대에 대하여 신약
의 시대에 그것을 부정했으며 그것을
거부하는, 그리고 그것이 잘못 가며
잘못 다스려지기 때문에 너희들이 바
로잡아야 되며 새로운 역사가 이루어
진다 하여,
5 구약의 시대의 종교 집단과 그 신도들
이 행하는 모든 것에 대하여 그 자체
를 수정하고 바로잡고 바로 역사하지
아니하면 아니 된다며 도전하여 바로
지금이 신약의 시대요, 새로운 시대
요, 구원의 시대라 너희들이 그리하지

않는가?
6 너희들은 예수의 은혜요, 보혈로써 모두를 구원받으며 믿기만 하면 구원을 받는다는 그와 같은 시대를 지금 열어오지 아니하였던가?
7 모두를 다 바꾸고자 하며 모두를 새로 시작한 것이 바로 너희들이 신약의 시대가 역사한 것이니라.
8 그리하여 중간의 시대가 지금 존재하며 너희들이 울고불고 구원을 받았다 하는 것이 지금 오늘의 이 시대를 너희들이 이룬 것이 아니더냐?
9 그러니 내가 너희들에게 무어라 말하였느냐?
10 구약의 시대는 출발의 시대요, 그 모든 터전을 닦는 시대요, 그리고 너희들은 중간의 시대로써 모두를 다 가꾸고 다스리는 시대라 내가 그리하지 않았던가?
11 그러니 너희들은 터전의 시대를 갖다가 너희들이 가꾸는 그 시대가 그를 거부하고 그를 무시하며 그를 지워 버리는 그와 같은 역사로써 너희들이 오늘을 이끌어 간 것이니라.
12 그러니 나 여호와 창조주 혼자서 터전의 시대요, 가꾸는 시대요, 마지막 시대의 그를 다 연계하여 모두를 이루어 가거늘,
13 어찌하여 유독 너희들만이 터전의 시대를 무시하며, 그 터전 없이 너희들이 가꾸는 시대가 존재한다 하며, 너희들이 모두를 가꾸고 거둘 수 있다 생각하느냐?
14 그를 거부하는 것이 너희들이요, 그러니 나의 뜻을 모르는 자요, 내가 역사하는 것이요, 하늘의 뜻을 모르는 그와 같은 백성들이 중간의 시대의 너희들이 너희들 것만이 소중하며 너희들만이 마지막 시대에 선택된 백성이요,
15 지금에 마지막 구원이요, 구원받지 못하는 그와 같은 시대요, 그 모두가 여기에 결론이 나 있다 그리 생각하고 가는 것이 오늘의 중간시대요, 새로운 신약의 시대의 믿음의 길을 가는 백성, 오늘의 너희들이 아니더냐?
16 그러니 너희들은 들어야 될 것이니라.
17 구약의 시대요, 터전의 시대에서 너희들이 그 모두를 다 수정하고 교체하기 위해서 들고일어났듯이,
18 지금 너희들이 잘못 가고 잘못 다스리기에, 내가 지금 제3의 시대에 마지막 시대를 열어 너희들의 지금까지 잘못된 모두를 다 교체하며 수정하고자 하여 내가 지금 모든 역사를 이루고 있다는 것을 너희들은 어찌하여 모르며 생각할 수 없단 말이더냐?
19 너희들이 중간의 시대가 터전의 시대를 가지고 잘못됐다 탓함이니, 그리고 너희들은 중간의 시대를 가지고 마지막 시대라 또 부르짖으며 모두를 너희들을 따라가는 것이 하늘에 오르는 길이라 하나,
20 너희들은 중간의 시대요, 열매를 거두는 시대가 아니라는 것을 알라.
21 그러니 열매를 거두는 그와 같은 시대가 와 너희들을 수정하고 너희들을 바로잡고 또 버릴 것은 버리고 너희들이 교체할 것은 교체하고자 그리하여 내가 새로운 성경을 세상에 내려보내고 있지 않으냐?

22 그러니 내가 너희들에게 전하는 것이
너희들이 구약의 시대의 모두를 거부
했듯이 그리고 너희들이 무엇인가를
수정하고 교체하여 다시 이루고자 했
듯이,
23 오늘의 마지막 시대요, 마지막 성령의
시대요, 새로운 성경을 내려보내 내가
모두를 그와 같이 잘못된 오늘의 신
약의 시대를 바로잡고 다스리는 것은
필연적이며 어쩔 수 없는 것이며 정해
진 수순이라는 것을 너희들은 알라.
24 그러니 너희들이 지난 것이요, 이제
지난 옛것이 되어 버린 신약의 시대
의 모두를 가지고 나에게 오른다 그리
발버둥치지 말라.
25 새로운 시대에 새로운 성경을 너희들
이 읽고 이를 깨우치지 아니하면 아
무것도 이룰 수 없으며, 너희들이 구
원 그 자체도 볼 수 없다는 것을 알라.
26 이는 나의 뜻이요, 자연 발생적으로
너희들이 개혁이 되지 아니하면 아니
되는 모든 나의 계획에 의하여 역사하
는 것이 흘러감이니,
27 흘러가는 그 역사를 너희들이 거꾸로
돌리려 어리석은 짓을 하지 말라 그리
전하라.

11,190 번째 하나님 말씀

2004년 5월 21일 07시 19분

1 사랑하는 나의 아들아!
2 "네, 아버님! 말씀하옵소서."
3 나의 사랑하는 예수가 죽어 간 그 고
통이요, 목이 말라 침을 넘기지 못하
는 그 고통 속에 죽어 간 예수의 죽음
을 너희들이 헛되이 그리 욕되게 하지
말라.
4 지금의 모든 종교 집단의 지도자, 그
리고 믿음의 길을 가는 백성, 너희들
이 어찌하여 나의 아들 예수의 그 고
통스러운 죽음을 헛되이 하고자 하는
가?
5 너희들은 정녕 이와 같은 행위를 더
이상 하지 말며 이를 너희들이 중단하
지 아니하면 아니 됨을 알라.
6 예수의 고통을 너희들이 헛되이 하는
것, 그 모두가 너희들이 나 여호와를
욕되게 하는 것이며 나를 능멸하는 것
이며,
7 사랑하는 아들이 죽어 갈 때 그를 극
약으로써 살릴 수 있음에도 그를 들어
주지 아니한 나 여호와의 아픔에, 너
희들이 바늘로 심장을 찌르는 그와 같
은 고통을 주고 있다는 것을 알겠는가?
8 이제 모든 종교 집단의 지도자, 그리
고 광신하는 신도, 그저 믿음이라는
것으로 구원을 받았다는 그 착각에서
헤어나지 못하는 그 가련한 백성들,
너희들은 이제 그 예수의 고통스러운
죽음을 헛되이 하지 말라.
9 너희들이 그를 헛되게 하지 아니하는
자가 되어야만 함을 잊지 말라.
10 예수의 죽음이요, 그 고통으로써 흘린
그 피의 대가가 너희들의 구원을 해
주는 것이요, 죄 사함을 받았다는 것,
그와 같은 말을 하지 말며 그와 같은
너희들의 믿음이요, 신앙에서 깨어나
도록 그리하라.
11 깨어나지 아니하면 너희들은 정녕 나
를 볼 수 없음이니라.

12 다만, 너희들이 나의 아들 예수가 얼
마나 어렵고 힘든 길을 갔으며 죽음의
고통에서도 인내했던 그 뜻이 무엇이
며, 그 길을 마다하지 아니하고 선택
한 나의 아들이 어찌하여 그 길을 갔
는가?
13 그가 너희들처럼 육을 가지고 그저 너
희들처럼 가는 믿음이요, 신앙이었다
면 그는 피할 수 있으며 타협할 수 있
으며 도망갈 수도 있었으리라.
14 그러나 그는 타협하지 아니하며 피하
지 아니하며 당당한 모습으로써 그 잔
을 받았음이니,
15 그와 같은 고통스러운 나의 아들 예수
의 그 죽음을 너희들의 죄를 대속하
며, 너희들의 추하고 더러운 그 모든
죄를 사해 주는 것으로써 너희들이 대
처하지 말라.
16 그와 같은 이름으로 부르지 말며 그와
같은 믿음으로 너희들이 하지 말라.
17 너희들이 나의 아들 예수의 죽음을 헛
되이 하지 아니한다면, 예수가 행하고
살았던 그 삶이요, 그 생에 얽히고설
켰던 그 아픈 삶을 너희들이 그대로
행하고 그 길을 가는 것, 그 삶을 너희
들이 살면 되느니라.
18 그 어려운 십자가를 짊어지며 그 가
시나무의 관을 쓰며 채찍질로 살이 찢
어지는 그와 같은 고통 속에 그가 갔
던 그 길을 너희들이 감당할 수 있고
그 길을 마다하지 아니하는 너희들의
마음 자세요, 그것이 너희들이 나의
아들 예수의 보혈이요, 그 은혜요, 그
죽음에 보답하는 길이지,
19 너희들이 말로써만 그와 같은 것을 하
지 말라.
20 그러니 너희들이 어찌하여 나의 아들
예수의 그 숭고하고 어려운 죽음의 고
통을 헛되이 욕되게 하는가?
21 예수의 죽음을 헛되이 욕되게 하지 말
라 내가 너희들에게 전하니,
22 이제 두 번 다시 너희들이 그와 같은
것으로써 나를 울리지 말며, 나의 아
들 예수에게 고통이요, 그를 한 번 더
그 고통 속에 몰아넣는 그와 같은 행
위를 하지 말라 그리 전하라.

11,191 번째 하나님 말씀

2004년 5월 21일 07시 24분

1 사랑하는 나의 아들아!
2 **"네, 아버님! 말씀하옵소서."**
3 이 세상을 지배하며 이 세상을 다 덮
고 저희들 마음대로 세상을 다 좌지우
지하는 것처럼 그 방대한 믿음의 길을
가는 조직이요, 종교 집단 지도자, 그
신도들,
4 그리고 방대한 조직에 의하여 그것이
위대한 힘이요, 하늘의 힘이요, 하늘
의 뜻이요, 내가 역사하는 것이라 착
각하고 울고불고 그 사탄들에게 재물
을 주고 먹이를 대 주는 그 가련하고
불쌍한 신도들,
5 그러면서 제 죄가 얼마나 무섭고 제
죄가 얼마나 많은지도 모르며, 저희들
이 구원을 받았으며 나에게 올 수 있
는 자격을 받아 죽기만 하면 천국에
온다고 착각하는 그 가련하고 불쌍한,
사탄에게 농사지어 먹이를 대 주는 그
백성들,

6 그들이 어떠한 삶을 살든 어떠한 형태로 가든 너희들은 그것에 개의치 말며 그들에게 눈을 돌리지 말며 그들이 하는 말에 귀를 열지 말라.

7 너희들의 귀가 더러워지며 눈병이 생길 것이니라. 그들이 하는 그와 같은 행위를 보지 말라.

8 지금의 선택된 나의 아들을 따르는 제자 너희들은 나의 아들 예수의 삶이요, 그와 같이 살아간 그 삶을 닮아 그 고통과 인내함이 하늘에 오르는 길이라는 교훈을 삼아, 너희들이 어렵고 힘들 때 용기를 가지며, 너희들이 사탄에 의해 넘어지고 무너질 때 너희 자신을 지키는 그와 같은 교본이요, 본보기로 삼도록 그리하라.

9 그리고 너희들은 새로운 성경에 전하는 나의 뜻대로 행하고 살면 아무것도 두려울 것이 없으며 염려할 것이 없느니라.

10 내가 친필로 써 내린 나의 십계명을 지키고 살려고 노력하며 나의 아들을 통하여 내리는 새로운 성경의 그 내용을 너희들이 깨달아 그대로 살아간다면,

11 너희들은 두려울 것이 없으며 부러울 것이 없으며 이 세상에 너희들보다 축복받은 백성이 없으니, 너희들은 그리 살도록 그리하라.

12 사랑하는 나의 아들딸들아!

13 어찌하여 너희들이 미약하며 나약한 자라 생각하며, 너희들로서는 나의 뜻을 역사할 수 없다 그리 생각하느냐?

14 강한 자요, 용기 있는 자가 무엇인 줄 알겠느냐?

15 십계명을 지키고 살아가겠다 말하는 자, 그리고 그를 지키고자 발버둥치는 백성이 용기 있는 백성이요, 용감한 백성이니라.

16 그보다 더 강한 백성이 또한 없으며 그보다 의지가 굳은 백성이 없느니라.

17 예수의 삶이요, 새로운 성경의 내용대로, 십계명대로 지키고 산다면 너희들보다 더 강하고 위대한 자가 세상에 없음이니, 그리고 너희들을 대적할 자가 없으며 너희들을 능가할 자가 없음이니, 너희들이 나약하고 미약한 자가 아니니라.

18 나의 사랑하는 백성 너희들은 들으라.

19 나의 만백성을 구원하고자 하는 역사를 너희들을 통하여 이루고자 이미 시작되었으며,

20 너희들로 하여금 새로운 나의 성경 160권이 세상에 나오며, 그 작업을 지금 너희들이 진행하고 있지 않으냐?

21 그러니 너희들은 나로부터 선택됐으며 내가 선택하였느니라.

22 그러니 나로부터 선택된 너희들이요, 내 대명을 내 대신 역사하는 너희가 어렵고 힘들다 하여 슬피 울며 괴로워한다면,

23 그리고 오늘의 고통을 너희들이 넘기지 못하며 좌절하고자 하는 흔들리는 마음이 된다면, 너희들을 통하여 모두를 역사하는 내 마음이 어떠하겠느냐?

24 내 마음이 더 아픔이니라, 사랑하는 나의 아들딸들아!

25 그러니 너희들은 좌절하지 말며, 오늘의 시련에서 무너지지 말라.

26 너희들이 견디고 인내하는 만큼 너희

들이 가게 되어 있으며, 그리고 너희
들이 지금의 마음을 좀 더 강하게 한
다면 너희들은 성공의 길을 반드시 볼
수 있으며 그 길을 열어 갈 수 있느니
라.
27 모든 백성들이 거듭나는 은혜요, 영광
을 얻는 것은 선택된 너희들로 하여금
모두가 이루어지니,
28 너희들이 힘들고 괴롭다 슬피 울며 좌
절하고 무너지면, 그를 보고 따라오는
자가 어디 있으며, 용기를 가져 이 길
을 오는 백성이 어디 있겠는가?
29 너희들이 항상 밝고 명랑한 마음이요,
주저하지 않는 마음이요, 용기 있는
마음이요, 자신 있는 행동으로써 모두
를 견디고 나가라.
30 그러면 너희들이 지금의 어렵고 힘든
훈련의 기간이 또 쌓이고 쌓이는 그와
같은 역사가 흐른 다음에 너희들이 다
져지고 다져져 전사로서, 그리고 하늘
의 선생으로서 부족함이 없이 성장될
것이며,
31 너희들이 또 새로운 사람으로서 이 세
상에 태어나는 축복이요, 영광을 얻게
됨이니,
32 너희들이 새로 태어난 백성이 되었을
때 모두는 다 이루어지고 역사할 것이
라는 걸 기억하도록 하라, 사랑하는
나의 아들딸들아!
33 너희들이 주저하지 말며 물러나지 말
며 좌절하지 말며, 너희들이 나약한
백성이요, 미약한 백성이요, 너희들은
자신이 없으며 너희들은 선택될 자격
이 없다는 자책을 하지 말라.
34 너희들이 나의 십계명대로 살아가고
자 하는 것, 그리고 새로운 성경대로
살아가고자 하는 것, 너희들이 그와
같은 마음 자세로써 살아가는 그것으
로써 모두를 다 역사할 수 있음이니라.
35 성경이요, 그리고 나의 새로운 성경이
요, 그리고 너희들이 그 십계명이요,
그 새로운 뜻이요, 새로 숨어 있는 그
새로운 의미를 깨달으며, 너희들이 그
뜻이요, 비유의 뜻을 다 깨달으니,
36 그러니 너희들이 새로운 성경이요, 새
로운 십계명이요, 새로운 내가 내리는
성경이요, 구약과 신약이 다 새로운
것으로써 너희들의 귀를 열어 주고 눈
을 열어 줌이니,
37 너희들이야말로 모두가 다 하나요, 새
로운 것으로써 새로운 시대를 열어 가
는 지혜를 가진 백성이요, 하늘의 은
혜를 가진 백성 너희들보다 강하고 용
감한 자, 자신 있는 자가 없음을, 그리
고 너희들을 대적할 자가 없다는 것을
알라, 사랑하는 나의 아들딸들아!

11,192 번째 하나님 말씀

2004년 5월 21일 07시 31분

1 사랑하는 나의 아들아!
2 "네, 아버님! 말씀하옵소서."
3 지금의 나의 새로운 성경이 세상에 내
려가며, 그리고 내가 내 모두를 태워
마지막 시대에 너희들을 깨우치고자
하여 160권의 새로운 성경이요, 하늘
의 뜻을 세상에 내려보냄이니,
4 이를 전하지 못하도록 반대하는 자,
그리고 나의 아들이 가는 길을 반대하
는 자, 그리고 그를 역사하지 못하도

록 하는 자, 그리고 '하나님! 말씀하옵
소서.', '하늘에 오르는 길'이라 하여
새로운 성경이 내려가는 그 모두를 다
반대한다 해서 너희들이 좌절하지 말
며 괴로워하지 말라.
5 그 모두가 다 저희들이 손바닥으로 하
늘을 가리는 그와 같은 형국을 하며,
태양을 가릴 수 있으며 하늘을 가릴
수 있다 말하는 어리석은 백성이라는
것을 알라.
6 어찌하여 너희들이 손으로 하늘을 가
리며 태양을 가릴 수 있다 생각하는가?
7 모두가 다 새로이 태어나느니라.
8 구약도 새로이 태어남이요, 십계명도
새로이 태어남이요, 그리고 신약의 성
경도 새로 태어남이요,
9 그리고 나의 새로운 성경이 새로 태어
남이니, 모두가 새로 거듭나며, 이 세
상 온 천지가 새로운 새싹으로써 싹이
트기 시작하며, 제자리에 서서 제 임
무를 다하고자 하는 자들이 지금에 그
리 움직이고 있거늘,
10 저희들이 어찌하여 손바닥으로 하늘
을 가리며 그와 같이 모두를 가릴 수
있다 그리하느냐?
11 그들이 바로 그와 같이 어리석고 불쌍
한 백성들이니라.
12 그러니 너희들은 괴로워하지 말며 좌
절하지 말라.
13 선택된 백성 너희들은 귀로 들어 깨달
을 것이요, 그리고 들어서 깨닫는 자
너희들이 스스로 눈이 뜨일 것이니라.
14 그러니 귀가 있어서 나의 진리를 알아
듣는 백성들이 이제 세상을 덮을 것이
며 인산인해를 이룰 것이며,
15 눈이 있어 보는 사람이 또 생길 것이
며, 눈이 있는 사람은 보고 깨달음이
니, 그와 같은 백성들이 또한 이 세상
을 지배하게 될 것이니 그리 알라.
16 사랑하는 나의 아들아! 너의 제자들
에게 전하라.
17 나 여호와가 내리는 새로운 성경이 나
의 성령의 모두임을 알게 되는 백성들
이 이제 이 세상을 다 덮고 지배할 때
가 머지않았음이니라.
18 나의 성경의 뜻이요, 나의 아들을 통
하여 내리는 강론을 듣고 알아듣는 백
성들이 수없이 생길 것이니,
19 귀가 열리고 눈이 뜨여 그를 듣고 보
는 그와 같은 백성들이 거듭나기 시작
한다면, 바로 너희들이 그 틀이 무엇
이더냐?
20 그 틀 위에서 내가 이루고자 하는 생
각과 내가 역사하고자 하는 그 모두가
너희들에게 지혜를 내림이니,
21 이제 사랑하는 나의 백성 너희들의 생
각과 삶이 바뀌게 될 것이요, 그 생각
과 삶이 바뀜으로 인하여 이 세상은
새로운 싹이 트기 시작하며 광명의 빛
이 내리기 시작하며, 너희들이 광명의
세상이 열리게 되는 것이니라.
22 그리되기 시작할 때 너희들이 새로운
성경의 시대가 열리게 되며,
23 그리고 내가 나의 아들을 통하여 내리
는, 이 내 모두를 태워 내리는 성령이
기록된 160권의 새로운 성경의 그 위
대함을 너희들이 알게 될 것이며, 그
가 나의 뜻이라는 것을 알게 될 것이
며,
24 오늘의 너희들이 어렵고 힘든 길을 간

보람을 알게 될 것이니라.
25 그리하여 너희들이 승자가 될 수 있으며, 너희들이 모두를 지배하고 다스리는 백성으로 거듭난다 하지 아니하였느냐?
26 그러니 승자로서 거듭나는, 다스리는 자로서 너희들이 겸손과 겸양을 배우며, 양보함을 배우며 베풂을 배우며,
27 너희들이 아무것도 없는 속에서 살아왔던 그 삶 속에서, 너희들이 지도자가 됐을 때 어렵고 힘든 자요, 그들의 생활을 알며 그들의 마음을 알고 있기에,
28 오늘의 어렵고 힘든 그 훈련 속에서 다져지는 너희들이요, 어렵고 힘든 자가 선택되었음이니라.
29 너희들이 가진 자는 어려운 자의 마음을 모르나, 가난한 자요, 힘든 자는 부자가 되었을 때 그를 알 것이요,
30 가진 자가 망한다 해도 저는 그 꿈속에서 헤어나지 못함이니, 정녕 가난한 자의 그 고달픈 삶을 그들은 알 수가 없으며 깨달을 수가 없음이니라.
31 그리하여 내가 너희들을 밑에서부터 위로 성장하여 키워 가 모두를 다스리는 지도자로서 너희들이 제자리를 지키도록 하고자 하여 오늘의 어렵고 힘든 그 훈련의 과정을 거쳐 감이니,
32 고통스럽고 힘든 길을 가는 만큼 내가 더 크게 쓰고자 하며 더 크게 역사하고자 많은 훈련이요, 고통을 내림이니,
33 그를 너희들이 기쁨으로 받아들이도록 그리하라 전하라.
34 언젠가는 너희들이 오늘의 그 고통이 몇 배의 기쁨으로써 너희들에게 상으로 돌아온다는 것은 당연한 이치이거늘,
35 어찌하여 그날을 기다리지 못하며 좌절하고 용기 잃어, 너희들이 흘러가는 사람이 되며, 지워지는 사람이 되며, 사탄의 백성으로 전락하는 그와 같은 삶을 살아가고자 한단 말이더냐?
36 절대 흔들리지 말라.
37 어떠한 일이 있어도 나의 새로운 성경을 가슴에 안고 손에서 놓지 말며 읽고 또 읽고 정독하라.
38 어렵고 힘들 때마다 그를 읽고 정독할 때, 내가 너희들에게 그때마다 해결할 수 있는 지혜를 내려 줌이니라.

11,193 번째 하나님 말씀

2004년 5월 21일 07시 39분

1 사랑하는 나의 아들아!
2 "네, 아버님! 말씀하옵소서."
3 모든 백성들이 살아가면서 믿음이요, 신앙의 길을 가며 저희들이 바라고 원하는 것을 소원을 비니,
4 너희들이 바라고 소원하나 결국 그것이 이루어지지 아니할 때, 그 집단을 떠나며 그 종파에서 제 이름을 삭제하고자 하는 것이 너희들의 마음이 아니더냐?
5 그러니 너희들이 어렵고 힘들 때, 그리고 그것이 이루어지지 아니할 때, 너희들이 그 종파요, 믿음을 등지고 떠나감이니,
6 그게 바로 너희들이 계산된 믿음이요, 계산된 것에서 신앙의 길을 간 증거가 아니더냐?

7 이루어지지 아니하고 역사를 하지 아
니할 때 너희들이 떠나고 등지는 것,
그것이 바로 인간 너희들이니,
8 그것이 너희들의 믿음의 근본이요, 뿌
리이니라.
9 그 누가 뭐라 해도 너희들은 그를 부
인할 수 없음이니라.
10 그러니 지금 믿음의 길을 가는 백성들
이 어떠한 형태로 저희들이 소원하는
것, 그리고 거래하자는 것, 내가 거래
를 들어주지 아니하며 거래에 응하지
아니할 때 떠나는 그와 같은 삶으로
써, 그와 같은 신앙의 생활로써 너희
들은 가서는 아니 될 것이니라.
11 세상에 살면서 너희들이 천 가지 만
가지 그 어렵고 힘들며 견딜 수 없는
고통이 온다 해도,
12 너희들은 나로부터 생명을 받아 세상
에 나간 그 은혜에 보답하는 것을 다
하지 못할 것이니라.
13 그러니 너희들은 아무리 고통스러우
며 견디기 어렵다 해도, 너희들은 나
를 향하는 믿음이요, 구원의 길이요,
오늘에 참진리의 길을 가는 너희들이
그 마음이 동요되고 움직여서는 아니
되느니라.
14 사랑하는 나의 아들딸들아!
15 너희들이 정녕 견디기 어려우며 지탱
할 수 없거든, 십자가의 그 형틀에서
싸늘하게 죽어 간 나의 아들을 기억하
도록 그리하라.
16 그가 죽어 가면서 어떠한 고통 속에서
죽어 갔는가?
17 나의 아들 예수의 그 고통과 창에 찔
리는 그 고통을 너희가 진정으로 애통
해한다면, 너희들이 그리 그것을 슬퍼
한다면, 그리고 너희들이 그를 가련하
게 생각하며 불쌍하게 생각하는 마음
이 있다면,
18 창조주 나 여호와가 아들을 세상에 내
려보내 그를 구할 수 있으나 만백성의
눈을 뜨게 하고 귀를 열어 주기 위하
여 그것을 거둬들이지 않은 그 너희들
이 말하는 창조주 아버님의 아픈 마음
이요, 쓰린 마음을 너희들이 조금이라
도 생각하는 그와 같은 마음을 갖는다
면,
19 너희들이 진정 이 세상에서 무엇을 견
디지 못하며 무엇을 이기지 못한단 말
이더냐?
20 그러니 믿음의 길을 가는 백성들이 나
의 아들 예수의 보혈로써 제가 지은
그 수많은 죄들, 추하고 더러운 것을
다 씻어 주며 그것으로써 구원을 받는
다는 그와 같은 생각으로 믿음이요,
역사하기에, 슬프고 고통스러운 일이
있을 때 견디지 못하고 무너지는 것이
니라.
21 그러니 이제 나의 아들을 따르는 제자
너희들도 그와 같은 삶이요, 그와 같
은 믿음으로써 그들과 같은 반복되는
그 믿음으로 가면 만백성을 구하는 그
역사는 결코 있을 수 없음이니, 너희
들은 알라 전하라.
22 사랑하는 나의 아들아!
23 너희들이 참진리요, 하늘의 뜻대로 살
기가 어렵고 힘들고 견디기 어려울
때, 너희들이 나의 아들 그 예수의 죽
음의 고통과 슬픔을 생각한다면, 너희
들이 정녕 견디지 못할 것이 어디 있

으며 역사하지 못할 것이 어디 있단
말이더냐?
24 다만, 너희들이 나의 아들 예수의 죽
음이 너희 자신이 구원을 받는 그 모
두에 너희들의 속죄물이요, 그리고 너
희들을 위하여 그가 존재하는 것이요,
그 죽음이 너희들의 죄를 속죄해 주며
너희들을 구원한다는 그와 같은 믿음
이요, 생각에서 가기에, 그리고 믿기
만 하면 무엇이 얻어진다는 그와 같
은 생각을 갖고 가기에,
25 이루어지지 아니할 때 지금의 너희들
이 온 믿음의 길이 다 허상이라 생각
하며 등 돌리고 떠나는 그것이 너희들
의 믿음이 아니더냐?
26 그러니 사랑하는 나의 아들딸들아!
27 너희들이 그와 같은 부질없는 믿음에
서 깨어나도록 그리하라.
28 너희들이 지금까지 부질없는 그 믿음
이요, 신앙이야말로 너희들의 귀를 열
어 주고 눈을 뜨게 하려 모두를 다 바
친 나의 아들 예수를 두 번 죽이는 것
이요, 울리는 행동을 한다는 것을 알
라 함이요,
29 너희들이 지금 하고 있는 행동이요,
너희들의 믿음이요, 신앙의 가는 길이
얼마나 부끄럽고 고개 들지 못할 일인
가를, 창피한 줄을 알라 그리 전하라.

11,194 번째 하나님 말씀

2004년 5월 21일 07시 43분

1 사랑하는 나의 아들아!
2 **"네, 아버님! 말씀하옵소서."**
3 예수의 그 처참한 죽음이 과연 무엇이
더냐?
4 너희들은 나의 아들 예수가 그와 같이
처참히 죽어 가는 죽음이 과연 너희들
이 추하고 더러운 그 모든 지고 있는
죄요,
5 그리고 너희들 대대손손 자식들이요,
후손들까지 지을 죄 그 모두를 다 사
해 주며 용서해 주는 것으로써 너희들
이 그리 역사했다 하느니라.
6 너희들은 그러하지 아니함을 알라.
7 나의 아들 예수의 죽음은 너희들이 귀
가 막혀 듣지 못하는 자 귀를 열어 주
며, 너희들이 눈이 있으면서도 눈으로
보지 못하는 자 눈을 뜨게 하여 보게
하고자 하는 것이 나 여호와의 뜻이며
예수가 그와 같이 역사했음이니라.
8 그러니 귀 막힌 자 귀를 뚫어 주며, 눈
먼 자 눈을 뜨게 하여 너희들이 하늘
의 지혜를 얻으며 하늘의 뜻을 알도록
그와 같은 모두를 역사했음을 알라.
9 그러니 그것을 너희들에게 깨우쳐 주
는 것보다 더 위대하고 귀한 것이 없
거늘, 너희들이 귀하고 소중한 그와
같은 역사는 뒷전으로 하고,
10 그저 나의 아들 예수의 고통스러운 그
죽음의 대가는 너희들이 지은 죄를 사
해 주고 용서해 주기 위한 것이라 그
리 믿고 그와 같은 것이라 바라고 있
음이니 결코 그는 그와 같이 역사할
수 없음을 너희들은 알라.
11 자기가 지은 죄요, 그 모두를 너희들
이 스스로 해결하는 것이 하늘의 법도
요, 너희들이 죄를 지은 것만큼 그 대
가를 치르는 것, 선한 행위를 한 것만
큼 너희들이 나로부터 상을 받는 것,

이것이 하늘의 법도라는 것을 알라
그리 전하라.
12 그러니 쓸데없는 것으로써 너희들이
죄가 없으며 깨끗한 자요, 너희들은
구원을 받았다 말하는 그 착각 속에서
깨어나도록 그리하라.
13 나의 아들이 세상에 나가 그 고통의
죽음은 너희들이 귀가 막힌 자 귀를
뚫어 주며 눈을 감은 자 눈을 뜨게 하
는 그와 같은 역사를 위하여 나의 아
들이 세상에 나가 그 어렵고 힘든 역
사를, 그 대가를 치르고 나에게 왔다
함을 알라, 사랑하는 나의 아들딸들아!
14 그 이상도 그 이하도 아니라는 것을
너희들은 깨우쳐야 될 것이니라.

11,195 번째 하나님 말씀

2004년 5월 21일 07시 47분

1 사랑하는 나의 아들아!
2 "네, 아버님! 말씀하옵소서."
3 누가 무어라 해도 나의 아들을 따르는
제자들이요, 그리고 나의 새로운 성경
을 읽고 깨우친 만백성, 너희들은 가
야 할 길을 묵묵히 그저 가기만 하면
되는 것임을 알라.
4 너희들이 가는 길에 어떠한 고통과 훈
련이요, 시련이 닥친다 해도 너희들은
그것을 괴로워하며 거기서 좌절하며
주저앉지 말며, 그 모두를 헤치고 나
가는 기쁨을 얻을 수 있는 것이니,
5 그리하여 시련과 고통이 너희들에게
닥치니, 그를 너희들이 이기고 넘었을
때 얻어지는 그 기쁨을 생각하라.
6 그러니 오늘의 부닥치는 것은 너희들
이 미래의 기쁨을 위하여 나 여호와가
너희들에게 내리는 훈련의 과정이라
그리 생각하고 가지 아니하면 아니 됨
이니라.
7 그와 같은 마음을 가지고 세상을 보고
너희들이 가면 그와 같을 것이니 그리
알라.
8 너희는 지금 너희 자신의 고통과 시련
을 이기지 못한다면, 과연 너희들이
나의 전사로서, 하늘의 선생으로서 무
엇을 역사하겠느냐?
9 너희들이야말로 스스로 자기의 모든
고통이요, 자기의 번뇌요, 악습이요,
그리고 남들이 버리지 못하는 그와 같
은 것들을 너희들이 고통과 시련의 싸
움에서 다 지워 버리고 그를 다 버려,
너희 자신을 다스려 거듭나는 백성이
되어야 됨이니라.
10 너희들이 거듭나지 못하여 너희 자신
을 다스리지 못한다면,
11 어찌하여 너희들이 남들의 짐을 지고
가며, 남들의 그 신앙이요, 믿음의 길
을 잡아 줄 수 있으며 인도할 수 있으
며, 참진리를 가르칠 수 있다 하느냐?
12 오늘의 모든 종교 집단의 지도자요,
그 선생이 잘못된 것이 무엇인 줄 알
겠느냐?
13 저 자신에게 닥쳐오는 고통과 시련이
요, 그 모두를 기쁨으로써 이기고 가
지 못하는 백성들이요,
14 고통과 시련의 훈련을 극복하여 그를
기쁨으로 얻는 영광을 모르며 그 영광
의 뜻을 모르기에, 그와 같은 너희들
이 느끼는 그 행복감을 모르기에 그들
이 모두가 다 좌절하고 무너지니,

15 저 자신을 다스리지 못한 자가 어찌
남을 다스리며 남의 짐을 지고 갈 수
있단 말이더냐?
16 이제 사랑하는 나의 아들딸 너희들이
이 세상에 존재하며 나로부터 부름을
받은 것이요, 나로부터 선택된 것이
요, 오늘의 너희들이 은혜를 받음이
무엇인 줄 알겠느냐?
17 너희 자신 한 사람을 구하기 위하여
내가 너희들에게 은혜요, 영광이요,
축복을 내린 것이 아님을 알라.
18 너희들은 남의 무거운 짐을 대신 짊어
지며 남을 위하여 너희들이 깨우쳐 주
기 위하여 존재하는 것이지, 너희 자
신을 구원받게 하기 위하여 내가 너희
들에게 그와 같이 강도 높은 훈련이
요, 고통과 시련을 견디는 그와 같은
어렵고 힘든 훈련을 시키겠는가?
19 너희들이 나약하고 미약하다는 그 생
각을 완전히 바꿔, 너희들처럼 지혜
있는 자가 없으며 너희들처럼 하늘의
뜻을 따라 역사하는 자 없으니,
20 내 뜻에 의해 역사하는 백성들이 얼마
나 강한 의지요, 강한 백성이며, 너희
들을 능가하는 것은 아무것도 세상에
없다 하는 그와 같은 자부심을 너희들
이 가질 때까지 내가 왜 훈련을 시키
고 고통과 시련 속에 가게 하겠느냐?
21 너희들은 네 짐만을 짊어지고 가는 것
이 아니요, 제 짐을 지고 가기도 어려
운 세상에 너희들이 남의 짐을 지고
가며 그 모든 고통을 네게 오라 외쳐
야 되기 때문이요,
22 그리고 그들이 왔을 때, 모두를 다 수
용하고 받아 주고 짊어지고 갈 수 있
는 것은 너희들이 천사와 같은 마음이
면 어떤 짐을 갖다 놔도 가벼울 것이
요,
23 천사와 같은 마음이 아니요, 너희들이
악한 마음이요, 욕심된 마음을 가지고
있으면 작은 것도 너희들에게 무거운
짐이니 네가 질 수 없으며 갈 수 없다
는 것을 알라, 사랑하는 나의 아들딸
들아!
24 나의 아들 예수가 너희들에게 무어라
말하였느냐?
25 '고통스러운 자, 무거운 짐을 진 자,
나에게 오라.' 하였음이니, 곧 천사와
같은 자는 아무리 짐을 가져도 무겁지
가 아니하며 어떠한 고통을 가져도 고
통이 아니기 때문에 그 모두를 가져오
라 부르짖을 수 있으며 부르짖은 그
뜻을 너희들은 깨우쳐야 될 것이니,
26 너희들이 그와 같이 부르짖으며 그와
같이 역사한다면 바로 너희들이 천사
와 같은 백성이 되지 아니하면 어떤
남의 짐도 질 수 없으며 네 짐도 질 수
없음을 알라 그리 전하라.

11,196 번째 하나님 말씀

2004년 5월 21일 07시 55분

1 사랑하는 나의 아들아!
2 "네, 아버님! 말씀하옵소서."
3 크나큰 기계요, 그 모두가 움직이는
것, 그리고 너희들이 바다요, 강을 건
너는 유람선, 그 모두도 작은 것에서
부터 큰 것에 이르기까지 제자리를 지
키지 아니하면, 너희들이 그 기능을
발휘할 수 없으며, 항상 위험이 따르

며 재앙이요, 불행이 너희들에게 역
습해 오는 것이 아니더냐?
4 그러니 나 여호와가 너희들에게 지금
전하고자 하는 것이 무엇인 줄 알겠느
냐?
5 나의 아들을 따르는 제자들이요, 그리
고 나의 새로운 성경을 읽고 깨우친
만백성, 너희들에게 내가 하고자 함
은, 모든 것을 다 제자리에 놓도록 그
와 같은 역사를 하라 함이니라.
6 지금의 이 세상에 존재하는 것들이 너
희들이 인간 세상에 관계된 것, 너희
들이 역사하는 것에 그 모두가 다 제
자리를 지키며 제자리에 놓여 있는 것
이 하나도 없음을 알라, 사랑하는 나
의 아들아!
7 큰 기계에도 작고 큰 부속들이 제자리
를 지키지 아니할 때 너희들에게 재앙
이 닥친다 했으니, 이 세상에 나의 피
조물 만백성이 역사하는 것, 너희들이
살아오면서 모두를 제자리에 놓은 것
이 하나도 없으며 제자리를 지키는 것
이 하나도 없으니, 얼마나 이 세상이
혼란하며 뒤죽박죽이 되었느냐?
8 그러니 너희들이 죽지 아니하고 네 육
신이 들려 하늘에 오른다 하여, 들림
을 받는다 하여 재산을 탕진하며, 가
족과 헤어지며, 그리고 저 혼자만이
들림을 받겠다는 그와 같이 너희들이
웃지 못할 형국이 벌어지며,
9 그리고 나의 아들 예수의 보혈이요,
그와 같은 것으로써 저희들이 지은 그
죄를 다 사했으며, 영원히 지구가 존
재하는 한, 이 세상이 존재하는 한 그
너희들의 후손들이 지을 죄까지 다 용
서를 받으며 죄가 없다 그와 같은 너
희들이 해괴망측한 소리로써 나의 피
조물 만백성을 현혹시키지 않느냐?
10 그러니 이 세상에 모든 것이 제자리에
있는 것이 하나도 없으니, 이 지상이
얼마나 뒤죽박죽이 되었느냐?
11 그리하여 별의별 소리가 다 나며, 심
지어는 제가 나의 아들 예수가 재림한
자라며, 내가 재림한 자라 하며, 저희
들이 그와 같이 망발하는 오늘의 세상
이 되었으니,
12 그것들이 다 제자리를 모르고 제자리
를 떠나서 떠돌이가 되었으며 떠도는
자이기 때문에 그와 같은 말과 행동을
함부로 하고 있음을 알라, 사랑하는
나의 아들딸들아!
13 이제 너희들만이 모두를 다 제자리에
돌려놓는 그 역사를 이루어야 됨이니,
너희들이 그와 같은 역사를 이루지 아
니하면 아니 됨이니라.
14 내가 모세를 통하여 선택된 백성들을
구원하는 것, 그리고 너희들이 광야의
그 어렵고 힘든 길, 그리고 너희들이
선택된 가나안땅에 들어가는 구약의
시대의 모든 역사한 것,
15 모세가 기적을 보였던 그 모두가 다
제자리를 지키지 못하며 다 엉망이요,
뒤죽박죽이 되어 있으며, 다 그저 공
중에 떠 있는 그와 같은 형국이 되었
느니라.
16 노아의 방주의 역사도 그 가르침도 그
의미가 제자리를 지키지 못함이니라.
17 내가 원하고 역사한 그 뜻을 모르고
너희들의 임의대로 생각하며 임의대
로 가르치기 때문이니라.

18 아브라함의 그 믿음이요, 그 진실된
믿음이요, 그 깨우침 또한 너희들이
알지 못하니, 아브라함의 그 믿음이
요, 나에게 충성스러운 그 마음이 또
한 제자리를 지키지 못하고 방황하고
있는 이와 같은 형국이 되어 버렸음이
니라.
19 욥의 그 훈련은 무엇이더냐?
20 욥이 인내하고 견뎠던 너희들이 그 본
보기의 훈련이요, 가르침이요, 그 모
두도 다 제자리를 떠나서 그저 방황하
는 오늘의 형국이 되었으니,
21 참진리요, 거기서 의미하는 내 뜻을
모르기 때문에 제자리를 지키지 못하
고 지금 동서남북으로 떠다니는 그와
같은 형국으로 만든 것이 인간 너희들
이 지금까지 역사한 것임을 알라.
22 그 신약의 시대는 또 무엇이더냐?
23 그 모두도 다 그들이 제자리를 지키지
못하며 떠돌아다니며 그와 같은 형국
이 되어 있기 때문이니라.
24 그러니 제자리로 돌려놓으며 제자리
에 갖다 놓는 것이 모두가 정상으로
돌아갈 수 있는 것이며, 제 기능을 발
휘할 때 모두가 제 임무를 다할 수 있
지 않더냐?
25 그러니 너희들이야말로 그 모두를 다
제자리에 돌려놓는 그와 같은 역사를
하는 것이 오늘 나의 아들을 따르는
제자들이요, 나의 새로운 성경을 읽고
깨우친 백성, 너희들이 해야 할 일이
니라.
26 예수의 죽음이요, 신약의 가르침 그
모두를 다 제자리에 옮겨 놓는 것이
너희들의 믿음이요, 신앙의 길이요,
그리고 나의 뜻에 역사하는 백성들이
해야 할 일이며 너희들이 가야 할 길
이라는 것을 명심하고 또 명심하도록
하라, 사랑하는 나의 아들딸들아!
27 이제 제3의 마지막 시대에 사는 백성,
나로부터 선택된 백성, 사랑하는 나의
아들딸, 나의 아들과 더불어 가는 백
성, 너희들만이 모두를 제자리에 놓을
수 있는 그 일을 역사할 것이며,
28 모두가 너희들이 제자리에 놓았을 때
정상적으로 모든 것이 가동되며 움직
이는 것이니,
29 너희들이 제자리를 지키는 그와 같은
역사를 이룬 뒤에 너희들이 천 년의
역사가 이루어질 것이며 그 뜻의 역사
가 이루어져,
30 지상과 하늘이 하나가 되며, 나의 권
세요, 나의 능력 안에, 내 사랑 안에
모두가 이루는 그와 같은 세상이 이루
어질 것이니라.

11,197 번째 하나님 말씀

2004년 5월 21일 08시 29분

1 사랑하는 나의 아들아!
2 "네, 아버님! 말씀하옵소서."
3 너희들이 나로부터 생명을 받아 세상
에 나감이니, 그보다 더 크고 기쁜 영
광이 어디 있겠느냐?
4 그러니 세상에 나오니, 너희들이 다
취하고 살아갈 수 있는 것, 그 모두를
나 여호와가 준비해 주었으며 모두를
다 역사해 놓았음이니,
5 너희들이 또한 얼마나 축복받은 백성
이요, 얼마나 영광된 백성이더냐?

6 세상에 너희들 한 생명을 내보내니,
너희들이 모두를 취하고 먹고살 수
있도록 너희들이 편안히 살 수 있는
것, 악에 찌들지 아니하며 선한 마음
으로 살아갈 수 있도록 내가 모두를
다 준비해 놓았다 하니,
7 얼마나 너희들이 나에게 귀하고 소중
한 아들딸이며, 내가 그리 너희들에게
모두를 다 준비했겠느냐?
8 그와 같은 은혜를 너희들이 어찌하여
모른단 말이더냐?
9 그리하여 세상을 살아가면서 너희들
이 자연의 아름다움을 느끼며, 내가
이루어 준 모든 속에서 너희들이 그
품 안에서 살아가면서 즐기고 즐거운
마음으로 세상을 살아가도록 하며, 다
만 너희들이 악에 찌들며 악에 역사
하지 말라 하였느니라.
10 너희들의 생명이 또한 무어라 하였느
냐?
11 너희들이 죄를 짓지 아니하고 살아간
다면 너희들의 그 생명줄을 자르지
아니하니, 너희들이 나이를 초월하여
얼마든지 몇백 년이라도 살아갈 수 있
는 그와 같은 삶이 있다 하지 않았느
냐?
12 그러니 너희들이 아름답게 살지 못하
며 많은 죄를 지고 있으니, 너희들의
그 생명줄을 잘라 간다 그리하지 않았
더냐?
13 내가 또한 너희들에게 무어라 말하였
느냐?
14 천사와 같은 삶을 살아가는 백성은
너희들이 아무리 무거운 남의 짐이요,
죄의 짐을 짊어진다 해도 그것은 무게
를 느끼지 못하여 너희들이 편안하게
갈 수 있으며,
15 그리하여 남들에게 어렵고 힘든 짐을
지고 오라 너희들이 그리 말할 수 있
다 하지 아니하였더냐?
16 그러나 너희들이 지금 살아가는 그 마
음이 나 여호와로부터 받아 나간 그
아름답고 순수한 마음이 다 없어졌으
며 그 마음이 다 지워졌음이니라.
17 그리하여 너희들이 육의 세상의 삶은
육의 그 욕심에 눈이 어두워 너희들이
모두를 거기에 두고 살아가는 그와 같
은 삶으로 살다 보니,
18 나로부터 받은 그 모든 은혜의 영광
을 다 잊어버리며 너희들이 쓰지도 못
하며 소모시키는 그와 같은 형국이 되
었음을 알라.
19 더욱이 이제 너희들이 살면서 영원히
사는 거듭나는 세상으로 나에게 올 수
있는 그 길을 나 여호와가 열어 놓아
주었으며,
20 그리고 그 길에 너희들이 오기가 힘들
며 그를 지키고 오기가 너무 어렵기에,
21 내가 너희들에게 누구나 읽고 깨우쳐
스스로 선생이요, 손색없이 가르쳐 줄
수 있는 새로운 160권의 성경을 세상
에 내려보내니,
22 이를 접하고 이를 만드는 백성 너희들
만큼 영광된 백성이 어디 있으며 축복
된 백성이 어디 있단 말이더냐?
23 그러니 그 하나하나를 너희들이 감사
하는 마음으로 살아도 나에게 은혜를
다 갚지 못할 것이니라.
24 너희들이 살아 있어 자연의 새소리를
들을 수 있으며, 물소리를 들을 수 있

으며, 아름다운 이야기를 들을 수 있
는 너희 귀가 열려 있으며, 세상의 아
름다움을 볼 수 있는 너희 눈이 있으
며, 너희들이 그 모두를 감상할 수 있
는 또 지혜의 생각이 있으며,
25 모든 음식물이요, 너희들이 먹고사는
그 음식의 영양소를 취하되 너희들이
달고 쓰고 맵고 짠 그 모든 특성을 다
느끼면서 음미할 수 있도록 내가 그리
정교하고 세심하게 만들어 세상에 내
려보낸 너희들이 아니더냐?
26 너희들의 그 생각이요, 지혜는 또 어
떠하던가?
27 너희들이 무한정한 생각을 할 수 있으
며 무한정한 변화를 이룰 수 있으며,
또 너희들의 손발은 무엇이더냐?
28 네 발은 네가 가고 싶은 대로 마음대
로 생각에 따라갈 수 있으며 전진할
수 있으며 걸을 수 있으며 달릴 수도
있으며 오를 수도 있고 내릴 수 있는
것이 너희들의 신체 구조가 아니더냐?
29 또 너희들의 손가락 마디마디는 어떠
하던가?
30 그 모두가 너희들이 무엇을 만들고 역
사하는 데 그 도구로 씀에 너희들이
불편이 없이 다각도로 사용할 수 있도
록 그와 같이 모두를 역사한 것, 이와
같은 것을 너희들이 하나하나 생각한
다면, 나 여호와에게 그 감사함도 너
희들이 갚지 못하며 그 은혜를 갚지
못하거늘,
31 어찌하여 그와 같은 영광이요, 축복
속에 사는 백성들이 내가 지키라 하며
살라는 것은 지키지 아니하며, 지켜서
는 아니 된다는 것을 지키더냐?
32 아담과 하와가 세상에 내가 먹지 말며
손대지 말라 하는 것을 거역하고 손댔
듯이, 아직도 너희들이 그 마음의 뿌
리요, 그 근성이 너희 백성 속에 그득
히 차 있음이니,
33 지금도 너희들이 행하지 말라는 것은
행하며, 지키라는 것은 지키지 아니하
며 이와 같이 살아가는 나의 백성들
로 변질되고 변질되었으니, 이를 어찌
한단 말이더냐?
34 이제 너희들이 아이와 같은 마음으로
돌아가라.
35 아이와 같은 마음으로 돌아가는 길밖
에 없음이니라.
36 그러면 모두를 있는 그대로 보며 순수
한 그대로 볼 수 있는 것이 너희들의
마음이니라.
37 그러니 그 마음을 다스릴 수 있는 것
은 나의 새로운 성경이요 160권의 이
새로운 성경을 읽고 정독하고 깨우치
는 길밖에 없음이니, 그리하여 이를
손에서 놓지 말며 가슴에서 떼어 놓지
말라 내가 그리함이니라.

11,198 번째 하나님 말씀

2004년 5월 21일 08시 33분

1 사랑하는 나의 아들아!
2 **"네, 아버님! 말씀하옵소서."**
3 너희들이 어찌도 이리 사악하며 이리
도 오만불손한가?
4 나 여호와를 너희들 마음대로 갖고 장
난치며 너희들이 제멋대로 나를 팽개
치며 당겼다 하는 그와 같은 행위를
하지 말라.

5 너희들이 나 여호와를 놓고 어찌하는
가?
6 제가 필요할 때는 나를 찾으며 필요하
지 않을 때는 버려 버리니, 당겼다 밀
었다 너희들이 마음대로 나 여호와를
갖고 장난하지 말며 내 이름 앞에 너
희들이 그리 함부로 장난하지 말라.
7 너희들이 얼마나 사악한 짓을 하고 있
는 줄 알겠느냐?
8 너희들이 필요할 때 그저 이리 갖고
저리 노는 나 여호와가 아니며 너희들
마음대로 장난칠 수 있는 나 여호와가
아니거늘,
9 어찌하여 너희들이 재물을 거둬들이
고 장사를 할 때 내 이름을 쓰며, 그와
같이 아니할 때 내 이름을 버려 버리
며,
10 그리고 너희들이 당겼다 외면했다, 아
는 체했다 몰랐다 하는 그와 같은 오
늘의 종교 집단의 지도자요, 그 신도
들,
11 너희들이 이제 더 이상 장난하지 말
며, 더 이상 너희들이 그와 같은 행위
를 하지 말며, 그리고 나의 이름을 팔
아 너희들이 사기극을 더 이상 벌이지
말라 그리 전하라.
12 이제 내가 너희들에게 말하느니, 너희
들이 더 이상 나를 가지고 필요에 따
라서 찾지 말며, 너희들이 무엇의 욕
구를 위하기에 나를 부르지 말며, 이
제 나 여호와가 제자리에 있을 수 있
도록 너희들이 나를 그리 흔들지 말라
그리 말하라.
13 어찌하여 나 여호와가 제자리에 있을
수 없도록 너희들이 그리 흔들고 마음
대로 가지고 당겼다 놨다 그와 같은
사악한 행위를 한단 말이더냐?
14 그리고 너희들이 나의 은혜에 그저 구
원의 길이요, 나에게 오른다 그리 말
하니, 너희들이 나를 마음대로 흔들며
마음대로 가지고 이리저리 굴리고 다
니면서 어찌하여 너희들이 나의 은혜
요, 나의 역사 속에 너희들이 모두를
누리며 나에게 와야 구원을 받는다 그
리 말하는가?
15 이제 너희들은 들어야 될 것이니라.
16 너희들이 그와 같이 사악한 행위를 지
금 하고 있는 것이니라.
17 그러니 너희들이 나 여호와가 제자리
에 있도록 나를 제자리에 놓으며 나
의 은혜에 감사하며, 어린아이처럼 순
수한 마음으로써 나를 보며 세상의 이
치를 볼 수 있도록 그리 살아갈 수는
없는가?
18 너희들이 나를 악용하지 말며 나를 가
지고 거짓된 짓을 하지 말며 나를 가
지고 사기극을 벌이지 말라.
19 지금 이제까지 종교 집단 너희들이
가는 형태가 어떠한 줄 알겠느냐?
20 내가 너희들에게 변화되기를 거듭나
기를 내가 포기할 정도까지 와 있다면
너희들은 알겠느냐?
21 그러니 이제 너희들이 거듭날 수 있는
그 기회를 내가 주어도 너희들이 바
라보지 못하며 구원의 길을 올 수 없
을 만큼 그리 무너지고 그 너희들의
형태요, 형상이 뭉그러졌다면 알겠느
냐?
22 다만, 너희들이 지금이라도 바로 봐야
될 것이며, 내가 나의 아들을 통하여

내리는 새로운 성경을 읽고 너희들이 깨우치지 아니하면 아니 되느니라.

23 이제 너희들이 나와 나의 아들 예수를 팔아 거짓 행위요, 사기 행각을 중단하라.

24 중단하지 아니하고 더 이상 갈 때, 영원히 내가 너희들에게 더 이상 너희들의 변화요, 너희들의 어떤 것을 기다리지 않고 문을 닫는 그와 같은 불행한 일이 없도록 너희들은 그리하라.

11,199 번째 하나님 말씀

2004년 5월 21일 08시 35분

1 사랑하는 나의 아들아!

2 "네, 아버님! 말씀하옵소서."

3 지금의 수천 년 동안 흘러오면서 나의 몸에 수많은 상처를 내는 그 너희들이 교회요, 성전이라 지은 것, 그리고 나의 피조물 만백성을 인도한다면서 그들로부터 재물을 갈취하여 그들을 지옥의 벼랑으로 그저 막 밀어붙이는 그 사악한 짓을 하는 종교 집단의 지도자,

4 그리고 선생이라는 너희들은 이제 나 여호와의 뜻에 의하여 신앙의 생활이요, 믿음의 길을 참진리의 그 뜻을 따라, 하늘의 이치에 따라서 가는 그와 같은 것으로써 정녕 다시 시작하며 거듭날 수는 없는가?

5 너희들이 너희 자신의 교리요, 너희들이 만든 그 지침서를 가지고 지금 나의 뜻을 거부하며 나를 욕되게 하며 너희들이 그것을 이루기 위하여 믿음이요, 그리고 신앙이요, 나 여호와의 이름을 앞에 내세워 갖은 사악한 행위를 하고 있음이니,

6 이제 그와 같은 행위를 너희들이 중단할 수는 없겠는가?

7 그리고 이제 너희들이 참진리의 길을 봐 진정한 하늘에 오르는 길로 나의 피조물 만백성을 안내하며 인도하는 그 길은 갈 수 없는가?

8 너희들이 이제 내가 나의 아들을 통하여 내리는 160권의 새로운 성경을 읽고 거듭나는 길을 갈 수는 없는가?

9 지금까지 너희들은 내가 용서할 수 없을 만큼 내 뜻을 따르는 것이 아니요, 인간의 교리요, 인간의 뜻이요, 너희들 생각으로 나의 피조물 만백성을 지금까지 그리 우롱했으며, 너희들이 지옥의 낭떠러지로 그만큼 밀어 넣었으면 더 이상 너희들이 무얼 더 하고자 하느냐?

10 이제 여기서 너희들이 중단할 수는 없는가?

11 중단하는 자 나를 볼 수 있으며 구원의 길을 볼 것이요, 중단하지 아니하고 너희들이 그 고집만을 세워 가는 자, 머지않아 너희들이 그 종착역에 와서 어떠한 형벌을 받는가, 그때는 너희들이 후회해도 아니 됨이니라.

12 나의 아들 예수가 피를 흘리며 죽어 갔으며 그가 가시관을 썼으니, 그 고통보다도 더 험악하고 힘든 길을 가야 되는 것이 너희들이라는 것을 잊지 말라.

11,200 번째 하나님 말씀

2004년 5월 21일 08시 43분

1 사랑하는 나의 아들아!
2 너희들이 진정한 신앙이요, 지금의 믿
음을 다 버리고 새로운 믿음이요, 새
로운 각오로 거듭나지 아니하면 아니
됨이니라.
3 너희들이 지금까지 오는 그 믿음의 형
태가 어떠했으며 너희들이 어떠한 행
위를 하고 지금까지 왔는지 알겠는가?
4 그러하기에 내가 너희들에게 거듭나
며 바로 가라 함이니라.
5 사랑하는 나의 아들아!
6 나의 아들 예수가 어찌 갔느냐?
7 그는 무거운 십자가를 짊어지고 그리
끌려갔으며, 그 끌려가는 나의 아들
예수의 머리에는 그저 움직일 때마다
찔러 대는 가시관을 그 사악한 자들이
머리에 씌웠으며, 그리고 그들은 채찍
을 수없이 휘둘렀음이니라.
8 그 채찍을 휘두를 때마다 나의 아들의
몸에 상처요, 살결이 찢기는 아픈 고
통이요,
9 그 속에서 나의 아들은 그 십자가를
짊어지고 갔으며 십자가의 그 형틀에
못 박혀 그가 죽음으로써 너희들에게
귀를 열어 주고 눈을 뜨게 하지 아니
하였느냐?
10 나의 아들의 피는 낭자하였으며 그 처
참한 꼴은 이 세상의 어느 누구도 그
와 같이 죽은 자가 없을 것이니라.
11 그러니 십자가의 형틀에 못 박혀 세워
지니, 그 형틀에는 너희들이 활과 창
으로써 나의 아들의 심장을 찌르는 그
와 같은 행위를 한 것이 아니더냐?
12 그 몸속에 있는 피 한 방울 한 방울이
쏟아지며 그 모두가 다 땅을 적셨음이
니라. 그리고 그는 그리하여 말라져
갔음이니라.
13 그러니 목은 탈 대로 타 침이 나오지
아니하였으며 침을 삼킬 수 없는 그와
같은 처참한 그때, 그가 얼마나 갈증
을 느꼈으며 얼마나 목마름을 느꼈겠
는가?
14 죽어 가는 그 순간에 너희들이 창으로
찌르며 칼로 찌르는 그 고통보다도 목
이 타고 목이 마르며 그 침이 마르는
그 고통이 얼마나 더했겠는가?
15 그와 같은 고통이요, 그 모두를 이겨
내며 그는 무어라 말하였느냐?
16 저를 죽이고 저를 그와 같이 하는 자
를 사랑하라 그리 말하지 아니하였더
냐?
17 나의 아들 예수의 그 처참하고 고통스
러운 것, 넘길 수 없는 길을 넘기고 인
내한 나의 아들의 그 죽음을 너희들
이 생각한다면, 과연 너희들이 지금과
같은 마음 자세로 살아갈 수 있는가?
18 그리고 너희들이 모두를 다 제자리를
흔들어 놓는 그와 같은 삶을 살아가
는 것이 너희들이 가야 할 길이라 생
각하는가?
19 그리고 너희들이 지금의 잘못된 너희
들의 교리를 가지고 앞으로도 나의
피조물 만백성을 지옥으로 던지고 밀
어 넣는 행위를 계속하며 그리해야
된다 생각하는가?
20 그리하여 내가 너희들에게 거듭나라
함이니, 거듭나라 하는 백성 너희들이

나의 아들 예수의 그 죽음의 고통을
한번 생각해 보라.
21 너희들은 나의 아들 예수가 넘기 어려
우며 참을 수 없는 그와 같은 고통을
인내하고 간 것이 무엇이더냐?
22 그 피눈물은 눈을 가려 눈을 뜰 수가
없으며 그 세상을 볼 수가 없으며, 그
를 따르던 제자들을 볼 수 없으며 그
모두를 바라볼 수 없도록 피눈물로써
눈을 가리며 그 고통 속에서도 그는
나를 원망하지 아니하며 나를 욕되게
하지 아니하며,
23 '아버지! 저희들을 용서하여 주옵소
서.' 나의 아들 예수의 그 피맺힌 기도
소리를 너희들이 듣고 생각한다면, 과
연 너희들은 지금의 이와 같은 행위를
할 수 있단 말이더냐?
24 나의 이름을 팔며 나의 아들 예수의
이름을 팔며 너희들이 장사 짓을 하며
사기 짓을 하며 거짓된 행위를 할 수
있느냐?
25 그러니 너희들이 그와 같은 행위를 중
단하라 하며, 너희들이 믿음을 다시
시작하라 하며, 다시 뒤돌아봐 너희들
이 바른 믿음이요, 하늘에 오르는 길
을 보라 함이니라.
26 그래도 너희들이 그와 같이 나의 아들
예수의 고통이요, 그 고통 속에서 죽
어 간 그것을 저버리며 그를 악용한다
해도,
27 너희들이 또한 나의 아들딸이기에 내
가 너희들에게 새로운 160권의 성경
을 내려보내 기회를 줌이니,
28 사랑하는 나의 아들딸들아! 거듭나는
영광을 잊지 말도록 그리하라.
29 너희들이 죽어 가는 나의 아들 예수의
모습을 생각해 보라.
30 너희들이 그러면서도 악습을 버리지
못하며 악한 생각을 버릴 수 없단 말
이더냐?
31 나의 아들이 그 무거운 십자가를 스스
로 짊어지며 머리는 가시나무 관을 썼
으며 채찍을 휘두를 때마다 살점이 떨
어지는 그 아픔의 고통을 내가 본 것
이 무엇이더냐?
32 그 모두를 내가 참고 인내한 것이 무
엇이더냐?
33 너희들을 깨우치고자 함이요, 너희들
이 나에게 올 수 있는 그 길을 보게 하
고자 하며, 너희들을 구원하고자 그
모두를 인내하고 참은 것이 나의 아들
이요, 나 여호와의 마음이거늘, 어찌
하여 너희들이 이를 욕되게 하며,
34 너희들이 이와 같은 것을 생각한다면,
너희들이 어찌하여 세상사 살아가면
서 악을 버리지 못하며 악습을 버리지
못하며 남을 시기하고 욕되게 하며 남
의 행복을 짓밟고 제 행복을 취하는
그와 같은 길을 갈 수 있더냐?
35 그것이 지혜로써 나로부터 은혜를 받
아 나간 백성들이 할 짓이요, 너희들
이 역사할 길이라 생각하느냐?
36 하늘을 보고 생각해 보라, 그리고 예
수의 죽음을 보고 생각해 보라.
37 너희들이 과연 어떠한 마음으로 살아
가야 하며, 어떠한 것을 버리지 못하
며 지워 버리지 못하고 살 수 있는가?
38 모두를 다 놓을 수 있으며 모두를 지
워 버릴 수 있으며 잘못된 것을 바로
잡을 수 있는 그와 같은 너희들의 삶

을 살고도 나에게 할 말이 없으며 예
수의 죽음에 보답할 길이 없거늘,
39 어찌하여 악습을 버리지 못하며 악행
을 버리지 못하며 선을 행하지 못하
며, 그러면서 너희들이 나의 아들 예
수가 구세주요, 그 피로써 은혜를 받
았으며 대대손손 그 죄를 용서받는다
그와 같은 말을 하느냐?
40 그와 같은 말을 할 수 있는 자격은 너
희들이 한 점의 부끄러움이 없는 삶을
산 자, 하늘을 향하여 너희들이 한 점
의 부끄러움이 없는 그와 같은 삶을
사는 자가 아니면 그 말을 할 수 없다
는 것을 그리 전하라.

11,201 번째 하나님 말씀

2004년 5월 21일 09시 20분

1 사랑하는 나의 아들아!
2 "네, 아버님! 말씀하옵소서."
3 인간 세상에 너희들이 살아가면서도
남에게 잘못하며 죄 있는 자 큰소리치
지 못하며 저희들이 나서지 못하는 것
이 아니더냐?
4 그와 같이 죄를 짓고 잘못한 자가 큰
소리치면 적반하장이라며 그와 같은
자를 인간으로 취급을 하던가?
5 그러니 지금의 믿음의 길을 가는 백성
너희들이 한번 들여다보도록 그리하
라.
6 너희들이 지금까지 오면서 나 여호와
로부터 죄를 지었으며 너희들이 잘못
살아온 것이 많은 자, 그리하여 너희
들의 손으로 지은 죄의 온상이요, 그
교회요, 성당이요, 성막에 와 반성한
다 그리하지 않느냐?
7 그러니 반성하는 자의 자세가 무엇이
더냐?
8 죄를 용서 빌며 반성하는 자는 조용히
반성하고 깨우쳐야 되는 것이 아니더
냐?
9 그러니 요란을 떨고 떠들어 대며 온갖
잡스러운 행사를 다하며, 그저 인간
세상에 너희들이 만들어 놓은 것, 그
저 이것저것 갖다 떠들어 대는 자, 그
리고 너희들이 중언부언 짜깁기하여
더욱이 나에게 무엇인가를 달라, 이루
어 달라 기도하는 것,
10 그것이 너희들이 죄 있는 백성이 회개
하는 것이요, 너희들의 잘못을 깨닫는
자들이더냐, 그리고 반성하는 자들이
더냐?
11 너희들의 손으로 지은 교회에 오는 것
은 무엇이더냐?
12 너희들이 와 나의 아들 예수를 인정하
며 그리 찾기만 하면 구원을 받으며,
그리고 너희들은 죄를 회개하며 반성
하는 그와 같은 삶으로써 너희 자신을
아름답게 살아간다 하지 않느냐?
13 그러니 너희들이 오늘에 하는 행사가
과연 반성하는 자이더냐?
14 더 큰 것을 짓고자, 더 아름다운 것을
짓고자 하는 것이 너희들이 반성하는
자의 자세이더냐?
15 인간 세상에 너희들이 그 옛날에 살아
가면서도 왕에게 잘못한 자가 무엇을
하느냐?
16 너희들이 석고대죄요, 대죄를 비는 자
무엇하느냐?
17 너희들이 멍석을 깔아 놓고 무릎 꿇

고 앉아 용서를 빌며 기도하는 것이
동양의 작은 나라 백성 너희들이 흘러
온 전통의 역사가 아니더냐?
18 인간의 왕에게, 또한 인간의 윗사람에
게 잘못했을 때 너희들이 석고대죄를
하며 죄를 비는 것도 너희들이 그와
같이 무릎 꿇고 앉아 침묵을 지키며
용서를 비는 것이니,
19 거기에 제가 좋은 음식을 먹으며 좋은
환경을 만들어 놓고 죄를 빈다 할 때,
그게 과연 석고대죄요, 과연 그 죄를
용서해 줄 사람이 어떠한 마음으로 그
를 받아들이며 용서하겠느냐?
20 그러니 너희는 들으라.
21 오늘의 너희들이 죄를 회개하며 반성
한다는 자들이 크나큰 궁궐을 더 짓기
위하여 더 아름다우며 호화로운 것을
갖다 바치며 만들어 놓고 너희들이 꽃
을 바치며 온갖 치장을 다 해 놓고 거
기서 너희들이 떠들며 회개하고 반성
한다 함이니, 그게 과연 반성하는 자
세요, 너희들이 회개하는 장소더냐?
22 회개하고 반성한다 함은 동양의 작은
나라 너희들이 지푸라기로 엮어 놓은
그 멍석을 깔아 놓은 것, 그저 비가 새
지 아니하는 곳에서 기도하고 반성하
는 것도 너희들이 과분한 것이 아니더
냐?
23 그러니 그 이치를 한번 너희들이 깨달
아 보도록 하라.
24 그것이 반성하는 백성이요, 회개하는
백성들이 하는 짓이더냐?
25 지금의 종교 집단의 지도자와 그 신도
들이 자신의 잘못을 아는 백성들인지,
알기에 그들이 회개하는 백성들이요,
회개하는 그와 같은 믿음이요, 신앙의
길을 가는 자들인지 그 속을 한번 들
여다보고 그 실태를 보라.
26 누구보다 더 풍요로우며 누구보다 더
편안하며 누구보다도 더 웅장하며 누
구보다도 더 방대한 짓을 해 놓고 너
희들이 그리하니, 그것이 바로 너희들
이 석고대죄요, 죄를 비는 자란 말이
더냐?
27 인간이 인간의 왕에게 지은 죄도 그와
같이 석고대죄 한다 하여 너희들이 멍
석 깔고 무릎 꿇고 맨땅에서 머리 풀
어 용서를 비는 것이 너희들 동양의
민족이 가는 것이 아니더냐?
28 그러니 지금의 나의 피조물 만백성 너
희들이 하늘을 향하여 나 여호와에게
석고대죄 하는 자들이 궁궐 같은 곳에
호의호식하면서 너희들이 그와 같은
짓을 하며,
29 그 석고대죄를 인도하는 자, 대신하는
자들의 그 호화로운 삶이요, 그 찬란
한 삶이요, 너희들이 살아가는 그 모
습을 보라.
30 그것이 회개하는 기도를 하는 백성들
인가, 마음가짐과 몸가짐이 반성이요,
회개의 자세인가?
31 너희들이 그러면서 구원을 원하며 구
원해 달라, 그리고 '무엇을 이루어 주
옵소서, 저에게 내려 주옵소서.' 울고
불고하는 그것이 너희들이 반성의 회
개요, 너희들이 죄지은 자 용서를 비
는 자세라 할 수 있느냐?
32 그 행동이 과연 회개요 반성이더냐?
33 그 목소리를 한번 들어 보도록 하라.
34 너희들 석고대죄 하는 자가 무어라 하

느냐?
35 저의 죄를 용서해 주기를 비는 것이
니, '내가 이 죄를 용서받으니, 나를
복직시켜 주며 나를 한층 더 올려 주
며 더 잘살게 해 달라' 너희들이 부르
짖는다면, 그것이 과연 죄를 용서 비
는 것이더냐?
36 너희들이 더 무엇인가를 얻기 위하여
행패요, 너희들의 힘을 가지고 그 윗
사람을 능멸하는 그와 같은 자의 행실
이 아니더냐?
37 그러니 오늘의 믿음의 길을 가는 너희
들이 얼마나 나를 기만하며 나를 우
습게 보며, 너희들이 회개하고 반성하
여 죄를 용서 비는 자들이 그와 같은
행위로써 얼마나 나를 능멸하는 행위
를 하는가 한번 너희들이 깨우쳐 보도
록 하며,
38 이 말이 잘못되었거든 나의 법전이 잘
못됐다 그리 말하라.

11,202 번째 하나님 말씀

2004년 5월 21일 09시 23분

1 사랑하는 나의 아들아!
2 "네, 아버님! 말씀하옵소서."
3 너희들이 인생을 살아가면서 하나의
목적을 이루고 역사하는 것도 함부로
너희들이 선택하며 그 완전한 것을 깨
우치지 아니하고 대들었을 때, 너희들
은 모두가 패가망신하며 실패의 그 쓴
잔을 마시게 되는 것이 아니더냐?
4 그러니 더욱이 너희들이 구원의 길이
요, 하늘에 오르는 길이요, 너희들이
거듭나는 것, 영원히 사는 그 축복된
것을 너희들이 선택함에 있어서 그 길
을 과연 너희들이 아무렇게나 뛰어들
어서야 되겠는가?
5 너희들이 선택의 길이요, 하늘에 오르
는 길은 정녕 너희들이 얼마나 소중하
고 귀하며, 그 길을 가는 것이 얼마나
힘들고 어려운 길인 줄 알겠느냐?
6 그러니 선택의 길은 더욱 힘든 길이
요, 소중하고 귀한 길이요, 무엇과도
바꿀 수 없는 길이기에, 아무렇게 아
무곳에나 너희들이 뛰어드는 그와 같
은 구원의 길을 가서는 아니 되는 것
이니라.
7 한번 너희들이 잘못 결정하여 한번 뛰
어듦으로써 너희들이 그를 감당하지
못하며 그를 역사하지 못하는 것이거
늘,
8 어찌하여 너희들이 오늘의 믿음이요,
선택을 그렇게 쉽게 뛰어드는가?
9 사랑하는 나의 아들딸들아!
10 너희들이 구원의 길이요, 하늘에 오르
는 길, 그러니 영원히 거듭나는 영광
의 길이요, 진실된 길이요, 참진리요,
진정한 목자를 따라가느냐,
11 그렇지 않으면 비진리요, 사탄의 노예
가 되어 사탄의 제자가 된 자가 가르
치는 그곳에 너희들이 깨우침의 길을
가겠는가?
12 너희들은 이를 잘 구분해야 될 것이니
라.
13 함부로 선불리 뛰어들어서는 아니 되
느니라.
14 섣불리 뛰어듦으로 인하여 너희 자신
만을 무너뜨리며 너를 죽이는 것이 아
니요,

15 다른 백성이요, 남들까지 지옥의 벼랑
으로 몰아넣는 그와 같은 행위를 하
는 것이니,
16 너희들은 이를 명심하고 또 명심하지
아니하면 아니 됨을 알라 그리 전하라.

11,203 번째 하나님 말씀

2004년 5월 21일 09시 28분

1 사랑하는 나의 아들아!
2 "네, 아버님! 말씀하옵소서."
3 나의 사랑하는 백성 너희들이 이 세상
에 생명을 유지하는 그 삶이 얼마나
짧고 짧다 내가 했더냐?
4 너희들이 말하는 하루를 살다가는 하
루살이와 같은 것이 너희들의 그 생이
요, 삶이라 내가 그리했거늘,
5 너희들이 그 생활 속에서 너희들의 영
혼을 구해야 되며 거듭나는 그와 같은
삶을 살아가야 되는 것이거늘,
6 어찌하여 너희들이 피나는 노력으로
써 그와 같은 길을 오고자 모든 힘을
다 바치는 삶을 살지 아니하는가?
7 모든 백성들이 지금 어찌하는가?
8 제가 노력하는 그 어렵고 힘든 길을
가지 아니하려 하며, 잘못 가는 종교
지도자 그들의 말을 듣고 너희들이 거
듭나는 것, 너희들이 구원을 받고 못
받는 그 모두를 어찌하여 남들에게 내
맡기고 그들이 이끄는 대로 끌고 가는
대로 흘러가는 그와 같은 삶을 살아간
단 말이더냐?
9 이것이 너희들이 얼마나 어리석고 불
쌍하며 잘못된 길인 줄 알겠느냐?
10 그리고 너희들이 어려움을 피하려는
그와 같은 생각, 그와 같은 방법, 안일
한 생각을 지우지 아니하면 아니 될
것이니라.
11 사랑하는 나의 아들딸들아!
12 하루살이라는 벌레만큼도 못한 짧은
인생의 삶이 너희들이라 그리하였거
늘, 어찌하여 그 짧은 속에서 네가 구
원하고 거듭나는 것을 네 손으로써 모
두를 다 역사해야 되거늘,
13 어찌하여 너희들이 그 인생의 모두가
끝나 버릴 수 있는 것, 그리고 두 번
다시 얻을 수 없는 것, 이 소중하고 귀
한 너희들의 오늘의 인생의 삶을 남들
에게 내맡기는 어리석은 그 길을 가며
그 삶을 사느냐?
14 이제 내가 너희들에게 말하느니라.
15 너희들은 그리 가서는 아니 될 것이니
라.
16 너희들 스스로 그를 다스리며 너희들
스스로 이루어 네가 나로부터 영원히
사는 그 나라에 들어올 수 있는 영광
과 축복을 얻도록 그리하라.
17 남에게 맡겨서 되는 것이 아니요, 남
이 끌고 가는 대로 가서 되는 것이 아
니니, 그 귀하고 소중한 기회가 너희
들에게 두 번 다시 없으며, 이번에 기
회를 놓치면 너희들이 다시 얻을 수
없으며 다시 볼 수 없으니, 그 기회를
절대 함부로 남에게 맡겨 그저 너희들
이 버리지 말라.
18 그것보다 더 어리석고 불쌍한 백성의
삶이 없느니라, 사랑하는 나의 아들딸
들아!

11,204 번째 하나님 말씀

2004년 5월 21일 11시 57분

1 사랑하는 나의 아들아!
2 "네, 아버님! 말씀하옵소서."
3 너희들이 나 여호와의 이름을 망령되
게 일컫지 말라, 그와 같은 삶을 살지
말라 하였느니라.
4 이제 나의 아들을 따르는 제자들이요,
그리고 나의 새로운 성경을 읽고 깨우
친 백성, 너희들은 이제는 모두가 나
의 아들 예수의 죽음이요, 그 삶을 헛
되이 하지 말라 너희들이 그리 전해야
될 것이니라.
5 오늘의 믿음의 길을 가는 그 모든 종
교 집단의 지도자들이 그리 어찌 살아
가는가?
6 내가 너에게 무엇을 생각하며 너희들
의 마음 자세를 다스려 가며, 어렵고
힘들 때 너희들이 굳게 설 수 있는 그
와 같은 힘을 가지라 하였느냐?
7 "네, 아버님! 그리 말씀을 주셨사옵나
이다.
8 예수께서 자기가 못 박혀 죽어 가야
될 그 무거운 십자가를 짊어지고 가
며, 머리에는 움직일 때마다 찔러 대
는 가시 면류관을 썼으며,
9 병사들이 휘두르는 그 가죽채에 살이
찢어지며 피가 튀는 그와 같은 고통
스러운 죽음의 길을 가는 그 예수의
피를 생각하라 하셨으며 그를 생생하
게 기억하라 그리하셨사옵나이다."
10 그가 십자가에 못 박혀 죽어 가면서
병사들이 그 심장을 찌르는 창이요,
칼보다도 더 아픈 것이 무엇이라 하였
느냐?
11 "갈증에 목마름이 오니, 그 물 한 모금
을 갈구하는 것, 그것이 얼마나 더 고
통이며 아픔이었는가, 그를 모른다 하
셨사옵나이다.
12 그와 같은 아픔을 보라 하셨사옵나이
다.
13 죽어 가면서 그 형제요, 그 사랑했던
제자들이요, 이 세상을 보지 못하는
것, 피가 눈을 가리어 보지 못하는 그
곳에서 그를 씻을 수 없으며, 씻을 자
가 없어 흘러내리는 피에 눈이 가려
아무것도 보지 못하며 죽어 갔던 예
수, 그 아버님의 아들이요, 그 아버님
의 예수를 생각하라 그리 말씀을 하셨
사옵나이다.
14 그리고 그와 같이 가면서도 그가 마지
막 아버님께 기도하기를, 그 모두를
다 사랑하고 용서하라 그와 같은 말로
써 숨을 거둔 그와 같은 삶을 본보고
살라 하셨사옵나이다."
15 그러니 지금의 백성들이 과연 어떠한
형태로 살아가느냐?
16 너희들이 나의 이름을 망령되게 일컫
기 전에, 나의 아들 예수의 이름을 망
령되게 부르지 말며 그를 망령되게 하
지 말라는 나 여호와의 뜻을 너희들은
받아들이며 깨달을 수 있겠느냐?
17 사랑하는 나의 아들을 따르는 제자들
이요, 그리고 나의 새로운 성경을 읽
고 가는 백성, 너희들은 들으라.
18 예수가 죽음에 갈 때까지 그 모두를
너희들이 실제로 체험하며 실제로 겪
는 그와 같은 아픔의 시련을 한번 생
각해 보라, 그리고 그 정경을 생각하

라.
19 그리고 너희들이 십자가에 못 박혀 아
파서 죽는 그 아픔만을 생각하지 말라.
20 못 박혀 죽는 것이요, 못이 박히는 것
은 너희들이 생각할 때 소름이 끼치며
견딜 수 없는 고통이라 하나, 그보다
더한 아픔이 수천수만 가지가 있었음
을 알라.
21 너희들이 창으로 그 심장을 찌르는 병
사들의 창끝보다도, 그는 갈증이 나는
것, 그리고 참지 못하는 그 갈증이요,
그 물 한 모금이 얼마나 그립고 그 입
에서 침이 나오지 아니하며 침이 말라
넘기지도 못하는 그 순간까지도 그 바
라던 한 방울의 물,
22 그리고 피가 눈을 가려 그 보이지 않
는 그 아픈 마음의 상처,
23 천 가지 만 가지 그 아픈 상처를 너희
들은 하나하나 찾아내고 생각하여 너
희 스스로 네 것으로 만들라 너의 제
자들에게 그리 전하라.
24 나의 아들 예수가 그 무거운 십자가
요, 제가 못 박혀 죽을 십자가의 형틀
을 짊어지고 가는 과정서부터 그가 가
시 면류관을 썼으니 머리를 움직일 때
마다 그를 아프게 찌르는 그 가시관이
요, 그들이 얼마나 사악하고 잔악한
짓을 했는가?
25 그리고 그때마다 나의 아들 예수는 얼
마나 아팠겠는가?
26 그리고 채찍질할 때 살점이 찢어지고
상처가 나는 것, 그 피투성이가 되는
몸, 그리고 십자가에 못 박힐 때의 그
못 박히는 것보다도, 그 병사들이 창
과 칼로 찌르는 것보다도, 그 심장부
를 찌르는 것보다도 더 아픔이 있었다
는 것을 너희들은 생각하라.
27 그러면서 나에게 '아버지! 저들을 용
서하여 주옵소서.' 그 기도가 과연 나
올 수 있는가?
28 그 기도를 하는 나의 아들 예수는 얼
마나 아픈 고통이요, 시련을 다 참고
인내하며 그 말을 했는가?
29 이제 나의 아들을 따르는 제자들이요,
나의 새로운 성경을 읽고 깨우친 백
성, 너희들은 이 한 가지요, 이 하나의
역사요, 그 한 장면의 사진을 가지고
모두를 생각하고 연구해도,
30 너희들이 나의 계명을 지킬 수 없으며
새로운 성경을 지킬 수 없으며 아름답
게 살 수 없으며 죄를 짓지 아니하고
살 수 없으며 남에게 욕된 짓을 하지
아니하고 살 수 있다 말하겠는가?
31 오늘의 너희들의 삶이 그보다 더하더
냐?
32 너희들의 오늘의 고통이 그보다 더하
더냐?
33 마지막 순간에 너희들이 그 길을 갈
수 있는 믿음이 있더냐?
34 오늘에 나의 새로운 성경이요, 이를
가지고 공부하는 제자 너희들은 그 모
두를 넘을 수 있다 생각하느냐?
35 이것이 오늘의 너희들이 생각하고 연
구할 과제라는 것을 그들에게 전하라.

11,205 번째 하나님 말씀

2004년 5월 21일 12시 03분

1 사랑하는 나의 아들아!
2 **"네, 아버님! 말씀하옵소서."**

3 수천 년 동안에 그 많은 나의 종교 지
도자라는 자, 그리고 신도라 하여 믿
고 가는 그 백성들, 저희들이 성서를
가지고 공부하며 성경으로써 공부를
함이니,
4 그래도 그들이 그 마음속에 남아 있는
것과 그리고 그들의 마음속에 심어지
는 어떠한 그 뿌리가 있었는가 너희들
은 그들에게 물어보라.
5 그러나 지금 나의 아들을 따르는 제자
들이요, 그리고 나의 새로운 성경을
읽고 깨우친 백성, 너희들은 읽고 정
독할 때마다 나 여호와가 너희들과 같
이 있다 생각하라 하였으며, 내가 너
희들과 더불어 같이 역사한다 하지 아
니하였더냐?
6 그러니 너희들이 나와 더불어 나의 새
로운 성경이요, 나의 진리요, '하늘에
오르는 길'이요, '하나님! 말씀하옵소
서.' 그 책을 정독하는 것, 내가 같이
하며 너희들과 같이 있다 하였으니,
너희들이야말로 얼마나 축복받은 백
성들인 줄 알겠느냐?
7 그것이 바로 너희들이 무엇을 증거하
는 줄 알겠느냐?
8 지금 수천 년 동안 믿음의 길을 온 그
종교 집단의 지도자 그들은 뿌리가 없
으며 근본이 없으며, 무엇인가 제 마
음속에 뿌리를 심어서 그 성장하는 것
이 없음이니라.
9 그저 듣고 남은 그 약이요, 그것으로
써 너희들이 그 세월을 흘러가는 것,
그저 재탕 재탕하는 속에 너희들이 평
생을 바쳐 믿음이라는 걸 왔음이니,
거기에는 다 죽은 믿음이요, 산 믿음
이 아니라 하였음이니라.
10 그러나 나의 뜻이라 생각하여 나의 새
로운 성경을 읽고 깨우치고 나의 아들
을 통하여 강론을 듣는 너희들은 너희
들도 모르는 마음속 깊은 곳에 하나의
씨앗이 싹트기 시작하며, 그 싹이 서
서히 깨끗하고 아름답게 자라게 됨을
너희들은 알게 될 것이니라.
11 그것이 무엇인 줄 알겠느냐?
12 너희들 자신의 마음속에 변화가 이루
어지는 것이며, 세상사의 바라보는 이
치가 너희들이 선한 쪽이요, 아름다운
쪽으로 봐야 되며 그리 가야 된다는
생각의 마음을 잡아 가는 것, 그것이
천사의 마음이니, 천사의 마음의 씨앗
이 너희들 가슴속에 심어짐이니라.
13 아주 깊고 깊은 곳에서 그가 심어지
니, 너희들이 아직은 그가 성장하지
못하였으나 그가 지금 떡잎의 과정을
거쳐 오고 있음이니라.
14 너희들이 떡잎의 그 두 개가 떨어져
새로운 싹이 나 모두를 역사하듯이,
너희들은 마음속 깊고 깊은 그 속에
떡잎이 뿌리를 내리며 그 떡잎이 지금
변하기 시작하는 것이 너희들이 오늘
의 단계이니라.
15 그러니 너희들이 느끼게 될 것이니라.
16 너희들이 지금 살아가면서 무엇을 느
끼느냐?
17 너희들이 삶에 대한 것에 죄의식을 느
끼고 있을 것이니라.
18 지금까지 너희가 얼마나 잘못 살아오
며, 얼마나 모르고 살아왔으며, 얼마
나 어리석은 삶을 살았는가, 그것을
너희들이 가슴속 깊이 후회하며 느끼

게 될 것이니라.
19 그리고 죄 속에서 살아왔다는 것을 너
희들이 알 것이니라.
20 그리고 너희가 어찌 살아가야 되며 어
찌 행해야 될 것인가를 서서히 깨닫고
갈 것이니라.
21 그것이 천사와 같은 마음이 너희들 가
슴속 깊이 뿌리를 내렸음이니라.
22 그 뿌리를 내리지 아니하고 그 뿌리를
심지 아니하는 자, 천년 만년을 너희
들이 믿음의 길을 가며 성경을 읽고
나의 법전을 읽는다 해도, 변화의 그
씨를 심지 아니하는 자는 거듭날 수
없음이니라.
23 수천 년 동안 오면서 그 많은 종교 지
도자요, 하늘에 오르는 길이라 하여
기름 부은 자요, 목자라 하는 자들이
그 뿌리를 제 자신이 심지를 못했음이
니라.
24 그 뿌리를 내리지 못한 자들이 어찌하
여 그 나의 사랑하는 백성들에게 저희
들이 그 새로운 씨앗을 심으며, 그 새
로운 씨앗이 가슴속에 뿌리를 내리겠
느냐?
25 이제 너희들은 떡잎이 되었음이니, 그
가 떨어지면 너희들은 이제 이파리가
필 것이니, 그리하여 성장하는 과정을
거쳐 너희들이 결과를 거둘 것이니라.
26 그리고 너희들이 이와 같이 잘못됨을
느끼게 될 것이니, 너희들은 회개하고
반성한 대로 이제 그대로 살아가며 그
대로 깨우쳐 앞만 보고 달려가면,
27 너희들은 나에게 오를 수 있는 그 영
광을 얻은 백성들이요, 축복 속에서
거듭난 백성이라는 것을 알라 그리 전
하라.

11,206 번째 하나님 말씀

2004년 5월 21일 12시 11분

1 사랑하는 나의 아들아!
2 **"네, 아버님! 말씀하옵소서."**
3 인간 너희들이 깨달음의 한계에 도전
하는 자 그들이 인생을 살다 그 모두
를 다 거둬들일 때 무어라 말하였느냐?
4 '무(無)다, 무다, 아무것도 없다.' 말하
니, 그 말의 뜻이 무엇이며 그가 그리
부르짖고 간 그 절규가 무엇이더냐?
5 아무것도 없다는 것, 아무것도 없었구
나 하는 것, 그리고 아무것도 남는 것
이 없다는 것, 그리고 남겨 놓은 것이
없다는 것, 제가 이룬 것이 없다는 것,
6 그리고 허무한 인생을 살면서 죄와 선
의 그 고개를 완전히 정리하지 못하
며, 그 고개를 왔다 갔다 했다는 것,
7 그리고 지옥과 천국을 수없이 왔다 갔
다 한 그 삶이요, 선을 행함도 아니요,
천사로 행함도 아니요, 악을 뿌리친
것도 아니요, 아무것도 뽑아내고 정리
한 것이 없음이니,
8 허무한 세월 속에 그저 인생을 살다
가는 것이요, 아무것도 역사한 것이
없다 하니,
9 그가 '없다, 없다.' 한 그 말이 얼마나
빠저린 절규요, 후회인 줄 알겠느냐?
10 너희들은 그와 같은 인간들이 남기고
간 그 말의 의미를 한번 깊이 생각해
봐야 할 것이니라.
11 그들이 말은 하지 아니하여도 무어라
말하겠느냐?

12 그는 제가 살아온 것은 아무것도 이
룬 것이 없으며 이루지도 못했으며 아
무것도 얻은 것이 없으며, 지금까지
이루어 보겠다 한 것 모두가 다 아무
것도 채워지지 아니한 빈 깡통과 같은
자기 자신을 봤음이니라.
13 빈 깡통과 같은 자기 자신을 보았기
에, '무다, 무다.' 그리 말하지 아니하
였느냐?
14 아무것도 남아 있는 것이 없다는 그
아픈 절규를, 지금 사랑하는 나의 아
들을 따르는 제자, 너희들도 그리해서
는 아니 될 것이니라.
15 그 말이 지금의 믿음의 길을 가는 모
든 종교 집단의 지도자요, 하늘에 오
르는 길을 인도한다는 자, 그리고 구
원을 받았다 하는 백성, 그들에게 그
말의 의미를 전해 줘야 할 것이니라.
16 너희들이 지금 가고 있는 그 삶의 마
지막 종착역, 시험장에 왔을 때, 너희
들은 '무다, 무다.' 아무것도 없는 것이
요, 너희들에게 남아 있는 것은 너희
들이 지은 그 죄의 대가만이, 그 쇠줄
이 너희를 묶고 있다는 것을 알아야
될 것이라 그리 전하라.
17 오죽하면 그들은 인간의 삶을 살면서
행복했던 것, 너희들이 지금 기뻐하는
것, 그리고 즐기는 향락이요, 그 모두
가 다 부질없는 것이요, 그가 죽어 갈
때 남는 것이 아무것도 없다는 것을
말했으며,
18 슬프고 즐거운 그와 같은 것, 너희들
이 괴로운 고통의 그 순간도 아무것도
남아 있는 것이 없어 그저 빈 깡통이
라는 것, 그러니 저 자신이 빈 깡통이
라는 것을 남기고 가고자 한 그 말이
아니더냐?
19 아무것도 남기지도 못하였으며 이루
지도 못하였으며, 그리하여 속이 빈
깡통과 같은 삶을 살았다는 그 절규이
니라.
20 그러니 지금의 모든 믿음의 길을 가는
백성, 너희들도 그와 같은 삶을 살겠
는가?
21 너희 자신이 빈 깡통의 삶을 살다가
나에게 와 무엇인가 너희들이 하늘의
문을 들어설 수 있으며 나에게 와 거
듭나는 그와 같은 인생을 살 수 있다
생각하느냐?
22 이제 사랑하는 나의 아들딸들아!
23 '아무것도 없다, 무다, 무다.' 하고 간
너희들의 앞에 간 선배들의 삶과 같은
빈 깡통이 되어서 나에게 와서는 아니
될 것이니,
24 그곳에 그득히 채울 것이 있지 않더냐?
25 지금 나로부터 선택된 백성, 너희들에
게 나 여호와가 무엇을 내리더냐?
26 새로운 성경으로써 너희들의 그 빈 깡
통을 내가 채워 주고 있으며, 성령으
로써 너희들에게 임하도록 하여 내가
그 빈 깡통을 채워 주며, 너희들에게
은혜로써 내가 모두를 다 채워 주니,
27 너희들보다 더 큰 축복이요, 영광을
받은 백성이 없음이니, 너희들은 내가
모두를 채울 수 있는 그와 같은 것을
주었으니, 이제 담으면 되는 것이니라.
28 담는 것은 너희들이 이루고 역사하는
것이 바로 너희들이 빈 깡통이 아니
요, 내가 역사한 참진리요, 선함이요,
아름다움을 그득히 담아 가지고 올 수

있어야 할 것이니라.
29 앞에 간 너희들 인간의 선배들이 말한
'무다, 무다.' 아무것도 없다는 것처럼,
너희도 '아무것도 없다.' 그리 와서는
아니 될 것이니라.
30 심판대에 섰을 때 너희들이 선하고 아
름답게 하늘에 오르는 그 역사는 아무
것도 없으나,
31 보이지 않는 그 죄의 쇠사슬이 너희들
을 묶어 동여매고 짓누르고 있어 그
무게가 하늘에 치솟는 그와 같은 무서
움과 두려움을 체험하지 아니하려거
든,
32 오늘의 너희들이 그 빈 깡통이 아니
요, 나의 참진리요, 새로운 성경이요,
나의 아들을 통하여 내리는 창조주 나
여호와의 말이요, 나 여호와의 뜻으로
그득히 채우는 데 최선을 다하도록 하
라, 사랑하는 나의 아들딸들아!

11,207 번째 하나님 말씀

2004년 5월 21일 12시 14분

1 사랑하는 나의 아들아!
2 **"네, 아버님! 말씀하옵소서."**
3 너희들이 살아가면서 과욕으로써 패
가망신하며 모두를 망하지 않느냐?
4 그러면서 너희들은 남이 너를 속였으
며 너희들에게 거짓 했으며 너희들에
게 사기극을 벌였다 그리하며 그를
원망하고 욕하며 평생 후회 속에 살
아가지 않더냐?
5 그러나 너희들이 돌이켜 보면 너희들
이 욕심쟁이요, 너희들이 과한 욕심을
부렸기 때문이니라.
6 그리고 너희들이 스스로 화를 부른
것을 알고 있을 것이니라.
7 그러니 너 자신이 반성해야 할 것이
요, 너 자신에게 네가 넘어간 것이니,
8 너희들의 그 모두가 과한 욕심이요,
그 욕망을 채우기 위한 것에서 이루
어지는 너희들의 죄요, 너희들의 실책
이라는 것을 알라 그리 전하라.
9 지금 내가 너희들에게 전함이니, 믿음
의 길을 가는 그 백성 너희들이 어떠
하던가?
10 너희들은 나의 아들 예수의 고통스러
운 죽음이요, 그가 그 길을 갔던 것,
그가 그러면서 마지막 전했던, '모두
를 사랑하며 나를 죽인 자를 사랑하
라.'는 그와 같은 것을 남긴 것처럼 그
것만을 너희들이 생각하고 가야 되는
것이니라.
11 너희들이 지금 구원을 받았다, 하늘에
올라왔다, 나에게 와서 받을 축복과
영광만 남았다 그리 생각하는 백성 너
희들이 욕심이요, 화를 부르는 것이
요, 과함이 너희들을 망하게 하는 것
이니,
12 너희들이 앞질러 가는 것, 너희들이
이룰 수 없는 것, 얻을 수 없는 것을
얻을 수 있으며 너희들이 마음대로 취
할 수 있다는 그와 같은 화를 부르는
지금의 믿음으로 가고 있음이니,
13 이를 그들에게 전하여, 지금이라도 그
들이 깨우쳐 바른길을 보며 바른 믿음
이요, 바른 참진리의 길을 보도록 그
리 전하라, 사랑하는 나의 아들딸들아!

11,208 번째 하나님 말씀

2004년 5월 21일 12시 19분

1 사랑하는 나의 아들아!
2 **"네, 아버님! 말씀하옵소서."**
3 지금의 모든 믿음의 길을 가는 종교
집단의 지도자, 저희들이 비진리를 가
지고 지금 공부하는 것, 그리고 참진
리를 전혀 모르고 가는 그 신앙의 생
활, 그들이 그러나 완벽한 신앙이요,
완벽한 믿음으로 저희들이 가고 있다
생각하고 있음이니라.
4 또한 나의 아들을 따르는 제자들이요,
나의 새로운 성경을 읽고 깨우친 백
성, 너희들도 이것이 기초요, 이 정도
의 깨우침으로써 모두를 다 역사한다
생각해서는 아니 됨이니라.
5 너희들도 이 한 계단을 넘어 더 깊은
곳에 뿌리를 내리는 그와 같은 영광을
얻어야 될 것이며, 그리고 믿음의 길
을 가는 종교 집단 지도자들도 지금의
믿음이 완벽하다 생각하지 말라.
6 너희들이 지금 그곳을 통과하여 더 깊
고 깊은 옥토에 씨앗을 심어 뿌리를
내려야 된다는 것을 알라.
7 너희들은 지금 겉에서만 모두를 발버
둥치는 것이요, 그 속에 심어야 될 그
옥토까지는 아무도 간 자가 없음이니
라.
8 지금 나의 아들을 따르는 너희들도 거
기까지 갈 수 없음이니라.
9 지금 너희들이 거기까지 뿌리를 내릴
수 있도록 그리 가야 되는 것이니라.
10 내가 지금 이 세상에 믿음이요, 종교
집단이 굳어지고 굳어진 그와 같은 모
두를 개혁하며 그 개혁의 역사를 이루
는 것은, 너희들이 아주 깊은 옥토에
지금서부터 더 깊이 내려가 뿌리를 내
리는 그와 같은 변화의 삶을 살지 아
니하면 아니 되느니라.
11 지금의 너희들의 믿음이요, 너희들의
그 한계로써는 아직 겉핥기만 하며 속
을 보지 못했으며,
12 너희들이 씨앗을 심어서 뿌리를 내리
는 것이 씨앗을 뿌리는 것이 아니요,
너희들이 돌밭 위에 그냥 던져져 있는
것과 같음이니라.
13 그러니 그 돌밭을 헤치고 너희들이 옥
토까지 내려가야 그 씨앗이 거기서 뿌
리를 내리고 성장함이니, 아직도 거기
까지 너희들도 가지 못하였으니,
14 지금에 바르게 살고자, 나의 계명을
지키고자, 나의 새로운 성경대로 지키
고 살고자 발버둥치고 가는 너희들도
아직 뿌리가 옥토에 닿지 못했음이니,
오늘의 믿음의 길을 가는 그들이야 어
떠하겠느냐?
15 그러니 종교 집단의 지도자의 그 모
든 믿음을 다 쓸어버리고 너희들로
하여금 내가 새로운 성경으로 새로운
개혁이요, 혁명을 이룸이니, 그 성공
여부는 너희들이 깊이 뿌리를 내리는
그와 같은 역사가 있어야 됨을 알라.
16 사랑하는 나의 아들딸들아!
17 이제는 너희들이 더 깊이 내려가며 더
깊이 깨우치라.
18 그 한계에 도달하면 너희들이 그때는
알 것이니라.
19 너희들이 발이 땅에 닿는 것을 감정을
느끼듯이, 너희들이 더 내리고 내려야

됨을 절대 잊지 말라.
20 그리하여 너희들이 더 깊이 내려가는 용기가 필요하며 그와 같은 자신 있는 삶이 필요하니라.
21 그리고 그 변화가 되어야 됨을 알라, 사랑하는 나의 아들딸들아!
22 지금 너희들이 땅의 겉표면에 서 있느니라.
23 그러니 거기에 너희들이 파고 심어야 되는 것, 깊이 들어가 물이 있고 좋은 옥토에서 뿌리를 내릴 수 있는 그곳까지 내려가야 되니,
24 그곳까지는 아무도 내려간 자가 없으며, 지금 나의 아들을 따르는 너희들도 그 깊이까지는 내려가지 못하였음이니라.
25 거기까지 내려가는 용기가 필요하며, 거기까지 뿌리를 내렸을 때, 떡잎이 나온 그 이파리는 너희들의 양식이요, 곡식으로서 성장할 수 있듯이, 너희들이 만백성을 비추는 빛이 될 수 있을 것이니,
26 더 깊이 더 깊이 내려가야 함을 너희들은 알라.
27 낮아진 자세요, 겸손한 자세요, 세상을 아름다움으로 보는, 너희들이 모두를 비운 그 마음만이 깊이 내려갈 수 있다는 걸 알라.
28 사랑하는 나의 아들딸들아!
29 지금의 나의 모든 백성들이 불안과 공포 속에서 헤어나지 못하느니라.
30 저희들이 악을 쓰고 찬송을 부르며 눈물을 흘리고 기도하는 것이 무엇인 줄 알겠느냐?
31 채워지지 않는 마음이요, 공허한 마음이요, 그곳에 그것이라도 저희들이 소리 지르고 채워 놓아야 그래도 마음에 후련함을 느끼며 무엇인가를 얻은 것 같이 생각하나, 돌아서면 그들이 공허하고 불안한 마음이니,
32 그 불쌍한 백성들을 구원하는 것은, 너희들이 깊이 뿌리를 내려, 바람이 불어도 뽑히지 아니하며 태풍이 몰아쳐도 뽑히지 않는 씨앗을 심어 너희들이 뿌리를 내리는 것만이 그 모두를 구할 수 있는 길이라는 걸 알라.
33 더 내려가라, 더 낮은 자가 되도록 그리하라.

11,209 번째 하나님 말씀

2004년 5월 21일 21시 49분

1 사랑하는 나의 아들아!
2 "네, 아버님! 말씀하옵소서."
3 네가 어찌하여 나의 아들로서 세상에 태어나 만백성을 구하는 대혁명이요, 그와 같은 역사를 이루고 개혁을 하는지, 너 자신이 너 자신을 모른다 그리 말하느니라.
4 사랑하는 나의 아들아!
5 너희들이 돈을 가지고 또는 재물을 가지고 봉사하고 역사하는 것 또한 어떠한 것이더냐?
6 너희들이 재물이요, 현금이요, 금화와 은화를 맡기는 곳, 그와 같이 맡기는 곳에 가는 사람이 복장이 어떠한 것이 중요하더냐?
7 너희들이 농부와 같은 복장을 하고 간다 해도 너희들이 은행이라는 곳에 찾아가 돈을 예금하고 저축하는 것, 비

록 복장은 농부요, 고무신을 신었다
해도 그가 알찬 돈을 가지고 간다면,
8 거기 있는 모든 사람들은 그를 경배하
며 그를 귀한 손님으로 받아들이는 것
이 인간 세상에 너희들의 삶이 아니더
냐?
9 너희들이 돈을 거래하며 돈을 주고받
으며 저축하며 예금하는 그와 같은 곳
에 아무리 화려한 모습으로 간다 해도,
10 돈을 꾸러 오는 자, 빌리러 오는 자,
아무리 너희들이 위대한 행색이요, 말
을 잘하며 학식을 갖추고 모두를 다
갖췄다 해도,
11 그것을 꾸러 오는 자와 그를 맡기러
오는 자의 그 차이를 어찌 너희들이
인품을 평가하며 인격을 평가하는가?
12 비록 고무신을 신었으며 농부의 티를
벗어나지 못한 자라 해도, 그가 너희
들에게 꾸러 가는 자가 아니요, 너희
들에게 사정하는 자가 아니요, 너희들
에게 맡기며 예금하러 오는 자를, 너
희들은 그의 삶이 바르며 그는 무엇인
가 다르다 하여 그와 같은 자를 예우
할 것이며 존경할 것이니라.
13 사랑하는 나의 아들아!
14 아무리 외형이 똑똑하며 아무리 학식
이 있으며, 세상에서 이름을 대면 다
아는 사람이요, 문학을 하는 사람, 시
를 쓰는 사람, 예술을 하는 사람, 그리
고 정치를 하는 자, 강단에 서는 교육
자, 사회적으로 훌륭하고 똑똑한 자,
종교 집단의 지도자, 그 우두머리들이
수없이 많이 있을 것이니라.
15 네가 그들과 견주어 볼 수도 없이 미
미하며, 네 이름은 찾을 수도 없으며,
너의 위치를 찾을 수 없으며,
16 백이면 백 너를 선택하지 아니하고 모
두가 다 그들을 선택할 것이니라.
17 그러나 나의 아들 너는 들으라.
18 그들이 무엇이더냐?
19 인간 세상의 지식이요, 상식을 가지고
있으나, 하늘의 지혜가 없으며 하늘의
문이 열리지 아니하였다면,
20 그들은 인간 세상에 있는 것은 아나
하늘의 이치요, 나 여호와의 뜻을 알
수 없음이니,
21 사랑하는 나의 아들 네가 무엇인 줄
알겠느냐?
22 너는 하늘의 지혜가 열려 있으며 하늘
의 이치를 알며, 너는 나 여호와가 하
늘과 교통하는 그와 같은 문을 열어
놓았음이니, 네가 무엇이 부족하며 네
가 무엇이 선택되는 데 자격이 미달이
요, 네가 부족하다 하느냐?
23 내가 너희들에게 말했듯이, 너희들이
돈이라는 것을 재물을 맡기고 관리하
는 곳에, 꾸러 가는 자보다는 그곳에
보관하러 오는 자가 어떠한 형태든 외
형을 보지 아니한다 하지 않았더냐?
24 네가 어떠한 형태든 하늘의 지혜를 얻
은 자요, 그리고 나 여호와와 교통하
며 하늘과 땅의 그 모든 네가 중요한
역할로서 하늘의 뜻을 받아 땅에 전하
니, 하늘의 이치를 알고 땅의 이치를
아는 너이거늘,
25 네가 오늘의 네 위치를 가지고, 과거
에 인간의 살아왔던 그 삶을 가지고
너를 평가하지 말라.
26 네가 지금은 나 여호와의 뜻을 받으며
내 뜻에 따라 움직이며 하늘의 지혜를

얻어 하늘의 이치를 알며 내가 역사하
는 것을 하는 것이요,
27 이 세상 수십억 인구 중에 그 많은 백
성 중에 오로지 하늘의 뜻을 역사하는
거점이 여기요, 내 뜻을 내리는 것이
너요, 모두를 내가 너에게 그리 전하
거늘,
28 네가 이제 140권이라는 나의 새로운
성경이요, 그 모두를 지금 돌파해 머
지않아 160권의 그 결실을 맺는 동안
에 네가 얼마나 나로부터 교육을 받았
으며, 네가 하늘의 이치를 얼마나 깨
달았으며, 그 모두를 다 네가 머릿속
에 넣었는가?
29 그러니 그 누가 하늘의 뜻을 알지 못
하는 자가 너에게 평가하며 너를 잘못
했다, 잘됐다 평가할 수 있는가?
30 인간 세상에 아무리 저희들이 박식한
자요, 학식을 가진 자요, 명예를 가진
자요, 이름을 대면 아는 자도 지상의
머리요, 지상의 지혜요, 인간 세상의
지혜지, 하늘의 지혜가 아님이니,
31 나의 아들 너는 두려워하지 말며 네가
그와 같은 탄식을 하지 말며, 네가 하
시라도 벗어나 모두를 다른 사람이요,
훌륭한 사람이라는 자, 인간 세상에서
존경받는 사람에게 모두를 넘기고 네
가 숨어 버리고자 하는 그와 같은 마
음을 접으라, 사랑하는 나의 아들아!
32 모두는 다 하늘과 교통하여 하늘의 지
혜요, 하늘의 뜻을 받아들이는 자는
이 지상에 너 하나뿐이니, 네가 그만
큼 성장되었으며 네가 변화되었으며,
33 그와 같이 네가 하늘의 뜻을 받을 수
있도록 열어 놓은 그것이 중요한 것이
며, 내 뜻을 받을 수 있는 지혜를 가지
고 있는 것이 중요한 것이요,
34 내가 내리는 뜻을 네가 받아들일 수
있는 지혜를 가지고 있는 것, 그것보
다 더 위대하고 소중한 것이 없음이
니, 두려워하지 말라.
35 그리고 두 번 다시 네가 마음 아파하
며 너 자신이 고개 숙이며 나에게 눈
물의 기도를 드리지 말도록 그리하라.

11,210 번째 하나님 말씀

2004년 5월 21일 21시 55분

1 사랑하는 나의 아들아!
2 **"네, 아버님! 말씀하옵소서."**
3 너희들은 성서에 기록한 그 대목이 있
지 않으냐?
4 나의 아들 예수가 이 세상에 내려오
며, 그리고 그가 또 너희들을 깨우치
고자 하며, 그리고 나 여호와의 성령
을 직접 전하는 그와 같은 역사가 이
루어지는 것,
5 그것은 이제 이 세상에 의인을 부르러
온 것이 아니요, 너희 의인을 찾기 위
해서 온 것이 아니라, 죄인을 부르러
왔다 한 성경에 기록된 그 뜻을 어찌
생각하는가?
6 너희들이 죄인을 부르며 죄인을 구원
하는 방법이 어찌하여 역사할 수 있
단 말이더냐?
7 오늘의 종교 집단 너희들이 가르치는
그것으로써 만백성을 구원하며 죄 속
에 살아가는 나의 백성들을 너희들이
깨우쳐 하늘에 오르게 하는 그와 같은
역사를 할 수 있는가?

8 예수요, 그리고 나의 성령이요, 지금
모두가 다 너희들의 의인을 부르러
온 것이 아니라 죄인을 부르러 왔다
했으니,
9 오늘의 종교 집단이요, 너희들이 그와
같은 방법으로써 교회를 짓는 것, 성
전을 짓는 것, 거기에 찾아와 재물을
바치며 그를 더 호화롭게 더 크게 짓
기 위하여 연연하는 너희들이 과연 죄
인을 부를 수 있는 그와 같은 역사를
할 수 있는가?
10 너희들이 나의 뜻을 거역함이니, 이제
는 너희들이 문을 닫기 시작함이니,
11 너희들의 오늘의 가르침이요, 그것으
로써 내가 너희들에게 내린 내 뜻을,
죄인을 부르러 온 그 임무를 완수할
수 없는 것이 오늘의 너희들의 형국이
아니더냐?
12 이제 너희들이 잘 듣고 깨우쳐 보도록
그리하라.
13 사랑하는 나의 아들을 따르는 제자들
이요, 나의 새로운 성경을 읽고 깨우
친 너희들은 나의 법전을 읽으면서 너
희들의 마음이 어찌 되던가?
14 너희들이 마음이 선하고 아름다운 쪽
으로 변하여 가지 않던가?
15 그리고 하늘의 법도의 두려움을 알며,
나 여호와가 역사하는 것을 너희들이
마음속으로 깨달으며 하늘의 지혜를
얻어 가지 않더냐?
16 그러니 너희들의 행동이 변화될 수밖
에 없으며 너희들의 행동이 아름다운
쪽으로 가는 그와 같은 삶을 살지 않
던가?
17 그러지 아니하고는 너희들이 살아갈
수 없음이니라.
18 그러니 바로 나의 새로운 성경을 읽고
접하는 백성들이 마음이 변하며 천사
와 같은 삶을 살고자 노력하며,
19 인간이 지킬 수 없으며 행할 수 없다
는 그 십계명을 너희들은 지킬 수 있
으며, 그저 차 한 잔 마시는 것보다 더
간단하게 지킬 수 있는 것이 하나님이
내린 십계명이라 너희들이 그리 자신
있게 당당하게 나아감이니, 너희들의
그 변화가 얼마나 무섭더냐?
20 그러니 그와 같이 지금 죄인을 깨우치
고 죄인을 부르러 온 것이 무엇이더냐?
21 그 언약이요, 약속은 나의 새로운 성
경이 세상에 내려온다는 뜻이요, 지금
새로운 성경이 세상에 내려와 그와 같
은 내가 약속한 역사가 이루어진다는
걸 너희들은 알아야 될 것이니라.
22 죄 속에 살아가는 불쌍한 나의 백성
너희들이 이제 스스로 일터에서, 가정
에서, 쉼터에서 모두가 나의 새로운
성경을 접하면서 마음이 변하면 너희
들이 죄를 짓지 아니함이니,
23 죄 속에 사는 나의 백성 너희들을 부
르러 왔으며 너희들을 깨우쳐 하늘에
인도하고자 하는 나의 160권의 새로
운 성경이 지금 내려오는 것이 바로
내 언약이요, 약속의 행함임을 너희들
은 알라, 사랑하는 나의 아들딸들아!
24 예수는 어찌 전했느냐? 예수는 말로
써 전했음이니라.
25 그리하니 거기에 오류가 오류를 물고
늘어지며, 잘못된 것이 잘못된 것을
물고 늘어지는 그와 같은 세월이 흘러
왔으며, 그리고 선택된 백성들을 위하

여 그들을 집중적으로 깨우쳐 전하였
음이니라.
26 그러나 마지막 시대에는 나 여호와가
직접 관장하며, 나의 모두를 태워 내
성령을 세상에 책으로 준비하여 내려
보내니, 이 나의 새로운 성경이 세상
을 덮게 될 것이니라.
27 그러니 나의 새로운 성경이 세상을 덮
었을 때, 만백성들이 이를 보지 아니
할 수 없으며 읽지 아니할 수가 없음
이니,
28 그들이 나의 새로운 성경을 접하며 읽
고 깨우쳐 마음을 바르게 다스려 나간
다면 그게 바로 무엇이더냐?
29 죄인을 부르러 왔다는 하늘의 뜻이 역
사하는 것이요, 내가 약속한 것이 지
금 이루어지며 이 대사명이 이루어지
는 것이니라.
30 그 개혁이요, 혁명의 그 모두를 다 지
금 주도하는 것이며, 그를 너희들이
나의 아들을 받쳐 160권의 새로운 성
경이 나오며, 만백성이 이를 접할 수
있도록 그 기초 작업이요, 그 준비 작
업으로 선택된 것이 바로 나의 아들을
따르는 제자 너희들이니,
31 너희들 또한 나의 아들처럼 많은 나의
뜻을 배웠으며 하늘의 이치를 배웠으
며 너희들 마음속에 나의 성령이 내려
심기 시작하였음이니,
32 너희들이야말로 그 누구도 너희들이
가지고 있는 하늘의 뜻이요, 나 여호
와의 뜻을 감당할 자가 없으며 너희들
과 대적할 자가 없음이니,
33 너희들 자신 또한 주저하지 말며 너희
들 자신이 미약한 자요, 나약한 자라
는 그와 같은 생각을 하지 말라.
34 너희들이 만백성을 구하는, 모두가 갖
춰진 백성이요, 나 여호와가 같이하고
있다는 것을 믿고 그와 같이 자신 있
게 행동하라.
35 너희들의 용기가 필요함이니라.
36 모든 개혁이요, 새로운 것을 이루는
데는 가장 중요한 것이 무엇이더냐?
37 용기이니라. '할 수 있다, 하면 된다.'
는 그 용기니,
38 너희들이 그 용기를 잃지 말며 나 여
호와가 항상 같이하며, 너희들이 승자
가 된다는 그 마음을 절대 놓지 말라,
사랑하는 나의 아들딸들아!
39 그리하면 너희들이 모두를 이룰 것이
니라.
40 용기를 잃으며 자신을 잃어서는 아무
것도 역사할 수 없으니 그리 전하라.

11,211 번째 하나님 말씀

2004년 5월 21일 22시 02분

1 사랑하는 나의 아들아!
2 "네, 아버님! 말씀하옵소서."
3 어찌하여 이 아름다운 세상이 죄로써
덮어졌으며, 사악한 자들이 이 세상을
덮는 이와 같은 험악한 세상이 되었단
말이더냐?
4 그러니 이 험악하고 험악한 세상에 나
여호와가 의인을 찾아 그를 부르러 온
것이 아니라, 죄 속에 사는 가련하고
불쌍한 나의 백성 너희들을 깨우쳐 하
늘로 불러올리며 하늘에 오르는 길을
알려 주며 나에게 올 수 있도록 너희
들을 가르치는 그와 같은 역사를 내가

이루고 있다 함이 아니더냐?
5 그리하여 내가 너희들에게 새로운 성
경을 내려보내, 이를 보고 너희들이
스스로 깨우쳐 죄인 중에서 거듭나는
백성이 되어 하늘의 나 여호와가 베푸
는 잔치에 참석할 수 있는 영광을 내
리고자 하여,
6 지금 나의 아들을 통하여 밤과 낮을
가리지 아니하고 160권이라는 새로운
성경을 내려보내며, 나의 아들이 이
세상에 숨을 거둘 때까지 하늘의 이치
요, 내 뜻을 기록하여 만백성을 구하
는 그와 같은 역사가 계속되느니라.
7 내가 지금 나의 새로운 성경을 세상에
내려보내면서 나 여호와가 기다리고
있는 가장 큰 기쁨의 마음이 무엇인
줄 알겠느냐?
8 죄 속에서 살며 죄 속에 사는 나의 사
랑하는 아들딸 너희들이 나의 새로운
성경을 보고 깨우쳐, 하늘나라에 내가
부를 수 있으며 나에게 올 수 있으며
내가 베푸는, 영원히 쉬지 않고 이루
어지는 하늘의 그 잔치에 너희들이 참
석하기를 바라는 것이 나 여호와의 뜻
이며 내가 바람이니라.
9 세상에 자식들이 아비를 찾아오는 자
가 많으면 많을수록 그 부모가 싫다
할 자가 어디 있겠느냐?
10 수천 년 동안에 내가 수많은 나의 아
들딸을 세상에 보냈으나, 나 여호와가
여는 그 잔치에 아무도 참석하는 자가
없으니, 아무리 산해진미의 잔치를 차
려 놓는다 한들 무엇하겠느냐?
11 그 사랑하는 자식들이요, 그 후손들이
와 즐겨 주지 아니하는 잔치는 인간
세상에서도 죽음의 잔치요, 아무런 의
미가 없지 않더냐?
12 하늘의 그 찬란하고 위대한 잔치에 참
석하는 나의 아들딸이 없음이니, 너희
들로 하여금 나의 새로운 성경을 세상
에 내려보내어, 죄 속에 사는 나의 아
들딸들이 죄가 무엇인 줄 알며, 그를
회개하는 길이 무엇이며 용서받는 것
이 무엇인가를 나의 새로운 성경을 읽
고 깨우쳐,
13 하늘의 그 잔치에 너희들이 그저 줄이
끊어지지 않도록 참석하기를 바라는
것이 나 여호와요, 그를 기대하며 지
금 내가 있음을 알라 너희들은 그리
전하라.
14 그리하여 새로운 성경이 탄생하였으
며 새로운 성경을 세상에 내려보냄을
절대 잊지 말라.
15 이제 나의 아들을 따르는 제자 너희들
은 들으라.
16 그들이 나의 새로운 성경을 읽고 깨우
치니, 그들의 그 무거운 짐을 너희들
이 덜어줘야 되며 그 짐을 벗겨 줘야
되는 것이니라.
17 내가 너희들에게 무어라 하였느냐?
18 모든 백성들의 어렵고 힘든 그 짐을
너희들에게 가져오게 하라 하였음이
니라.
19 그러니 너희들이 그와 같이 외쳐야 되
며 그 짐을 너희들이 다 거둬들이고
받아들여야 된다 하였느니라.
20 그러니 너희들이 죄 속에서 살며, 천
사와 같지 아니한 나의 아들딸로서 네
죄도 짊어지기도 어려우니,
21 남의 죄를 질 수 없으며 남의 짐을 거

뤄들일 수 없는 것이 너희들이라 하지
아니하였느냐?
22 그래서 너희들이 천사와 같이 되어야
만, 아무리 그 짐을 짊어지고 네 형제
들의 짐을 짊어져도 천사의 어깨에는
짐이 무거움이 없으며 그 중량을 느끼
지 않는 것이니,
23 그리하여 의인이요, 천사가 이 세상에
단 한 명이라도 나오면 세상 것을 다
주고도 바꾸지 아니한다는 나의 애절
한 뜻을 너희들은 알겠느냐?
24 이제 하늘에 오르고자 나의 새로운 성
경을 보고 깨우치는 그들의 짐을 벗
겨 줘야 되며 그 모든 죄의 짐을 너희
들이 거둬들여야 될 것이니라.
25 그러니 그 모두를 거둬들이고 벗길 수
있는 것 또한 무엇이더냐?
26 너희들이 무거운 짐을 거둬 대신 짐
이니, 천사가 되었을 때 너희들이 그
무게를 느끼지 아니하니,
27 천사와 같은 자는 너희들이 죄를 진
그 모든 짐을 다 어렵고 고통스러운
걸 너희들 앞에 벗어던지라, 그리고
네 앞에 다 벗어 놓으라 그리 말할 수
있다 하였듯이,
28 그 모든 죄 속에서 살며 지금까지 얽
히고설킨 그 죄의 쇠사슬을 너희들이
천사가 되었을 때, 그들을 깨우쳐 그
것을 끊어 줄 수 있음이니라.
29 그들이 스스로 그 쇠줄을 끊지 못하며
그를 벗기지 못한다면 누군가는 도와
주고 거들어 줘야 되지 않겠느냐?
30 그것이 나의 아들을 따르는 제자 너희
들이 천사와 같은 자가 남을 도울 수
있으며 남을 위해 기도할 수 있다 하
지 않았더냐?
31 너희들이 바로 그러하니라.
32 죄 있는 자 제 기도도 내가 듣지 아니
함이니, 남의 기도를 할 수 없다 하였
듯이,
33 너희들이 죄 있는 자, 제 짐을 벗지도
못한 자가 남의 짐을 감히 벗길 수가
없으며 손을 댈 수가 없음이니라.
34 그러니 모든 백성들이 짐을 벗고자 하
나 아직 벗지 못하며 그 벗는 방법을
몰라 몸부림치고 있는 그들의 짐을 벗
겨 주는 것은 아는 자가 행하면 간단
하니,
35 너희들이 바로 천사와 같이 변한 자만
이 남의 죄의 짐을 벗겨 줄 수 있다는
걸 잊지 말라, 사랑하는 나의 아들딸
들아!
36 너희들이 천사가 되지 아니하면 아니
되느니라.
37 그러니 너희들이 모두를 다 벗겨 주고
그 짐을 거둬들이며, 그 거둬들인 짐
을 너희들이 관리하고 지탱할 수 있는
것은, 너희들이 천사가 되지 아니하면
이것도 저것도 아무것도 이루어지는
것이 없음이니라.
38 그리하여 너희들이 완벽한 백성이 되
어야 하며, 너희들이 진정한 깨우침을
얻어야 되며, 진정한 변화의 역사를
이루는 너희들이 되라 함이니라.
39 나 여호와의 뜻을 알았다면, 너희들이
그 뜻을 이해했다면,
40 이제는 너희 스스로 나의 새로운 성경
을 읽고 내가 내린 그 내용을 하나하
나 지키고 행하는 그와 같은 삶을 살
라.

41 그것만이 변하는 길이요, 나에게 올
수 있는 길이요, 너희들이 거듭나는
길이라는 걸 절대 잊지 말라.
42 너희들이 변하지 아니하고 노력하지
아니하고 거듭나지 아니하면 아무것
도 이루어지는 것이며, 얻을 것이 없
다는 것을 명심 또 명심하도록 그리
전하라.

11,212 번째 하나님 말씀

2004년 5월 21일 22시 08분

1 사랑하는 나의 아들아!
2 "네, 아버님! 말씀하옵소서."
3 지금까지 믿음의 길을 온 백성, 그들
이 광란의 짓 모두를 이제 접어 두고
다시 시작해야 함이니,
4 너의 제자들에게 들으라 그리하라.
5 이 세상의 모든 종교 집단의 지도자들
이 나의 아들 예수의 죽음의 고통의
보혈로써 은혜를 받았으며, 그가 죽음
으로써 저희들의 죄를 다 씻어 주었으
니, 나의 아들 예수를 구세주라 울며
불며 구원을 받았다 그와 같은 기도를
하지 말라 그리 전하라.
6 나의 아들을 따르는 제자 너희들은 절
대 그러한 기도를 해서는 아니 될 것
이니라.
7 그들이 그와 같은 오만방자한 길이요,
편안한 것으로써 하늘에 오를 수 있다
저희들이 울고불고 가르치고 그리 배
운다 해도,
8 나의 아들을 따르는 너희들은 이것을
먼저 깨닫도록 하라, 사랑하는 나의
아들딸들아!
9 나의 아들 예수의 그 죽음으로써, 그
가 못 박혀 죽어 가야 할 그 십자가를
스스로 지며 그 머리에는 가시관을 쓰
며 그가 사형장으로 끌려가며 그 가죽
채찍에 살이 찢어지며 피가 터지는 그
와 같은 예수의 고통스러운 삶, 너희
들은 먼저 그와 같은 것을 먼저 생각
하도록 그리하라, 사랑하는 나의 아들
딸들아!
10 그리고 나의 아들 예수가 죽어 가면서
그 심장이 저려 오는 그것을 내가 뭐
라 했느냐?
11 병사가 창칼로 찌르는 것보다도 갈증
을 참지 못하는 그 갈증의 고통이 더
했던 예수의 고통과 시련을 너희들이
안다 하면, 그것을 너희들이 먼저 생
각한다면,
12 감히 어찌하여 너희들이 지금과 같이
나의 아들 예수의 보혈로써 구원을 받
았다 그리 말할 수 있겠느냐?
13 사랑하는 나의 아들딸들아!
14 너희들은 무엇을 달라, 무엇을 이루어
달라 기도하지 말며, 예수의 보혈로써
은혜 받았다 말하지 말며,
15 예수의 고통스러운 그 죽음만을 먼저
생각하라.
16 그리고 너희들은 그 죽음이 얼마나
고통스러웠는가, 그리고 그 죽음의 고
통의 길을 가면서 너희들을 깨우치고
자 했던 예수의 그 아픈 마음을 들여
다보도록 하며 그것을 먼저 생각하는
그와 같은 마음으로 가라.
17 그리고 예수에게 감사하는 기도만을
드리라.
18 그리고 나 여호와가 그 모두를 참고

넘어가야 했던 내 아픈 가슴을 너희들이 본다면,

19 너희들이 나의 아들 예수의 죽음으로써 은혜를 받았으며 구원을 받았으며 믿기만 하면 구원을 받는다는 그와 같은 소리 하지 말라.

20 고통스럽게 죽어 간 그 예수의 아픔을 먼저 생각하며, 너희들을 위하여 죽어 간 예수에게 그저 감사하다 하며,

21 나의 아들을 죽게 내버려 두고 너희들을 깨우치려 한 나 여호와에게 감사하다는 것, 감사한 기도 외에는 너희들이 아무것도 드릴 수 없는 것이거늘,

22 너희들은 그와 같은 기도 외에는 아무것도 드리지 말라 그리 전하라.

23 사랑하는 나의 아들딸들아!

24 예수가 고통스럽게 죽어 가면서 너희들을 깨우치려 했듯이, 지금 내가 나의 아들을 통하여 새로운 160권의 성경을 세상에 내려보내니,

25 너희들은 이걸 보고 구원을 받으며 너희들이 축복을 받으며, 병 고치며 재물의 은사를 얻는 것, 너희들이 육의 세상의 삶에 무엇인가를 얻고자 하는 그와 같이 추하고 더러운 생각을 하지 말라.

26 다만, 너희들의 아버지께서 너희들을 구원할 수 있는 새로운 성경이요, 하늘에 오르는 진리를 내려 주시고 보내 주신 그것에 감사하는 마음,

27 그 감사에 저려 오는 마음으로써, 감사의 눈물로써, 너희들이 오로지 감사하다는 말 외에는 아무것도 해서는 아니 될 것이며, 감사하다는 말 외에 너희들이 할 자격이 없는 자들이 아니더냐?

28 그러니 허구한 날 너희들이 무엇을 이루어 달라, 무엇을 역사해 달라,

29 그저 예수의 보혈로써 저희들이 지은 죄를 다 씻어 주었으며 저희 후손의 죄까지도 다 씻어 주었으니, 죄를 지어도 죄가 아니라는 그와 같은 사악한 말을, 나의 아들 예수의 그 숭고한 죽음 앞에 어찌 너희들이 그리 말할 수 있단 말이더냐?

30 그리고 나의 새로운 성경을 접한 너희들이 나에게 감사하는 기도요, 감사하는 마음 외에 이를 읽고 마음속에 만분의 하나라도 무엇을 이루며 역사하며 은혜를 받고자 하는 그 추한 생각을 하지 말라.

31 감히 어찌 너희들이 새로운 성경을 놓고 그와 같은 생각을 할 수 있으며 그와 같은 말을 할 수 있단 말이더냐?

32 나의 아들을 따르는 제자들이요, 나의 새로운 성경을 읽고 깨우친 제자 너희들은 들으라.

33 모두가 감사하다는 말 외에 어떠한 말도 하지 말라.

34 감히 은혜를 내려 주며 축복을 내려 달라 하지 말라.

35 신약 시대의 믿음의 길을 가며 지금 너희들이 교회요, 성당을 짓고 하늘에 오르는 길이요, 구원을 받았다 울고불고 가는 그 백성들,

36 나의 아들 예수의 그 고통스러운 죽음을 생각한다면, 그 경건한 죽음 앞에 저희들이 무엇을 이루어 달라, 제 죄를 용서받았다는 저희들이 쉽고 편한

그와 같은 말을 할 수 있는가, 그들에
게 물어보도록 그리하라.

11,213 번째 하나님 말씀

2004년 5월 21일 22시 14분

1 사랑하는 나의 아들아!
2 "네, 아버님! 말씀하옵소서."
3 내가 너희들에게 말하고 전하면 무엇
하겠느냐?
4 너희들이 네 것으로 만들어 행하지 아
니하면 아니 되느니라.
5 너희들에게 나의 아들 예수가 진실로
진실로 말한다 한 것은, 오죽 너희들
이 듣지 아니하며 따르지 아니하면 그
와 같은 말을 했겠느냐?
6 나 여호와가 너희들에게 진실로 진실
로 명하니, 나의 아들을 따르는 제자
들이요, 그리고 나의 새로운 성경을
읽은 백성이요, 그리고 이방인이라는
믿음을 모르는 백성이요, 지금의 믿음
에 광분하는 백성들, 그리고 나의 뜻
을 거역하는 그 모든 종교 집단 그들
에게 전하라.
7 너희들이 육의 세상에 살아 있을 때
사랑의 불꽃을 지피지 못하면 너희들
은 결코 구원을 받을 수 없으며 나를
볼 수 없으며 영원히 거듭나는 생명을
얻을 수 없다는 것을 진실로 진실로
내가 전하니 그리 전하도록 하라.
8 살아 있을 때 다른 사람을 위하여, 그
리고 살아 있을 때 너희들이 이웃을
위하여 희생과 봉사를 하며, 너희들이
가지고 있는 것을 아낌없이 나눠 주는
그와 같은 사랑을 실천하는 그와 같은
사랑의 불꽃을 너희들이 지펴야 됨이
니라.
9 더욱이 사랑의 그 불꽃이 꺼졌다 피었
다 하는 것은 아니 되느니라.
10 그 한번 지펴진 사랑의 불꽃은 꺼짐이
없이 꾸준히 피어나도록 그리 유지되
도록 너희들이 그걸 다스리고 피우는
데 최선의 노력을 다해야 됨이니라,
사랑하는 나의 아들딸들아!
11 너희들이 불이 켜졌다 꺼졌다 하는 그
와 같은 사랑의 불꽃은 가치가 없음이
니라.
12 그리고 의미가 없음이니라.
13 그러니 사랑의 불꽃은 꺼지지 않도록
너희들이 계속 지탱하는 그와 같은 노
력의 삶을 살지 아니하면 너희들이 나
를 볼 수 없음이니라, 사랑하는 나의
아들딸들아!
14 너희들은 알아야 될 것이니라.
15 오늘의 육의 세상에 살아 있을 때 이
삶을 가지고 너희들이 나에게 와 심판
을 받는다 하니, 너희들이 또한 이를
믿지 아니함이니라.
16 너희들은 믿어야 될 것이니라.
17 너희들이 죽어 나에게 와 심판을 받으
니, 너희들이 죄를 지은 그 죄만큼 그
쇠사슬이 너희 자신을 동여매는 그와
같은 형국이 되느니라.
18 너희들이 너희들의 지은 죄로 심판을
받을 때, 너희들이 그 죄의 쇠사슬에
묶여 던져지는 것이 무엇인 줄 알겠느
냐?
19 심판대에서 너희들이 쇠사슬에 묶여
던져질 때, 사탄은 기다렸다는 듯이
너희들에게 대들어 너희들을 들고 끌

고 지옥 쪽으로 끌고 감이니라.
20 그러니 그 속으로 너희들을 끌고 들어
가는 것이 사탄이요, 심판대에서 너희
들이 쇠사슬에 묶여 던져지기만을 바
라는 것이 그들이라는 것을 너희들은
알겠느냐?
21 그러니 너희들이 심판대에서 쇠사슬
에 묶여 던져짐이니, 그때부터 너희들
이 아무리 지옥문을 들어가지 아니하
려고 몸부림치고 울고불고한다 해도,
22 사탄들이 던져진 너희들을 이미 끌고
간다는 그 무서운 사실을 알라.
23 그리하여 영원히 너희들이 헤어나지
못하는 그 고통 속에서 존재한다는
것, 나는 너희들에게 모두를 전하였느
니라. 나의 아들을 통하여 내가 너희
들에게 모두를 전했느니라.
24 이 세상에 내가 너희들의 생명을 내려
보내면서, 너희들이 먹고 자고 쓸 수
있는 그 모두를 다 준비하여 놓았듯
이, 나는 너희들이 깨우쳐 하늘에 오
를 수 있는 그 모두를 나의 아들을 통
하여 새로운 성경에 기록하여 전했으
니,
25 심판대에서 너희들이 지은 죄의 사슬
에 묶여 던져질 때, 그를 기다렸다는
듯이 물고 지옥으로 끌고 가는 사탄들
에게 끌려가는 그와 같은 자가 되지
말라.
26 그리하여 내가 그것을 대비하기 위하
여 모두를 다 내려보냈으며, 그리하여
그를 대비하도록 내가 나의 아들을 통
하여 강론을 했으며 나의 새로운 성경
을 내려보냈으니,
27 너희들이 오늘의 삶을 어찌 유지하며
어찌 살아야 될 것인가는 너희들이 알
아서 그리 가도록 하라.
28 불쌍하고 가련한 너희들이 그와 같이
쇠사슬에 묶여 심판대에서 던져질 때
그 사탄들이 기다렸다 너희들을 끌고
가는 그와 같은 나의 불쌍하고 가련한
백성들을 보지 아니하기 위하여 내가
새로운 성경을 내려보내거늘,
29 어찌하여 너희들이 이를 보고 깨우쳐
하늘에 오르는 길을 가려 하지 아니하
는 어리석은 백성으로 존재하느냐?
30 내가 너희들에게 다시 말하니, 진실로
진실로 이와 같은 형국이 이루어지니,
31 나의 새로운 성경을 읽고 깨우치지 아
니하면 너희들이 거듭나는 영광을 얻
을 수 없으며,
32 오늘의 너희들이 살아 있는 삶이요,
그것도 생명이 남아 있는 앞으로의 삶
에서 모두를 결정짓는다는 것을 알도
록 그리하라.

11,214 번째 하나님 말씀

2004년 5월 21일 22시 21분

1 사랑하는 나의 아들아!
2 "네, 아버님! 말씀하옵소서."
3 나의 새로운 성경에 너희가 완전 익어
져야만 됨을 알라.
4 너희들은 모든 음식이 익어졌을 때 나
눠 먹고 즐길 수 있는 그와 같은 것이
아니더냐?
5 그러니 너희들이 나의 새로운 성경에
완전히 빠져 완전히 너희들이 익어지
는 그와 같은 형국으로 되지 아니하면
절대 아니 됨이니라, 사랑하는 나의

아들딸들아!
6 너희들이 남에게 나눠 줄 수 있는 것,
너희들이 남에게 먹이가 될 수 있도록
되는 것, 그 모두가 너희들이 완전히
익어지듯이 너희들이 남을 구원하며
남에게 나눠 줄 수 있으며 너희들이
나의 성령의 뜻을 전한다면, 너희들이
완벽히 다 이를 통달하지 아니하면 아
니 됨이니라.
7 너희들이 나의 성령의 뜻이요, 내가
역사하고자 하는 그와 같은 것으로 충
분히 채워져 있어야만,
8 너희들이 남에게 나의 성령의 뜻을 전
할 수 있으며 역사할 수 있으며 그들
을 이끌어 갈 수 있기 때문이니라, 사
랑하는 나의 아들딸들아!
9 음식이라면 완전히 익어져야 되는 것
처럼, 너희들이 나의 새로운 성경에
완전히 빠져 완벽하게 이를 이해하고
충분히 소화시킬 수 있을 때만이,
10 다른 백성들에게 나의 성령을 채워 줄
수 있으며 내 뜻을 정확하게 전할 수
있음이니라, 사랑하는 나의 아들딸들
아!
11 그리해야만 너희들이 네 형제를 구하
며 네 이웃을 구할 수 있는 것임을 알
아야 될 것이니라.
12 나 여호와가 왜 너희들에게 네 형제
요, 이웃을 너희들이 구해야 된다 하
느냐?
13 너희들의 형제요, 이웃이 같이 살아가
야, 그들이 살아 존재해야만 너희들도
같이 살며, 너희들도 이 세상에 존재
할 수 있기 때문이니라, 사랑하는 나
의 아들딸들아!
14 나 여호와가 네 이웃을 사랑하라 한
그 뜻을 이제 너는 알겠느냐?
15 "네, 아버님!
16 그저 아버님 뜻이 이웃과 형제를 사랑
하는 것만으로써 그 모두를 그리 행
하면 되는 것이라 그리 알았사오나,
17 이제는 저희들의 형제요, 이웃이 같이
존재하고 같이 살아야만 저희들 자신
이 살아갈 수 있으며, 제 몸과 저 자신
을 지탱할 수 있기 때문에, 이웃이요,
형제를 내 몸과 같이 사랑해야 된다는
것, 그것이 곧 나를 사랑하는 것이요,
내가 살아가는 길이요, 자신이 살아가
는 길이라는 것을 이제 깨달았사옵나
이다, 아버님!"
18 사랑하는 나의 아들아! 그러니라.
19 너희들이 네 형제요, 네 이웃을 네 몸
과 같이 사랑하라는 그 뜻은 바로 그
들이 있어 더불어 살아가는 것이 세상
이요,
20 더불어 살아가야 되기 때문에, 그들이
존재하지 아니하면 너희들이 삶의 의
미가 어디 있으며 너희들은 누구와 의
지하며 누구와 같이 살아가는 삶을 살
겠느냐?
21 너희들이 짐승과 더불어 살아가겠는
가, 산천초목과 더불어 살아가겠느냐?
22 네 이웃과 너의 형제들이요, 모든 백
성들이 같이 더불어 서로 살아감이니
라.
23 그러니 그들이 살아야 너희들이 사는
것이요, 그러기에 네 이웃을 네 몸처
럼 사랑하라는 내 뜻을 네가 알았다
면, 너의 제자들에게 나의 이와 같은
깊은 뜻을 깨우쳐 줘, 너희들이 사는

것이 모두를 사랑하는 것이라는 것을
먼저 그들에게 깨우쳐 주라, 사랑하는
나의 아들아!
24 그러면 너희 자신이 먼저 나의 새로운
성경대로 살아가야 될 것이며, 너희들
이 그 행함을 그대로 살아가려는 각오
속에 굳게 굳어져, 그 삶에서 벗어나
지 아니하고 살아가는 그와 같은 삶을
살면서 너희들의 이웃이요, 너희들의
형제를 구할 수 있는 삶을 살아가도록
그리하라.
25 모든 인간이 즐겨 먹는 것은, 음식이
익었을 때 너희들이 같이 나눠 먹고
그리 즐길 수 있는 것처럼,
26 나의 새로운 성경대로 내가 새로 내리
는 그 뜻대로 너희들이 지키며, 그를
지키고 살아가겠다는 굳은 각오와 결
의가 있을 때, 너희들이 모두를 역사
할 수 있는 것이기 때문이니라.
27 그리하여 완벽하라 함이니 그리 알라,
사랑하는 나의 아들딸들아!

11,215 번째 하나님 말씀

2004년 5월 21일 22시 24분

1 사랑하는 나의 아들아!
2 "네, 아버님! 말씀하옵소서."
3 오늘의 종교 집단 그들이 얼마나 잘못
되었으며 얼마나 썩었으며 잘못 가는
지 내가 나의 새로운 성경에 기록하여
전해도 너희들은 알 것이니라.
4 나 여호와의 뜻을 전하며 하늘의 뜻을
전하며 만백성을 구하는 길로 인도한
다는 종교 집단의 지도자들이 단상에
서서 나의 성령을 가르치며 성경에 숨
어 있는 비유의 뜻을 잘 깨우쳐 가르
쳐, 그들이 하늘에 오르는 빛을 볼 수
있도록 그리 가르치는 것이 아니라,
5 저희들이 단상에서 하는 말이 무엇이
더냐?
6 너희들은 잘 믿으라, 그리고 재물을
많이 바치라, 그리고 종교 지도자가
명하는 대로 시시비비하지 말며 잘
따르라,
7 그러면 너희들 가정이 화목해지며, 너
희 자신이 부귀와 영화를 누리며, 너
희 자식들까지도 원하는 직장을 얻을
것이며, 원하는 사람이 될 것이며,
8 세상에 나가 모든 인간에게 빛이 되는
그와 같은 훌륭한 자식으로 성장되며
훌륭하게 자라게 된다 저희들이 그리
말하느니라.
9 그래서 믿으라, 잘 믿으라, 그리고 충
성을 다하라, 그리고 재물을 잘 바치
라, 헌금을 많이 내라, 십일조를 잘 내
라, 그러면 너희 자식까지도 모든 영
광을 얻는다 저희들이 그리 가르치고
단상에 서서 설교하지 않더냐?
10 그러니 인간의 마음을 부추기며 인간
의 사행심을 심어 주며 너희들의 입
에 맞는 그와 같은 저희들의 생각대
로 중언부언해서 나의 피조물 만백성
들을 끌고 가느니라.
11 그러니 그 말을 들으면서도 너희들이
'아멘, 할렐루야!' 그리 찾음이니, 과
연 종교 지도자가 나 여호와의 뜻을
가르치는 신성한 성단에서 나의 참진
리를 가르치기 위해서 몸과 마음을 다
바치는 것이 아니라,
12 인간 세상에 살아가는 것, 너희들에게

축복이 있으며 영광이 있으며 자손대
대 축복이 있어 만백성의 빛이 되는
그와 같은 영광이요, 은혜를 얻을 것
이라 그리 가르치고, 그리 믿으라, 믿
으라, 철저히 믿으라 그리 말하니,
13 인간 교육을 가지고 너희들이 입으로
떠들어 대는 그와 같은 자들이니, 하
늘의 뜻을 어찌 알며 내 뜻에 그리 갈
이 간다 말할 수 있느냐?
14 정녕 나의 아들을 통하여 기록하는
이 내용이 과연 틀리나 틀리지 않나
너희들이 실제로 그들이 공부하는 현
장에 가서 들여다보라.
15 그러면 너희들은 알게 될 것이니라.

11,216 번째 하나님 말씀

2004년 5월 21일 23시 11분

1 사랑하는 나의 아들아!
2 "네, 아버님! 말씀하옵소서."
3 지금 진정 진실한 믿음의 길을 가며
만백성을 구한다는 종교 집단의 지도
자 그들의 믿음이 과연 무엇이더냐?
4 나의 아들 예수의 보혈로써 구원을 받
았으며, 그로써 모든 죄의 대속을 받
았으며, 저희들은 그 은혜 속에 저희
자손 대대 죄가 없다 그리 말하느니라.
5 그러면서 그들은 무어라 말하느냐?
6 너희들이 나의 아들의 그 피로써 구원
을 받으며 축복을 받는 은혜를 입었다
하며, 너희들이 예수의 그 고통이요,
그 아픔은 생각하지 아니하며,
7 더욱이 무수한 축복과 영광을 계속 내
려 달라 너희들이 기도하며, 나에게
울고불고 그와 같은 행위를 하는 것이
지금까지 수천 년 동안 흘러온 믿음의
그 관계니라.
8 그러나 지금 나의 아들을 따르는 너희
들은 들으라.
9 그리고 나의 새로운 성경을 나의 아들
을 통하여 내리는 강론을 듣고 깨우친
백성 너희들은 이제 나에게 무엇을
더 달라는 그와 같은 기도를 절대 해
서는 아니 된다 했음이니라.
10 그러니 너희들이 나의 뜻에 의해 살
아가는 백성이요, 사랑을 베풀며 사는
백성이요, 그와 같이 살아가는 백성이
라면, 너희들은 무엇을 달라, 이루어
달라 말하지 말며,
11 예수의 죽음의 그 고통과 아픔을 생각
하는 그 마음에서 너희들이 예수처럼
그와 같이 어렵고 힘든 죽음의 길을
가지는 못한다 해도, 네 목숨을 내놓
고 진리를 깨우치고 전하는 그 역사를
하지는 못한다 해도,
12 그와 같이 가지는 못할망정, 너희들이
무엇을 달라, 이루어 달라 하는 그와
같은 부끄러운 기도는 하지 말며,
13 다만 이 세상의 모든 백성들의 무거
운 짐을 너희들이 짊어지고자 하는 그
와 같은 너희들의 마음 자세로 살라.
14 다른 사람들의 고통이요, 그 무거운
짐을 스스로 너희들이 지고자, 그리고
너희들이 그 모두를 너희에게 가져오
라, 그리고 너희들이 대신 지고 가겠
다는 그와 같은 마음으로써 살아가야
될 것이며,
15 너희들이 기도를 할 수 있다면 나 여
호와에게 '아버님! 저희들이 정녕 모
든 사람들의 고통과 남의 어렵고 힘든

그 짐을 대신 지고 갈 수 있도록 하여
주옵소서.' 너희들이 그 기도를 해야
됨이 타당할 것이니라.
16 나의 아들 예수의 고통이요, 그 죽음
을 생각한다면, 너희들이 다른 사람의
짐을 지고 가는 고통스럽고 힘든 그
길을 가겠다 나 여호와에게 매달리고
애원하는 것이 너희들이 기도할 자세
요, 믿음의 길을 가는 백성들의 자세
가 아니더냐?
17 나의 아들 예수에게도 너희들이 정녕
나의 아들 예수를 따르고 그를 구세주
요, 너희들을 구원해 준 자라 생각한
다면,
18 너희들이 예수의 그 죽음의 고통과 시
련의 길을 가지는 못하더라도,
19 모든 백성들의 힘들고 어려운 고통을
나의 아들 예수를 대신하여 너희들이
지고 가겠다 서로 가져오라 하며 지고
가고자 노력하는 그와 같은 백성이 진
정한 믿음이요, 나의 아들 예수를 따
르는 자요, 그를 사랑하는 지도자요,
종교 집단이 해야 할 일 행동이거늘,
20 너희들은 더욱이 무엇을 이루어 달라
는 기도만을 앵무새처럼 지껄이고 있
음이니,
21 과연 그것이 너희들이 나의 백성이며
선택된 백성이라 할 수 있더냐?
22 사탄이요, 마귀의 자식이 아니면 절대
너희들은 예수의 죽음의 고통 앞에 무
엇인가를 더 달라, 이루어 달라 기도
할 수 없음이니라.
23 다만, 너희들이 그 은혜에 감사하며
그 은혜에 보답하는 길은 무겁고 힘든
고통의 길이요, 고행의 길을 너희들이
갈 수 있도록 자처해서 가는 노력이
필요한 것이며,
24 남의 고통을 대신 짊어지고 가는 그와
같은 너희들의 삶을 살아야 되는 것이
며, 그를 위해 너희들이 나에게 이루
어 달라 그 소원을 비는 것 외에는 다
른 것을 빌어서는 아니 되는 것이니라.
25 그러니 그리해도 나의 아들 예수의 죽
음으로써 너희들이 나 여호와의 아픈
상처요, 내 가슴 아픔을 위로할 길이
없으며 내 마음을 달랠 길이 없는 것
이니라.
26 그리고 내 마음의 아픔을, 상처를 씻
어 줄 수도 없거늘,
27 너희들을 깨우치기 위하여 내가 나의
아들 예수를 보내어 너희들이 하늘에
오르는 길을 보도록 하였거늘,
28 그와 같이 너희들을 깨우치고자 너희
들을 인도하고자 너희들에게 바로 하
늘의 뜻을 알리고자 나의 아들 예수가
죽음을 마다하지 아니하며 그 길을 갔
거늘,
29 너희들이 그와 같이 고통스럽게 간 예
수의 고통에 보답하는 길은 너희들이
무거운 짐을 대신 짊어지고자 기도하
는 것, 그것이 너희가 할 것이요, 너희
들이 그것 외에는 아무것도 할 수 없
는 것이 너희들이거늘,
30 어찌하여 너희들이 이와 같은 이치도
깨닫지 못하고 울고불고하며 무엇을
이루어 달라 소원하는 기도를 거침없
이 해 대는가?
31 나의 아들을 따르는 제자 너희들은 남
의 고통을 지고 가고자 오늘의 길을
가고자 하는 그와 같은 믿음으로 가도

록 하며 마음 자세를 그리 다듬어 가라.

32 그것이 선택된 백성이 절대적으로 지켜야 될 것이며, 그를 지워 버리고 잊어버리는 그와 같은 삶을 살아서는 절대 안 된다는 걸 잊지 말라, 사랑하는 나의 아들딸들아!

11,217 번째 하나님 말씀

2004년 5월 21일 23시 17분

1 사랑하는 나의 아들아!

2 "네, 아버님! 말씀하옵소서."

3 너희들이 예수의 그 길을 가지 못한다 해도, 나의 아들 예수를 따르는 백성이라면, 너희들이 그와 같은 고통의 길은 가지 못한다 해도, 다른 사람의 무거운 짐이라도 지고 갈 수 있도록 소원하는 기도를 드리는 것이 너희들이 할 수 있는 자세라 내가 그리하지 아니하였던가?

4 그 외에 다른 기도는 너희들이 할 수 없는 백성이라 하였음이니라.

5 그러니 지금 너를 따르는 제자들이요, 그들의 기도 소리가 정녕 남의 짐을 지고 가고자 하는 그와 같은 기도를 함으로써, 그 기도로 인하여 많은 백성들이 지옥으로 떨어지는 것을 구원할 수 있는 것이요, 그 영혼을 되살릴 수 있다면,

6 너희들은 그 희생의 길을 주저없이 선택하는 그와 같은 백성이 되어야 하는 것을 잊어서는 아니 됨이니라.

7 이제 나의 아들을 따르는 제자 너희들이 오늘의 기도요, 너희들이 바로 삶으로 인하여, 너희들이 천사와 같은 마음으로 천사와 같은 사람으로 변함으로 인하여 너희들의 형제들이 죽어가는 그 영혼을 구할 수 있는 그와 같은 역사를 이룬다면,

8 너희들은 어떠한 고통과 시련이요, 아무리 너희들이 견디기 어려운 훈련이요, 그렇다 해도 너희들은 그걸 기쁨으로 맞이해야 될 것이며, 그와 같은 선택을 함에 주저 없이 하는 그와 같은 마음의 자세로 거듭나야 됨이니라.

9 그리하여 많은 백성들을 지금의 오늘의 형국이 너희들이 천사와 같이 변하는 삶을 살 수 있어 너희들이 지옥으로 가는 백성을 구할 수 있다면, 너희들은 그와 같은 기쁨과 그와 같은 것을 모든 즐거움으로써 가야 되느니라.

10 이제는 너희들은 알아야 될 것이니라.

11 지금 나의 아들을 따르는 너희들은 지금의 자신도 모르고 있느니라.

12 그러나 너희들은 자신도 모르는 사이에 그와 같이 너희들의 마음이 지금 성장해 가고 있음을 알아야 될 것이니라.

13 모든 백성들을 구원하기 위하여 너희들의 모두를 다 바쳐 진실된 마음으로써, 그리고 너희들이 남의 무거운 짐을 지고 갈 수 있는, 그와 같이 역사할 수 있도록 너희들에게 그 책무를 달라 소원하는 그 기도 소리, 그것이 바로 너희들이 만백성을 구하는 그와 같은 기도임을 알라 그리 전하라.

11,218 번째 하나님 말씀

2004년 5월 22일 0시 35분

1 "너는 나 외에는 다른 신들을 네게 있
게 말지니라.
2 너를 위하여 새긴 우상을 만들지 말
고, 또 위로 하늘에 있는 것이나 아래
로 땅에 있는 것이나 땅 아래 물속에
있는 것의 아무 형상이든지 만들지 말
며, 그것들에게 절하지 말며 그것들을
섬기지 말라.
3 너는 너의 하나님 여호와의 이름을 망
령되이 일컫지 말라.
4 안식일을 기억하여 거룩히 지키라.
5 네 부모를 공경하라.
6 살인하지 말지니라.
7 간음하지 말지니라.
8 도적질하지 말지니라.
9 네 이웃에 대하여 거짓 증거하지 말지
니라.
10 네 이웃의 집을 탐내지 말지니라.
11 나 여호와가 존재함을 믿는 그 자체가
구원의 길에 들어서는 기본이요 근본
이며, 나의 법전을 가슴에 안고 정독
하는 자, 반석 위에 서서 하늘에 오르
는 찬란한 빛을 보게 되는 영광을 얻
게 됨이니라."
12 사랑하는 나의 아들아!
13 "네, 아버님! 말씀하옵소서."
14 이 세상에 모든 종교 집단의 지도자들
이 과연 어찌 살아가는가?
15 인간 세상에 너희들이 살아가면서도
제 자랑을 할 일이 없으며 저에 대해
서 할 말이 없는 자가 남의 말을 하며
남의 흉을 본다 하지 않았더냐?
16 지금의 종교 집단의 지도자 저희들이
같은 내용을 가지고 한평생 설교라 하
여 떠들어 대니, 그것이 저희들이 재
탕이요, 재탕이니라.
17 그러니 결국은 저희들이 거기다 가미
하는 것이 무엇인 줄 알겠느냐?
18 설교요, 강론을 하면서 인간 세상에
살아갔던 것, 누가 꿈에서 무엇을 봤
으며 잠자다 무얼 봤다는 것, 그리고
누가 무슨 교회를 짓는 데 얼마를 냈
으며 무엇을 역사했다는 것, 그저 그
와 같은 이야기를 짜깁기하여 지금 중
언부언하는 것이 아니더냐?
19 세계의 평화와 또 독일이라는 나라의
평화가 어떻고, 그리고 너희들이 이웃
나라의 평화가 어떻고 남북이 어떻고,
그런 것을 뭐 기도를 해서 이루었으며
소원을 해서 이루어졌으며 어떤 목자
가 기도하고 소원하여 그것이 이루어
졌다는 등등, 세상 모든 것을 다 너희
들이 갖다 붙이느니라.
20 너희들이 큰 나라요, 미국이라는 나라
요, 일본이라는 나라요, 그와 같은 나
라의 어렵고 힘들 때 누가 기도하고
누가 뭐해서 은혜를 받고 역사를 했으
며, 그 기도의 효험이 있어서 지금까
지 모두가 이루어졌다는 등등,
21 너희들이 그저 말도 되지 아니하는 것
을 이리 붙이고 저리 붙여서 나의 시
간이라며 나의 뜻을 가르친다는 그와
같은 시간에 그리 가르침이니,
22 그것이 얼마나 너희들이 잘못된 것이
며 속된 짓을 하고 있는지 알겠느냐?
23 그러니 그 백성들이 듣고 들은 소리를
'아멘, 할렐루야!' 소리를 질러 대니,

너희들이 악을 쓰고 소리를 지르고 광
분하며 이와 같은 짓을 하여 나의 피
조물 만백성들로 하여금 마음을 동요
시키고 마음을 자극하여 재물을 거둬
들이는 그와 같은 행위를 함이니라.
24 너희들이 성서를 가지고 가르치고 가
르치니, 너희들이 평생을 그걸 가지고
가르치다 보니 더 이상 짜낼 것이 없
으며 더 이상 할 것이 없으니, 인간 세
속에 살았던 것을 갖다 너희들이 그리
붙이느니라.
25 그리고 성경을 가르치며 참진리를 가
르치는 자들, 너희들이 한 시간 동안
에 또는 설교하는 동안에, 예배 보는
동안에 과연 얼마만큼 성경에 대한 참
진리요, 그 뜻을 가르치는가?
26 나의 아들은 한 시간이면 한 시간이
요, 그를 나 여호와의 뜻 외에는 아무
것도 역사하지 않으며, 세상 것을 갖
다 짜깁기를 하지 아니하며, 세상 걸
갖다 중언부언하지 아니하며,
27 누가 은혜를 받았네, 누가 간증하네
그와 같은 것을 하지 않느니라.
28 오로지 내가 내린 성령을 한 시간 동
안 열과 성의를 다하여 전하니, 너희
들은 어떤 것이 하늘의 뜻의 공부를
하며 하늘의 뜻을 역사하는가?
29 너희들이 그와 같은 형국으로써 지금
모두를 이끌어 감이니 인간 세속의 장
사요, 인간 세속의 수완으로써 너희들
이 가는 자이지, 진정한 참진리를 가
르치는 백성이 아님을 알아야 될 것이
니라.

부 록

【하나님께서 가르쳐 주신 운동】

천재지변이 일어날 때, 동물이나 미물들은 미리 알고 대피하지만, 인간은 알지 못하고 큰 화를 당합니다. 하나님께서 인간에게 가장 높은 지혜를 주시고 완벽하게 창조해 주셨기에 동물들보다 더 잘 알 수 있지만, 욕심으로 마음이 혼탁해져서 한 치 앞을 보지 못하는 것입니다.

마찬가지로, 인간은 누구나 스스로 필요한 운동을 해서 건강을 지킬 수 있도록 하나님께서 만들어 주셨습니다. 우리의 머리에서 우리 몸에 필요한 동작을 해 달라고 끊임없이 신호를 보내지만, 인간이 혼탁하게 살아서 그 신호를 알아채지 못합니다. 그러니 자연스럽게 자기 몸이 원하는 그 신호를 따라서 운동하는 것이 하나님께서 가르쳐 주신 운동 방법입니다. 바로, 우리의 영이 육을 이끄는 운동입니다.

▶ 하나님 운동법

1. 눈을 감고, 발을 어깨너비로 벌리고 바르게 선다.
2. 몸에 힘을 풀고, 허리를 숙이면서 손과 머리를 아래로 내린다.
3. 허리를 펴고 싶을 때, 천천히 펴면서 하고 싶은 동작을 하면 운동이 시작된다. (사람마다 다르다.)
4. 멈추지 말고, 어떤 동작이든지 자기 몸의 느낌대로 계속 이어서 한다.

▶ 참고 사항

① 눈을 감은 상태로 아무 생각 하지 않고, 자기 몸의 느낌대로 움직입니다.

② 마음을 비우고, 욕심을 버리고, 지난 날의 잘못을 반성하면서 몇 차례 시도하다 보면, 자기도 모르게 하고 싶은 동작이 끊임없이 생깁니다.

③ 운동 장소는 방 안이든 운동장이든 관계없으며, 걷거나 달리고 싶을 때는 눈을 떠도 됩니다.

④ 매일 40분 이상, 주 4회 이상, 3개월 이상 하면 음식 조절에 들어갑니다.
- 음식으로 생긴 병은 음식으로 치료하게 되며, 어떤 음식을 먹어야 하는지 스스로 알게 됩니다.
(자기 몸에 필요한 음식만 먹고 싶어집니다.)

⑤ 사랑하는 사람과 함께 운동하면 서로 치료해 주기도 합니다.

⑥ 운동을 하다가 몸의 어느 한 부분을 계속 손으로 자극한다면 그쪽에 이상이 있는 것이니, 의사에게 상담을 받고 적절한 치료를 받으면 됩니다.

⑦ 다이어트 및 기타 건강관리에 효과적입니다.

⑧ 꾸준히 운동하여 영이 맑아지면, 자신의 과거와 미래를 스스로 보게 됩니다.

누구나 스스로 하실 수 있습니다.

간행사

《새로운 성경》은:

· 새로운 성경은, 하나님께서 선량하고 선한 자를 선택하여 십계명을 암송하도록 하시고, 십계명을 암송한 다음에 음성으로써 들려주시는 말씀을 듣고 그대로 카세트테이프에 녹음해서 받아쓴 책입니다.

· 90분짜리 녹음테이프 700여 개에 달하는 말씀으로, 1999년 8월부터 2004년 7월까지 총 160권(권당 288쪽)을 완성하였으며, 그 이후에도 현재까지 계속 말씀을 내려 주고 계십니다.

· 새로운 성경은 "하늘을 두루마리 삼고 바닷물을 먹물 삼아 쓰고 써도 다 못 쓴다"는, 끝없이 방대한 하나님의 말씀이 두루마리로 직접 내려오는 것입니다. 이러한 새로운 성경은 구약과 신약을 폐하려는 것이 아니라 "인봉된 성서의 비유의 뜻"을 상세히 설명하여 완성하고자 하나님께서 직접 내려 주신 말씀입니다.

《새로운 성경》의 구성:

· 제 목: 2013년, 160권 모음집을 발간하면서, 본 도서의 제목을 "하나님! 말씀하옵소서"에서 《새로운 성경》 으로 명해 주셨습니다.

· 단행본: 각 권당 288쪽(신국판) 책이 160권까지 시리즈로 출판됩니다.
(모음집은 단행본을 16권씩 묶어서, 총 10부로 구성됩니다.)

《새로운 성경》의 성경적 근거:

· 신약 성경 [요한복음] 16장 13절에 "진리의 성령이 오시면 그가 너희를 모든 진리 가운데로 인도하시리니 그가 자의로 말하지 않고, 오직 듣는 것만을 말하며" 하신 말씀처럼 하나님의 음성을 들은 것만 기록하였으며,

· "장래 일을 너희에게 알리시리라" 하신 말씀과 같이 개인, 나라, 인류의 "장래"일을 하나님께서 알려 주시는 것만 기록하여 책으로 만들었습니다.

《새로운 성경》의 기록 방법:

· 1999년 8월부터 하나님께서 저에게 들려주시는 음성을 기록하였습니다. 처음에는 제가 들은 말씀을 불러 주면 저의 아내가 기록하여, 2000년 1월 29일에 1권 초판이 세상에 나왔습니다. 2000년 4월부터는 주시는 말씀을 받아 녹음기에 기록하기 시작하였습니다.

· 녹음을 시작하면서 하나님의 말씀을 받는 데 가속도가 붙었고, 2001년 5월 3일에 1부(1~16권까지)를 인쇄하여 출판하였으며, 2004년 7월까지 총 160권 분량의 말씀을 받아 기록하였습니다.

하나님께서 저에게 주신 것은:

· 첫째, 만백성을 상대로 내려 주시는 "기도", 둘째, 수시로 내려 주시는 "묵상", 셋째, 개인의 과거, 현재, 미래를 알려 주시는 "개인 기도", 넷째, 개인의 건강을 위해서 내려 주시는 "음식 처방", 다섯째, 하나님께서 가르쳐 주신 "운동"등이 있습니다. 이 중에 첫 번째, "기도"를 책으로 편찬하였습니다. 사람의 생사, 개인의 미래에 관한 천기는 수록하지 말라 하셨습니다.

강론 안내:

· 하나님께서는 지금도 매일 저에게 새로운 하늘의 비밀의 말씀을 내려 주고 계십니다. 수시로 내려 주시는 말씀을 정리해서 제자를 육성하라는 말씀에 따라 매주 강론을 하고 있습니다. 누구나 무료로 들으실 수 있습니다. (book160.com)

《새로운 성경》을 읽는 분들에게 드리는 선물:

· 개인 기도: 개인의 과거, 현재, 미래에 관하여 말씀을 내려 주십니다.

· 음식 처방: 사람은 음식을 먹고살다가 건강을 잃으니, 음식과 운동으로 건강을 되찾는 방법을 알려 드립니다. 단, 하나님이 계심을 믿고, 십계명을 지키겠다고 진실로 서약하는 분들께 알려드립니다.

《새로운 성경》의 은혜와 기적:

· 새로운 성경 전160권은 16권씩 묶어서 총 10부의 모음집으로 구성됩니다. 모음집 한 부를 읽고 깨우치는 자에게 하나님께서 다음과 같은 기적이 있다고 하셨습니다.

· “첫째, 그가 죽어 하늘에 갔을 때 그의 죄를 묻지 아니하며, 구원을 받는 위대한 은혜가 있으며, 둘째, 그의 소원과 소망이 이루어지고, 셋째, 죽은 자(부모, 형제, 자식, 사랑하고 은혜 입은 분)의 이름으로 구입한 책을 읽고 누군가 한 사람이 깨우칠 때, 그 죽은 자가 지옥에서 천국으로 구원을 받게 되며, 넷째, 유산, 중절 수술 등으로 태어나지 못한 아이를 위하여 구입한 책을 보고 한 명이 깨우쳤을 때, 그 아이가 사람으로 다시 한 번 태어나는 은혜를 받는다.”

· “새로운 성경”을 3회 이상 정성을 다해 정독하는 자, 성서의 비밀을 알게 되고, 세상의 이치를 알게 되며, 세상을 지배하고 통제할 수 있는 지혜를 다 얻게 된다고 하셨습니다. 이 책은 만백성이 정독하고 이웃에게 전하여, 평생 가슴에 묻은 슬픔과 고통의 짐을 벗고 미래를 위한 힘찬 삶을 살아가도록 하는 책입니다.

끝으로

· 하나님께서는 흰 눈이 세상을 덮듯이 새로운 성경을 온 세상에 전하라고 하셨습니다. 《새로운 성경》을 각국어로 번역해서 온 인류에게 구원의 길을 깨우쳐 주고, 그 수익으로 가난하고 어려운 백성을 구제하여, 만백성의 영과 육을 함께 구원하는 선지자의 임무를 수행하라고 저에게 명하셨습니다.

· 하늘에서 내려 주신 말씀의 보화를 만백성에게 나누어 주는 것이 선지자의 임무라고 하셨습니다. 새로운 성경을 통해서 얻는 재물을 사용할 곳도 하나님께서 일일이 명해 주십니다. 모든 재물은 저의 자의로 쓸 수 없고, 하나님께서 명하시는 대로만 쓰여집니다.

· 어떤 명분으로든 십일조나 각종 헌금을 거두어들이지 말라 하셨으며, 국내뿐 아니라 각국에 성전과 단독 서점을 운영하며, 한국의 많은 젊은이들을 전 세계에 지도자로 내보내라고 하셨습니다.

· 우리는 세계적으로 새로운 성경을 보급하며 어려운 이들을 돕는 역사를 해 나갈 것입니다. 지금까지 비록 몇 명 안 되는 제자들과 함께 이러한 일을 역사했지만, 앞으로도 계속 하나님께서 기뻐하시는 일들을 해 나갈 것입니다. 부족한 저희에게 여러분들의 지혜와 성원을 보내 주시기를 바랍니다. 많은 분들의 참여와 도움을 간절히 기다립니다. 감사합니다.

한국어로 내려온 《새로운 성경》 단행본을 출간하며
2016년 4월 10일

발행인 **김 용 철**

한국어로 내려온

새로운 **성 경** · 10부 · 제148권

지은이 하나님 말씀
대역자 김용철

초판인쇄 1쇄 2017년 2월 1일
2쇄 2017년 6월 21일

펴낸 곳 도서출판 하얀마음
등록번호 제 10-2107호 (2001년 2월 14일)
주소 서울시 노원구 덕릉로86길 5, 2층
전화번호 02) 313-1114
팩스 02) 393-5554
전자우편 book160@hanmail.net
편집위원 조나영 김미향 이석교
제작지원 김서영 이상빈

도서상담 1600-7527
ISBN 978-89-5875-248-6 (04230)
978-89-5875-100-7 (세 트)

값 10,000원
잘못된 책은 구입하신 곳에서 바꾸어 드립니다.

※이 책은 10부로 제작되며, 각 부 16권씩 총160권으로 구성됩니다.※

1부	2부	3부	4부	5부	6부	7부	8부	9부	**10부**
1권	17권	33권	49권	65권	81권	97권	113권	129권	145권
2권	18권	34권	50권	66권	82권	98권	114권	130권	146권
3권	19권	35권	51권	67권	83권	99권	115권	131권	147권
4권	20권	36권	52권	68권	84권	100권	116권	132권	148권
5권	21권	37권	53권	69권	85권	101권	117권	133권	149권
6권	22권	38권	54권	70권	86권	102권	118권	134권	150권
7권	23권	39권	55권	71권	87권	103권	119권	135권	151권
8권	24권	40권	56권	72권	88권	104권	120권	136권	152권
9권	25권	41권	57권	73권	89권	105권	121권	137권	153권
10권	26권	42권	58권	74권	90권	106권	122권	138권	154권
11권	27권	43권	59권	75권	91권	107권	123권	139권	155권
12권	28권	44권	60권	76권	92권	108권	124권	140권	156권
13권	29권	45권	61권	77권	93권	109권	125권	141권	157권
14권	30권	46권	62권	78권	94권	110권	126권	142권	158권
15권	31권	47권	63권	79권	95권	111권	127권	143권	159권
16권	32권	48권	64권	80권	96권	112권	128권	144권	160권